Les relations entre l'État et les collectivités territoriales

Recentralisation, recomposition ou nouvel équilibre ?

COLLECTION DROIT DES COLLECTIVITÉS TERRITORIALES
fondée et dirigée par
Bernard Poujade et Xavier Cabannes
Professeurs à l'Université Paris Cité

Série des travaux de l'Association française
de droit des collectivités locales

Dernières parutions

Florent BLANCO et Fouad EDDAZI (dir.), *Les exécutifs locaux*, 2025

Manuel SANTAGUILIANA, *L'appréhension juridique des budgets participatifs communaux*, 2025

Thomas MACHEFÉ, *Les mutations contemporaines du bloc communal*, 2024.

Damien FOURNET, *Le droit privé dans la fonction publique territoriale, Observations depuis le Centre de gestion de la Gironde*, 2023.

Sébastien SAUNIER (dir.), *Métropolisation et grands ensembles urbains*, 2023.

Arnaud DURANTHON (dir.), *Peut-on encore définir la collectivité territoriale ?*, 2023.

Benjamin TENDRON, *Les pôles d'équilibre territoriaux et ruraux et la « politique de pays »*, 2022.

Pauline TÜRK (dir.), *Pour un droit constitutionnel des collectivités territoriales. Évolutions et débats*, 2020.

Marie JAN, *L'égalité professionnelle dans la fonction publique territoriale. L'exemple de la Région Nouvelle-Aquitaine*, 2020.

Jean-Christophe CERVANTES, *Le principe d'unité des catégories de collectivités territoriales en question*, 2019.

Carole CHEVILLEY-HIVER, Matthieu HOUSER et Anne MARCEAU (dir.), *Les collectivités territoriales à l'ère du numérique*, 2019.

Thierry DI MANNO et Alexis LE QUINIO (dir.), *Quelle(s) commune(s) pour le XXIe siècle ? Approche de droit comparé*, 2018.

Maylis DOUENCE (dir.), *L'exercice des compétences locales entre rationalisation et créativité*, 2018.

Apolline THIRION, *La nouvelle compétence GEMAPI, Gestion des milieux aquatiques et préventions des inondations, Quels moyens mis à disposition des collectivités territoriales pour structurer et financer cette nouvelle compétence ?*, 2018.

Sous la direction de
Franck Waserman et Julien Martin

Les relations entre l'État et les collectivités territoriales

Recentralisation, recomposition ou nouvel équilibre ?

L'Harmattan

DES MÊMES AUTEURS

FRANCK WASERMAN

Finances publiques,
DILA, Découverte de la Vie Publique, 2026, 11e édition.

Les finances publiques aux concours,
DILA, Formation Administration Concours, 2025, 2e édition.

Finances locales, DILA, Découverte de la Vie Publique, 2024, 1re édition.

Le métier d'élu local : Statut, pouvoirs et transparence
(co-dir. M. Caron, A. Granéro, J-F. Kerléo), IFJD, 2021.

Les doctrines financières publiques en France au XIXe siècle, LGDJ, 2012.

JULIEN MARTIN

La mission préfectorale : entre tradition et transformation (co-dir. G. Guglielmi),
Éditions Panthéon-Assas, Pensée contemporaine, 2025.

L'unité du droit des collectivités territoriales (co-dir. G. Guglielmi),
Éditions Panthéon-Assas, Pensée contemporaine, 2023.

L'influence de la réforme du droit des obligations sur les contrats administratifs (dir.),
Lexisnexis, coll. Perspective(s), 2019.

Le droit constitutionnel des collectivités territoriales.
Aspects de droit public comparé (co-dir. G. Guglielmi),
Berger-Levrault, Au fil du débat, 2015.

La démocratie de proximité :
Bilan et perspectives de la loi du 27 février 2002, dix ans après (co-dir. G. Guglielmi),
Berger-Levrault, Au fil du débat, 2013

5-7, rue de l'École-Polytechnique - 75005 Paris
www.editions-harmattan.fr
ISBN : 978-2-336-62072-5
EAN : 9782336620725
Dépôt légal : août 2026

Avant-propos

Franck Waserman,

Professeur de Droit public, Université Littoral Côte d'Opale, membre du LARJ

Julien Martin

Professeur à l'Université de Bordeaux

Après plusieurs décennies d'un processus de décentralisation qui s'est explicitement inscrit dans un projet politique d'aménagement du territoire et d'expression démocratique locale, l'évolution contemporaine du système territorial français soulève des interrogations fondamentales quant à sa trajectoire. L'influence croissante de la rationalité gestionnaire dans les processus décisionnels politiques semble avoir progressivement transformé les collectivités territoriales en simples courroies de transmission, voire en organes d'exécution d'actions publiques conçues et déterminées en dehors de leur sphère d'autonomie. L'identification de dynamiques de recentralisation, tant dans l'attribution des compétences que dans l'allocation des moyens, constitue depuis quelques années un symptôme révélateur de cette transsubstantiation institutionnelle à l'œuvre.

Toutefois, une analyse plus approfondie révèle que cette apparente recentralisation masque peut-être des processus plus complexes de recomposition des relations entre l'État et les collectivités territoriales. L'examen attentif de la répartition des compétences, dont l'organisation en blocs clairement délimités n'a jamais atteint la lisibilité espérée par les réformes successives, révèle paradoxalement l'émergence de facteurs de renouveau de l'action locale. Ces derniers s'articulent autour de défis inédits qui transcendent les catégories traditionnelles : préservation des milieux et des écosystèmes, adaptation au changement climatique particulièrement prégnante dans la gestion du trait de côte, gestion des flux migratoires et accueil des populations migrantes… La crise sanitaire récente a également démontré l'imprécision persistante des frontières de compétence entre l'action étatique et celle des collectivités territoriales.

Cette complexification des enjeux s'accompagne d'une inadéquation structurelle des moyens qui affecte l'ensemble du système territorial selon une double dimension : d'une part, les collectivités territoriales ne disposent pas nécessairement des ressources suffisantes pour assumer correctement leurs missions élargies ; d'autre part, les services préfectoraux ne bénéficient pas des moyens adéquats pour exercer un encadrement ou un contrôle satisfaisant de l'action territoriale. Cette situation génère un équilibre précaire dans l'économie actuelle des relations État-collectivités territoriales, plus fragile qu'il n'y paraît au premier abord.

L'analyse contemporaine révèle l'existence d'un véritable patchwork de compétences qui nécessite une évaluation approfondie de la place que l'État s'arroge dans les compétences théoriquement décentralisées, tandis que, parallèlement, les collectivités territoriales s'engagent de plus en plus fréquemment dans des domaines traditionnellement considérés comme régaliens. L'implication croissante des collectivités dans des thématiques systémiques pose directement la question de la redéfinition de la compétence territoriale et de l'articulation des niveaux d'intervention publique.

Sur le plan financier, la contractualisation, bien qu'enlisée dans des difficultés persistantes, constitue un révélateur particulièrement éclairant des processus de recentralisation. La proposition de la Cour des comptes, dans son rapport annuel de 2023, d'une loi de programmation des dépenses publiques peut légitimement être interprétée comme une résurgence de l'ancienne préoccupation concernant la création d'une loi de financement des collectivités territoriales – l'évolution sémantique témoignant d'une adaptation stratégique, l'intitulé initial étant probablement trop frontal pour être politiquement soutenable. Il s'agit moins d'une transsubstantiation que d'une véritable métempsychose institutionnelle. Matériellement, le remplacement quasi achevé de la fiscalité locale par des recettes d'origine étatique témoigne des processus recentralisateurs en cours, entraînant une déterritorialisation de la ressource qui affecte quotidiennement les collectivités et révèle la transformation gestionnaire de la décentralisation elle-même.

Cependant, la réforme de la responsabilité des gestionnaires publics, opérée par voie d'ordonnance en mars 2022, introduit une dynamique apparemment contradictoire en prévoyant, au moins théoriquement, un transfert de responsabilité du comptable public, agent de l'État, vers les agents territoriaux exerçant des fonctions d'encadrement et de pilotage.

Ainsi, l'apparente séduction du concept de recentralisation, bien que fondée sur des observations pertinentes, occulte potentiellement des dynamiques plus subtiles de recomposition institutionnelle. À bien des égards, la recentralisation dissimule des flux complexes de restructuration des cadres juridiques et techniques dans lesquels s'inscrit la conduite des affaires locales, appelant une réflexion renouvelée sur l'émergence d'une nouvelle grammaire des relations État-territoires face aux défis systémiques contemporains.

Hommage à Jean-Claude Douence

Boulogne-sur-Mer le 23 novembre 2024

Bertrand Faure,
Professeur à l'Université de Nantes

Jean-Claude Douence nous a quittés au mois de mars dernier. Notre association à laquelle il a appartenu depuis son origine et tant apporté entend lui rendre hommage. Cet hommage sera inspiré par la plus admirative et affectueuse reconnaissance que nous éprouvons tous à son égard. Et je serais incapable de concevoir les choses autrement : cet hommage sera naturellement un éloge. C'est cependant avec de réels scrupules que j'en assure la présentation qui m'a été confiée d'autant que je me vois obligé de réduire à quelques traits de présentation, peut-être pas logiquement sélectionnés et organisés et trop brièvement évoqués sans doute, l'œuvre et la carrière de Jean-Claude Douence. Je prendrai seulement le parti de tenter de pénétrer de l'intérieur l'œuvre que représente la somme considérable de ses recherches au bout de quarante années de carrière pour dégager les logiques maîtresses de sa doctrine. Je m'essayerai donc à envisager ce qu'on pourrait appeler le droit des collectivités locales de Jean-Claude Douence que le recul des années nous aide à faire ressortir.

Rappelons succinctement, au moins pour le présenter à ceux qui l'ont moins connu, qu'il fut étudiant de la faculté de droit et de l'IEP de Bordeaux, rédigea sa thèse de doctorat titrée « Recherches sur le pouvoir réglementaire de l'administration » sous la direction du Doyen Auby en 1965. L'agrégation obtenue en 1968 (classé 2e) le conduit à l'Université Saint-Joseph de Beyrouth jusqu'en 1974, année à partir de quelle il prend ses fonctions à la Faculté de droit, d'économie et de gestion de Pau où il trouvera un environnement matériel et humain de travail exceptionnel et qu'il ne quittera plus jusqu'à son départ en retraite en 2004. Il aura exercé les responsabilités de premier vice-président de l'Université de Pau et des Pays de l'Adour et, par deux fois, de doyen de la faculté de droit, d'économie et de gestion. Il fit autorité au sein des deux sociétés savantes qui se partagent le champ de la recherche en droit des collectivités locales, le *Groupement de recherches sur l'Administration Locale en Europe* (GRALE) et l'*Association Française de Droit des Collectivités Locales* (AFDCL) ayant été membre de leur conseil d'administration. Le *Centre d'études des collectivités locales* (CECL) de la faculté de droit de Pau qu'il dirigea lui permit de mener un certain nombre de recherches collectives, bénéficiant d'une concentration de chercheurs autour desquels ce Centre s'était constitué lui assurant une activité prospère. Je tiens particulièrement à tous les mentionner : Andrée Coudevylle, Frédéric Lafargue, Michel Lagarde, Guy Melleray, Christiane Restier-Melleray, Françoise Sempé, Jacqueline Rougié, d'autres se sont ajoutés par la suite. Cette équipe a permis la réalisation de travaux de grande envergure : sur « La nouvelle décentralisation » (1983) et « Les nouvelles compétences locales » (1985) (F. Moderne dir.), « L'action économique locale » (1988), les annotations périodiques du *Code Général des Collectivités Territoriales* (CGCT) chez Dalloz ; sans oublier la chronique annuelle de jurisprudence de *l'Annuaire des collectivités locales* dont la coordination est aujourd'hui reprise par Maylis Douence.

La conversion de Jean-Claude Douence au droit des collectivités locales ne fut pas absolument immédiate. Mais ses recherches de début de carrière sur la théorie générale du droit administratif, de ses institutions, de leurs normes et de leur application, et l'orientation qu'il leur avait donnée, l'y préparaient. Il suffit pour s'en convaincre de relire ses vastes études sur « Le rattachement des établissements publics à une collectivité territoriale » (AJDA 1971) et sur « La spécialité des personnes publiques en droit administratif français » (RDP 1972). Maylis m'avait, à cet égard, signalé le tournant qu'avait représenté, pour ses recherches, un rapport qu'il avait rédigé à la faculté de Beyrouth sur « Le rôle des municipalités libanaises en matière de développement » en 1975, mais difficile d'accès en ce qu'il ne fût jamais publié.

Je voudrais d'abord m'arrêter sur sa démarche scientifique, forgée par et pour la connaissance du droit des collectivités locales qui est une discipline qui réclame naturellement la confrontation de la règle de droit aux données du terrain. Scientifiquement, il s'est ainsi toujours placé devant une réalité à la fois de type normatif et de type factuel qui sont comme les deux pôles opposés de la connaissance qu'il faut faire communiquer. Il tenait ainsi les deux bouts de la chaîne explicative : il part du phénomène juridique mais se refuse à y voir une pure normativité, acceptant, et même recherchant, les réalités administratives et sociales dont les règles de droit sont tout à la fois à l'origine et à l'aboutissement. Ce qu'on appellera bien volontiers un véritable positivisme juridique ; contrairement à ceux qui s'en réclament au nom de la pureté de la science juridique et ne décrivent que ce qui doit être au seul vu de l'énoncé de la règle. Le droit des collectivités locales permet, au contraire, de mieux accéder à une connaissance globale qui ne se réduit pas à celle d'un corps de règles, ni à l'inverse à une physiologie du pur fait comme s'y abandonnerait un spécialiste des politiques publiques. Il saisissait ainsi les problèmes dans leur richesse. Prenons ce problème parce qu'il peut être le plus simple, en tous cas le plus évident : Jean-Claude Douence aura montré très précisément, jurisprudence à l'appui, et à l'encontre d'une doctrine administrativiste plutôt négative sur la question, comment la clause générale de compétence de l'assemblée délibérante de la collectivité est une règle de droit qui n'est ni vide, ni inefficace, croyant bien ici à l'importance de la norme au regard du profit que peut en tirer la population locale (jurisprudence sur le socialisme municipal entre autres). Et aucune autre position doctrinale, quand bien même relèverait-elle des plus hautes autorités universitaires, ne pourrait effacer ni la norme, ni la réalité sociale qui découle de son application. Et les positions de bien des manuels de droit administratif mériteraient de recevoir la correction des données observées. On relira encore avec grand bonheur et profit son étude approfondie rédigée pour les deuxièmes entretiens de la Caisse des Dépôts en 1999 (« Réflexions sur la vocation des collectivités locales à agir dans l'intérêt local », Éd. de l'Aube, p. 317).

Personne ne pourra jamais aussi bien rendre compte que lui de la dimension sociale du droit administratif avec le sentiment du positif et du négatif, de l'opportun et de l'inopportun, du juste et de l'injuste. Il était sans doute le plus rigoureux des techniciens du droit, mais sans jamais rester enfermé dans une technique juridique qui refuserait l'étude de la vie sociale. Et s'il pouvait aborder avec le même niveau d'approfondissement toutes les têtes de chapitre du droit des collectivités locales (urbanisme, contrôle de légalité, outre-mer…), son attention la plus constante s'était portée sur l'étude des services publics locaux, et notamment du principe d'égalité des usagers devant ces services et la validité des préférences tarifaires pratiquées au profit de certain d'entre eux, notamment du fait de leur lien particulier avec la collectivité organisatrice. Il s'agissait, au fond, d'une théorie juridique de la solidarité locale. C'est certainement ici qu'il pouvait rendre le mieux compte que la science juridique est vivante parce qu'elle n'est qu'un auxiliaire de la société. Sa démarche était positiviste en ce sens qu'il fallait toujours juger l'arbre à ses fruits, mais procédait d'un positivisme qui suivait une direction ; il s'agissait d'un positivisme critique – qui ne veut pas dire négatif chez lui – et solidariste, soucieux du bien social, et qu'il puisait sans doute à la profondeur de sa foi. Et s'il pouvait se passionner pour les autres têtes de chapitre du droit des collectivités, c'était parce que la fin ne pouvait aller sans les moyens et que la liberté locale est encore la meilleure condition pour que s'épanouissent le développement et la solidarité locaux. En ce sens, ses recherches prennent la dimension d'un vrai système.

Pour tout résumer, le droit des collectivités locales n'était pas pour lui une chose, un objet mais une finalité. Il ne s'est d'ailleurs jamais attardé dans de vaines querelles sur l'autonomie de la discipline – sachant trop bien qu'elle ne fait qu'un avec le droit administratif qui est sa synthèse supérieure – car il trouvait plus fécond de mettre l'accent sur sa finalité, c'est-à-dire l'intérêt public local, ou la « vocation générale » des collectivités à servir cet intérêt, pièces maîtresses de ses recherches. Celles-ci étaient ainsi nourries de ces expressions opératoires, prêtes à servir d'instrument de mesure sur la capacité des règles à satisfaire cette fonction.

Voilà pourquoi Jean-Claude Douence aura été un témoin privilégié d'un âge d'or du droit des collectivités locales qu'a connu la fin du XXe siècle et qui correspondait à une émancipation des collectivités par le développement sans pareil de leur action, le relâchement de la tutelle s'exerçant sur cette action et la progression de leurs ressources. Il avait toute la culture juridique et la curiosité poussée jusqu'à l'apprentissage des détails pour rendre compte de cet âge d'or qui est celui du perfectionnement du droit s'appliquant à ces collectivités (développement de la planification régionale et de l'action économique locale, perfectionnement des modes d'aménagement des services publics et des règles d'égalité des usagers devant eux, développement des bases constitutionnelles de la matière, évolution du contrôle sur les actes des collectivités…). Sur tous ces problèmes, il aura donné des vues particulièrement aigües et fourni des recherches extrêmement nourrissantes et personnelles qui le qualifient comme un grand auteur. Et, son ancrage dans la réalité sociale l'éloignait de bien des réflexions menées à la diable par une école constitutionnaliste dominante à l'époque, particulièrement agissante du côté de Pau, obnubilée à faire rentrer des ronds dans des carrés (des collectivités locales différentes des collectivités territoriales, négation du pouvoir réglementaire local…). Jean-Claude Douence s'est toujours tenu à l'écart de ces entreprises de purification scientifique.

C'est qu'il faut se replacer dans le contexte de l'époque : cet âge d'or du droit des collectivités locales correspondait également à un âge d'or de la doctrine qui en avait fait un domaine d'étude privilégié. C'était « le bon temps » où se manifestait une curiosité de ces temps nouveaux et où les auteurs, qui étaient tous de grands auteurs, s'efforçaient de faire jaillir la lumière sur tout ce qui se présentait de neuf : le principe de libre administration, la nouvelle tutelle de l'État, les nouvelles régions, la soi-disant disparition de la notion d'affaires locales… François Luchaire, Jacques Moreau, Franck Moderne, Jean-Marie Auby, Louis Favoreu, tous disparus aujourd'hui…

Jean-Claude Douence aura aussi connu le déclin de cet âge d'or du droit des collectivités locales, son amorce tout au moins, avec les premiers éléments qui en fournissaient le diagnostic. Allaient en ce sens, ses études sur la recentralisation de l'action économique locale par la règlementation nationale (1988), la banalisation des contrats de concession de service public, relégués comme simple variété de marchés publics, dont ne s'accommodent ni la liberté d'administration locale ni la bonne organisation du service public (1995) et, plus dernièrement, ces nouvelles collectivités locales dépourvues de clause générale de compétence (2015). Ces analyses portaient déjà l'empreinte de la période de désillusion que nous vivons. On pensait que la décentralisation changerait notre État et c'est notre État qui change la décentralisation.

On pourrait saisir finalement l'œuvre de Jean-Claude Douence dans la double perspective de l'école de la puissance publique et du service public. Bien entendu, il ne s'agit de ma part que d'une reconstitution *a posteriori* de la cohérence interne de ses recherches, d'un clin d'œil, car, au fond, son œuvre ne s'abandonne à aucun auteur. Je doute même qu'il soit possible de parler d'influence dans son cas tant sa doctrine était son bien propre. La filiation ici suggérée sur ses orientations scientifiques ressemble à une construction tentée après coup et renferme certainement la part d'illusions que j'entretiens moi-même sur ces rapprochements. Ces rapprochements procèdent, en effet, de la double caricature consistant à amalgamer l'œuvre de Jean-Claude Douence à la continuation de celle de Hauriou et Duguit d'une part et l'œuvre de Hauriou et Duguit à ce que je suis capable d'en dire aujourd'hui, d'autre part. Mais il est accessoirement bon de rappeler quand on en trouve l'occasion que le sud-ouest est un berceau du droit public.

La thèse de Jean-Claude Douence sur le pouvoir réglementaire de l'administration se rattache à Hauriou par le thème de la puissance publique et de ses manifestations. Non pas seulement parce que s'intéresser au pouvoir réglementaire revient nécessairement à évoquer la puissance publique, constatation d'une bien pauvre évidence. Mais plus précisément parce que l'orientation de la réflexion des deux auteurs sur le développement du pouvoir réglementaire joue dans le même sens pour considérer, avec la même lucidité pratique, que le pouvoir réglementaire ne peut rester inclus dans la notion d'exécution des lois parce qu'il est inhérent à la vie des institutions, à leur gouvernabilité, et se propage à la mesure de leurs besoins. Autrement dit la production réglementaire est peu contrôlable parce qu'on pourra toujours couler du réglementaire hors du cadre de la loi vu que sa raison explicative revient plus profondément à l'institution et à ses besoins d'organisation et de fonctionnement. Le rapprochement entre les deux auteurs est peut-être fabriqué, il ne paraît pas moins s'imposer. Et il était visionnaire de soutenir en 1965 que le droit constitutionnel de la 5e République en formation qui marquait précisément une certaine revanche du pouvoir exécutif sur le pouvoir législatif ne pouvait brider cette réalité. Au contraire, il en était même l'expression d'ailleurs, notamment avec la consécration d'un pouvoir réglementaire autonome du gouvernement (art. 37 C.).

Et, abordant la question du pouvoir réglementaire dès sa thèse, Jean-Claude Douence ne la laissera pas dormir pour la reprendre lorsqu'il s'agira de comprendre le pouvoir qui, pour les collectivités locales, sera susceptible de découler de leurs bases constitutionnelles en construction. La thèse du pluralisme institutionnel, dont le pouvoir réglementaire est le rejeton inévitable, revient en force pour l'occasion, l'auteur ayant eu notamment l'occasion d'inaugurer les discussions sur le problème lors d'un colloque à Angers sur l'élaboration du statut de la fonction publique territoriale (1983) et dont on peut relire les échanges, qui ont été d'un très haut niveau d'analyse normative (J.-M. Auby, M. Bourjol J.-C. Douence et L. Favoreu), dans les Cahiers du CNFPT.

Le rattachement à Duguit se fait, bien évidemment, par le biais du service public. La construction de Duguit sur le but de service public, et selon laquelle l'État et son administration ne se trouvent pas dans une situation particulière du fait de leur souveraineté mais plutôt par le but assigné à leur action et poursuivi par les agents publics était une option susceptible d'être entendue par Jean-Claude Douence. En ce sens, leur positivisme solidariste les rapproche, c'est-à-dire un positivisme qui va jusqu'à utiliser le contenu social, moral et juridique du principe solidariste et qui fait que la règle de droit ne doit jamais être vue comme une fin en soi. Encore une fois, ce qu'il a écrit sur le principe d'égalité devant les services publics et sur la clause générale de compétence des collectivités peut être sollicité pour en fournir l'illustration concrète. Mais cette précision est importante : si sa recherche reprend l'héritage « des frères ennemis de la doctrine publiciste » (O. Beaud) c'est toutefois avec cette réserve importante que tout ce qui s'écarterait du droit positif – au sens où nous l'avons précisé – et s'abandonnerait à une orgueilleuse construction théorique ne mériterait, à ses yeux, qu'une considération distante sans doute car une telle construction risquerait d'éloigner le chercheur du fond des choses qui seules méritent l'attention. Il reste que les deux auteurs sont les précurseurs du droit administratif moderne et qu'il y a chez Jean-Claude Douence un droit administratif rattaché à ces deux auteurs, nourri à ce double tropisme de la puissance publique et du service public. Encore une fois, la large place laissée au réglementaire dans le sort de l'usager du service public industriel et commercial ainsi que dans la concession de service public (illustration par l'arrêt du Conseil d'État du 21 déc. 1906, *Syndicat des propriétaires du quartier Croix-de-Seguey-Tivoli*, commenté par M. Hauriou et dont une requête de L. Duguit fût à l'origine) était un point d'importance majeure dans la doctrine de chacun de ces auteurs.

La tâche dans laquelle je me suis engagé se réduirait à un exercice protocolaire, extérieur, si elle n'était pas nourrie d'un portrait personnel que l'amitié et l'admiration que nous éprouvions tous à son égard commandent d'évoquer. Sa réserve naturelle n'excluait pas l'humour. Sa lucidité et son intelligence lui permettaient même de s'exprimer de manière tranchante. Il y avait chez lui une parenté entre la science et l'esprit qui se révélait par cet humour. Cet homme sérieux, toujours dans le contrôle de lui-même, n'avait pas son pareil pour manier le paradoxe, l'ironie. À la copie d'un étudiant dont la phrase d'attaque énonçait « retracer toute l'histoire du droit administratif serait fastidieux », il avait répliqué dans la marge « surtout avec une telle écriture ! ». Et cette ironie, il la pratiquait plus ou moins de manière permanente car c'était une tournure naturelle d'esprit et de présentation chez lui. J'ai le souvenir de cette remarque de Franck Moderne qui l'avait plongé dans l'allégresse parce qu'elle prenait le contre-pied de l'opinion générale sur la nature industrielle et commerciale du service public de distribution de l'eau et d'assainissement après la rédaction de l'article L.2224-11 du CGCT issu de la loi de finances pour 2007 : « Si "les services publics d'eau et d'assainissement sont financièrement gérés comme des SPIC" c'est qu'ils n'en sont pas ! » ; ironie qui ne manquait pas de clairvoyance sachant d'une part que le service d'assainissement pénalise financièrement les propriétaires non raccordés au réseau, prérogative de puissance publique qui n'est normalement pas dans le pouvoir d'un SPIC et, d'autre part, qu'il n'est pas interdit pour un SPA, fût-ce exceptionnel, de se rémunérer au moyen de redevances commerciales (camping par exemple). Cette ironie qu'il aimait n'était donc pas un sarcasme qui viserait à détruire avec un esprit de condamnation. Au contraire, de manière bien plus intéressante, elle lui permettait de mieux dévoiler les réalités, de mieux accéder au fond des choses, et de s'y livrer de manière tranchante. C'était ce besoin d'accéder au fond des choses qui faisait que Jean-Claude Douence n'était jamais dans les faux-semblants, les idées toutes faites et les présentations partagées dans le cadre des mondanités universitaires. Et le droit qu'il décrivait n'était pas celui qu'il trouvait dans les ouvrages de ses contemporains. Il était plutôt dans la construction personnelle des idées où venaient prendre leur place les vérités, les éclairs de lucidité et la curiosité pour tout ce qui l'intéressait et, au premier chef évidemment, ce droit des collectivités locales dans ses moindres recoins. Parce que si sa force venait de ces éclairs, ces éclairs étaient préparés par une parfaite connaissance des sujets qu'une très grande puissance de travail rendait possible. La lecture de sa thèse suffira à s'en convaincre.

Quant à sa communication, elle n'était pas formelle, pas verbale. Elle était substantielle : il fournissait à ses interlocuteurs la substance de sa réflexion construite sur ses jaillissements de lucidité toujours avec cette réserve de profondeur et d'analyse. Cette communication n'était pas inépuisable non plus. Associé à son équipe de chargés de travaux dirigés, j'ai le souvenir que son réflexe consistant à appréhender le droit à ses contradictions le conduisait à nous présenter un sujet d'emblée à partir de ses points névralgiques. Autant dire que pour s'assurer de le suivre, il fallait s'en donner les moyens et posséder une assez bonne maîtrise préalable des éléments de ce sujet. Mais après une année d'enseignement du droit public économique, il ne restait plus grand-chose des certitudes ou des espérances sur lesquelles s'était établie cette pauvre discipline. Ainsi, la planification ne pouvait engager l'avenir puisque la loi peut toujours défaire ce qu'elle a fait et que les engagements financiers de l'État ne valent pas au-delà d'un an, la distinction entre marché public et concession et les impasses du critère financier, la délimitation du secteur public qui ne peut guère s'apprécier qu'au regard des contraintes supérieures du droit constitutionnel... À travailler à ses côtés, on n'acquiert pas seulement un savoir mais une formation véritable de chercheur en droit. Et ce constat est trop important pour moi pour ne pas le confier : j'ai eu la chance d'avoir croisé sa route. Mais, d'une certaine manière, nous sommes tous ses disciples car il aura contribué, par son travail et son talent, à offrir ses lettres de noblesse à notre discipline d'élection pourtant encore insuffisamment considérée aujourd'hui. Cet hommage était évidemment l'occasion de se remémorer ce qu'il nous a apporté. C'est précisément le moment de lui en être reconnaissant, réunis ensemble à l'occasion de ce nouveau congrès annuel de l'AFDCL et de lui dire merci pour avoir dispensé, avec le naturel qui était le sien, sa connaissance du droit des collectivités locales que nous tenterons de poursuivre et de transmettre avec nos modestes moyens.

LES COMPÉTENCES PARTAGÉES AVEC L'ÉTAT

La recentralisation des compétences en matière sanitaire et sociale : entre retour à l'État et retour de l'État

Virginie Donier,

Professeure de droit public, Université de Toulon, Cerc

Appréhender la notion de recentralisation implique de savoir ce qu'est précisément la décentralisation, la première pouvant être conçue comme un correctif apporté à la seconde. De façon classique, on peut présenter la décentralisation territoriale comme une forme d'organisation administrative visant à confier à une collectivité publique élue la faculté de s'administrer elle-même. Dans ce cas, l'État octroie à des institutions juridiquement distinctes de l'administration centrale des attributions qu'elles gèrent en leur nom propre et pour lesquelles elles bénéficient de moyens, tout en restant soumises au contrôle du centre[1]. La recentralisation désignerait donc le mouvement inverse, c'est-à-dire un retour en arrière consistant, par un mouvement ascendant et non plus descendant, à replacer une compétence dans le giron de l'État. Si l'article 1er de la Constitution énonce que l'organisation de la République est décentralisée, cela n'implique aucunement que la liste des compétences confiées aux collectivités territoriales est figée, elle est au contraire appelée à évoluer au gré des choix politiques du législateur. Le principe de libre administration s'exerce en effet dans les conditions définies par la loi en vertu de l'article 72 de la Constitution. Surtout, l'article 34 confie au Parlement le soin de déterminer les principes fondamentaux des compétences des collectivités décentralisées. L'article 1er de la Constitution ne peut être lu isolément, il ne crée, au profit des collectivités, aucun droit au maintien des compétences décentralisées et il ne tempère en aucun cas la latitude reconnue au législateur pour déterminer les domaines de compétences relevant respectivement de l'État et des autorités locales. La révision constitutionnelle du 28 mars 2003, qui a modifié la rédaction de l'article 1er

[1] B. Faure, *Droit des collectivités territoriales*, Précis Dalloz, 6e édition, 2021, p 6 ; L. Janicot et M. Verpeaux, *Droit des collectivités territoriales*, LGDJ Lextenso, 3e édition, 2023, p 31.

de la Constitution, n'a donc rien changé en la matière, l'interprétation retenue par le Conseil constitutionnel avant cette révision demeure toujours valable après celle-ci[2]. On peut même soutenir que d'autres dispositions constitutionnelles introduites par cette révision semblent plaider pour un ajustement des compétences en réponse à un principe d'efficacité. La recentralisation peut ainsi être interprétée comme la traduction du principe de subsidiarité énoncé implicitement à l'article 72 alinéa 2 de la Constitution, lequel principe autorise à revenir sur un transfert de compétence lorsqu'il ne s'avère plus pertinent. La dialectique décentralisation-recentralisation peut être conçue comme une application de cette disposition constitutionnelle impliquant d'ajuster les compétences des collectivités territoriales au nom de l'efficacité.

Pour autant, cette présentation de l'état du droit des collectivités territoriales ne reflète qu'imparfaitement la situation actuelle, la matière se heurte à une complexité accrue qui rend délicate l'identification de la notion de compétences, et plus particulièrement de compétences décentralisées. Il s'avère en effet que la plupart des compétences sont en réalité co-administrées entre l'État et les collectivités territoriales, ce qui tend à obscurcir la notion de décentralisation, et par conséquent, celle de recentralisation. Nombre d'études ont ainsi démontré l'existence de collaborations imposées entre les collectivités et l'État et ce, dans des matières toujours plus variées[3]. Les domaines dans lesquelles les collectivités disposent d'« attributions plénières » tendent à se réduire[4]. Dans le champ sanitaire et social, la tendance n'est pas nouvelle, plusieurs lois adoptées au début du XXe siècle ont ainsi favorisé le développement des interventions de l'État, dans certains cas au détriment de l'intervention des communes et des départements, et dans d'autres cas, en complémentarité de l'action locale[5]. Les compétences sanitaires et sociales des collectivités ne sont donc plus des compétences plénières

---

[2] Voir en ce sens les décisions n° 90-274DC du 29 mai 1990, loi visant à la mise en œuvre du droit au logement et n° 91-290DC du 9 mai 1991, loi portant statut de la collectivité territoriale de Corse dans lesquelles le Conseil rappelle qu'il appartient au législateur de définir le domaine d'intervention des collectivités territoriales.

[3] G. Marcou, « Les contrats entre l'État et les collectivités territoriales, réflexions sur quelques problèmes juridiques et administratifs », *AJDA* 2003, p 982 ; J.F. Brisson, « Décentraliser autrement le territoire », in *Révolution, Constitution, Décentralisation, Mélanges en l'honneur de Michel Verpeaux*, Dalloz, 2020, p 539.

[4] Expression empruntée à Bertrand Faure, *Droit des collectivités territoriales, op. cit.* p 574.

[5] M. Borgetto et R. Lafore, *La République sociale. Contribution à l'étude de la question démocratique en France*, PUF, 2000, p 171 et s.

depuis les premières lois relatives à l'hygiène publique et à l'assistance[6]. Pour autant, le périmètre d'intervention des collectivités a varié au gré de la législation illustrant ainsi un mouvement de va-et-vient, la question étant de savoir si ces variations constituent toutes à proprement parler des recentralisations. Pour éclairer cette question, il convient de se fonder sur l'observation des évolutions ayant affecté le droit positif afin de distinguer les compétences qui ont fait l'objet d'un *retour à l'État* de celles qui sont concernées par un *retour de l'État.* Si les premières relèvent incontestablement d'une logique de recentralisation, les secondes posent en revanche plus de questions pour appréhender cette notion. C'est pourquoi il convient de distinguer entre, d'un côté, les recentralisations assumées (I) et, de l'autre, ce que l'on peut qualifier de recentralisations rampantes ou diffuses (II), cette distinction devant permettre d'éclairer la notion même de recentralisation, et indirectement, celle de décentralisation.

I. Les recentralisations assumées : le retour à l'État

Dans cette hypothèse, deux questions méritent d'être posées : la première est celle des raisons qui justifient la recentralisation (A), la seconde concerne les méthodes employées pour recentraliser (B).

A. Les justifications

La principale raison réside dans la volonté de lutter contre les inégalités territoriales engendrées par la décentralisation et à cet égard, la remise en cause des compétences départementales par la création de la couverture maladie universelle en est une illustration significative. Avant l'adoption de la loi du 27 juillet 1999 portant création de cette prestation, l'aide médicale était répartie entre l'État et le département[7]. Le premier finançait l'aide pour les personnes sans domicile fixe tandis que le second finançait l'aide aux personnes ayant leur domicile de secours dans le département. Le dispositif avait accordé une réelle marge de manœuvre au pouvoir règlementaire local : si le règlement départemental d'aide sociale devait préciser le niveau de ressources permettant de bénéficier de la prestation, la détermination de ce seuil

---

[6] Voir en ce sens la loi du 15 février 1902 relative à la protection de la santé publique et la loi du 14 juillet 1905 sur l'assistance aux vieillards, aux infirmes et incurables.
[7] Loi n° 99-641, JO 28 juillet 1999.

était laissée à l'appréciation du conseil général, les textes nationaux ne l'imposaient pas. Cela a inévitablement engendré des disparités territoriales auxquelles le législateur a voulu remédier dans la loi précitée. L'article 1er est ainsi très révélateur de l'objectif poursuivi : « il est créé une couverture maladie universelle qui garantit **à tous** une prise en charge des soins par un régime d'assurance maladie, et aux personnes dont les ressources sont les plus faibles, le droit à une protection complémentaire (…) ». La loi procède donc à une recentralisation en créant une nouvelle prestation dont la gestion ne relèvera pas des conseils généraux (comme on les désignait à l'époque), mais des organismes de sécurité sociale. C'est au nom de l'égalité face à la protection de la santé que le législateur a procédé à cette reprise en main, dans le dessein de garantir l'égalité entre les départements et par là même, entre les bénéficiaires vivant au sein de ces territoires[8]. Pour autant, le texte n'est pas exempt d'incohérences car la recherche de l'égalité reçoit une portée relative dans la loi du 27 juillet 1999 s'agissant de la prestation complémentaire. Si la CMU de base est accessible à toute personne qui n'a pas accès à la sécurité sociale, la prestation complémentaire comporte quant à elle des effets de seuil puisqu'elle est soumise à une condition de ressources faisant office de couperet. Le Parlement a donc retenu une approche parcellaire de l'égalité entre les bénéficiaires selon qu'il s'agit de la prestation de base ou de la prestation complémentaire et ce, avec l'aval du Conseil constitutionnel, qui a rappelé le pouvoir d'appréciation dont dispose le législateur dans la mise en œuvre des droits sociaux[9]. L'objectif d'égalité poursuivi par le législateur dans la recentralisation de la prestation ne le prive pas de tout pouvoir d'appréciation pour déterminer les modalités d'accès aux droits sociaux, ce qui tend à démontrer tant la vulnérabilité des compétences locales que celles des garanties accordées aux droits sociaux, même si le Conseil précise que le plafond de ressources qui sera fixé par le pouvoir règlementaire devra veiller à

[8] M. Borgetto, « Brèves réflexions sur les apports et les limites de la loi créant la couverture maladie universelle », *Droit social*, janvier 2000, p 30 ; V. Donier, *Le principe d'égalité dans l'action sociale des collectivités territoriales*, PUAM, 2005, p 186 et s.

[9] Voir en ce sens la décision n° 99-416DC du 23 juillet 1999. Dans le considérant n° 10, il est indiqué « qu'il n'appartient pas au Conseil constitutionnel de rechercher si les objectifs que s'est assignés le législateur auraient pu être atteints par d'autres voies, dès lors que les modalités retenues par la loi ne sont pas manifestement inappropriées ».

ne pas méconnaître les alinéas 10 et 11 du Préambule de la Constitution de 1946. Une précision dont la portée laisse songeur tant elle paraît difficile à sanctionner.

Au-delà de l'objectif d'égalité, dont nous venons d'établir la relativité, une autre raison peut également expliquer le recours à la recentralisation lorsque l'on observe le cas du RSA. Si la volonté de lutter contre des inégalités territoriales est également présente, cela se combine avec d'autres préoccupations liées au poids financier de la compétence, *a fortiori* pour certains départements. En témoigne la rédaction de l'article 43 de la loi de finances pour 2022 qui a fixé le cadre de l'expérimentation de la recentralisation du RSA, et auquel renvoie l'article 132 de la loi 3DS visant à étendre le nombre des départements concernés[10]. Selon la loi de finances pour 2022, peuvent être candidats à l'expérimentation les départements caractérisés par un reste à charge au titre du RSA par habitant et une proportion de bénéficiaires du RSA dans leur population significativement plus importants que la moyenne nationale. À ces conditions s'ajoute le fait que le revenu moyen par habitant doit être significativement plus faible que la moyenne nationale[11]. L'expérimentation a donc pour objet de remédier aux charges générées par le RSA, lesquelles pèsent inégalement sur les départements selon les caractéristiques socio-économiques de leur territoire. Cela démontre que l'objectif d'égalité est présent là aussi, afin de justifier la recentralisation, même s'il peut sembler sous-jacent compte tenu des arguments tenant à l'état des finances départementales. Pour autant, la recentralisation n'est pas nécessairement la solution idoine en pareil cas si l'on en juge par le rapport de la Cour des comptes consacré au RSA. Dans ce document du 13 janvier 2022, la Cour émet en effet des réserves à l'égard de cette expérimentation, il lui semblerait plus souhaitable de confier aux départements les ressources nécessaires à l'exercice de cette compétence afin de ne pas diluer les responsabilités en promouvant une recentralisation à la carte[12], ou une « renationalisation », car la recentralisation ne concerne qu'un aspect de la compétence, à savoir la gestion de l'allocation, le département restant compétent pour l'accompagnement des bénéficiaires. Mais ces réserves n'ont pas été entendues,

---

[10] Loi n° 2021-1900 de finances pour 2022, JO 31 décembre 2021, texte n° 1 ; loi n° 2022-217 du 21 février 2022 dite « 3DS », JO 22 février 2022, texte n° 3.

[11] Ces différents critères ont été précisés par le décret n° 2022-1358 du 26 octobre 2022 relatif aux critères d'éligibilité des départements à l'expérimentation relative au revenu de solidarité active, JO 27 octobre 2022, texte n° 10.

[12] Voir en ce sens le rapport p 56 et s.

l'expérimentation étant ici utilisée pour mettre à l'épreuve une recentralisation, ce qui pose à présent la question des modalités du retour d'une compétence à l'État.

B. Les méthodes

Ainsi que l'hypothèse de la CMU l'a démontré, la recentralisation peut être mise en œuvre par la création d'une nouvelle prestation, en remplacement de l'ancienne. La collectivité territoriale est ainsi dépossédée de l'une de ses compétences dès lors que la gestion de cette prestation est confiée à un organe dépendant de l'État, sans que le principe de libre administration ne puisse s'y opposer. Dans la décision du Conseil constitutionnel du 23 juillet 1999 relative à la loi portant création de la CMU, le principe de libre administration n'a même pas été convoqué par les auteurs de la saisine[13]. Mais l'on peut supposer que si tel avait été le cas, le Conseil n'aurait pas remis en cause le choix du Parlement. Ce qu'une loi a fait, une autre peut le défaire, et aucun principe de valeur constitutionnelle ne permet de s'opposer à une recentralisation en instaurant une sorte d'effet cliquet anti-retour applicable aux compétences décentralisées.

Cela explique également que la recentralisation puisse être menée par le biais de l'abrogation de dispositions antérieures et par une réécriture de celles-ci. À titre d'exemple, on peut se reporter à la loi du 13 août 2004 relative aux libertés et responsabilités locales qui, tout en étant une loi de décentralisation, comporte des dispositions recentralisatrices en matière sanitaire, s'agissant plus particulièrement de la politique vaccinale[14]. Le législateur abroge les dispositions antérieures qui offraient aux départements une compétence en ce domaine et il procède à leur réécriture. Plus précisément, la loi modifie la rédaction de l'article L 3111-11 du Code de la santé publique qui prévoyait, dans sa version antérieure, que « les services départementaux de vaccination relèvent de la compétence du conseil général qui en assure l'organisation ». La loi du 13 août 2004 replace la politique vaccinale dans le giron de l'État, sans pour autant exclure les collectivités territoriales, mais leur rôle est désormais subordonné[15]. L'article précité indique en

---

[13] Op. cit.

[14] Loi n° 2004-809, JO 17 août 2004, texte n° 1.

[15] J. Martin, « Les collectivités territoriales et la vaccination : une compétence sous tension contradictoire », in *L'administration locale face à la crise sanitaire, Droit et*

effet que « les collectivités territoriales peuvent exercer des activités en matière de vaccination dans le cadre d'une convention conclue avec l'État (…) ». Cette convention doit notamment préciser « les objectifs poursuivis, les catégories de bénéficiaires, les moyens mis en œuvre, le montant de la subvention accordée par l'État, les données dont la transmission à l'État est obligatoire, les modalités d'évaluation des actions entreprises ainsi que, le cas échéant, les relations avec les autres organismes intervenant dans le même domaine ». Il apparaît donc que la loi, conjuguée à l'instrument contractuel, sont des vecteurs de recentralisation, ce qui, s'agissant de la loi, est conforme à la Constitution, et plus précisément aux articles 34 et 72.

Dans le champ sanitaire, on peut aussi considérer qu'au cours du XXe siècle, la création de polices administratives spéciales confiées à l'État a réduit le périmètre du pouvoir de police dévolu au maire, et a ainsi contribué à opérer une recentralisation. Si les communes avaient un rôle primordial en matière de santé publique et d'hygiène au XIXe siècle, leurs compétences ont progressivement été réduites en raison de l'intervention de l'État et de la création de multiples polices spéciales impliquant la mise à l'écart de la police administrative générale[16]. De ce fait, le pouvoir reconnu au maire par l'article L 2212-2 5° du CGCT pour prévenir et faire cesser les maladies épidémiques ou contagieuses a perdu en densité. L'expérience de la crise sanitaire en a été une illustration particulièrement significative[17].

Mais la recentralisation peut aussi prendre la forme d'une expérimentation, ce qui la place dans une situation temporaire, tout en autorisant une différenciation. Dans cette hypothèse, la recentralisation n'est mise en œuvre que dans les seules collectivités territoriales qui participent à l'expérimentation, et pour un temps donné. Elle donnera ensuite lieu à une évaluation pouvant engendrer une généralisation de la recentralisation, un abandon, ou une mise en œuvre « à la carte » selon des conditions fixées par la loi.

Gestion des Collectivités Territoriales 2021, Gis-Grale, sous la direction d'O. Renaudie, Le Moniteur, p 227.

[16] S. Brimo, « L'articulation des compétences en santé environnementale : déconcentration contre décentralisation ? », *RFDA* 2023, p 661.

[17] B. Faure, « Théorie et pratique des compétences des collectivités territoriales face à la crise sanitaire », *AJDA* 2020, p 1727 ; V. Donier, « Qui fait la police (administrative) sous l'état d'urgence sanitaire ? », contribution au dossier relatif à la gestion locale de la crise de la Covid-19, *RFAP* n° 176, 2020, p 889.

D'après les termes de l'article 43 de la loi de finances pour 2022, la recentralisation du RSA peut porter sur 3 aspects : l'instruction administrative et la décision d'attribution du RSA, le contrôle administratif et le recouvrement des indus, et enfin le financement du RSA. Le législateur a ainsi conçu une expérimentation flexible permettant, selon les cas, de conserver le pouvoir d'attribuer la prestation dans le champ des compétences du président du conseil départemental, et de limiter la recentralisation au seul financement. Ou, au contraire, l'expérimentation peut aussi rendre à l'État un périmètre d'attribution plus vaste dans l'exercice de cette compétence. Cette géométrie variable est d'ailleurs l'un des points sur lesquels la Cour des comptes a précisément émis une réserve dans son rapport précité : selon elle, décorréler le financement et le pouvoir de décision n'est pas une solution judicieuse en ce qu'elle s'oppose à la règle « financeur – décideur »[18]. Si la recentralisation du RSA/RSO en Guyane et à Mayotte s'est traduite par un retour à l'État du financement et de la décision d'attribution, la loi de finances pour 2022 n'a pas reconduit le même modèle, ce qui tend à démontrer que la recentralisation peut recevoir un périmètre variable et ne pas concerner l'entièreté d'une compétence. Cela soulève alors la question de savoir si l'on peut réellement parler de recentralisation lorsque le pouvoir de décision reste dans le giron de la collectivité, étant précisé que cette interrogation dépasse le seul cadre du RSA car certaines compétences traduisent un retour de l'État sans être nécessairement synonymes de retour à l'État.

II. Les recentralisations rampantes : le retour de l'État

Après avoir démontré l'existence de recentralisations diffuses marquées par un retour de l'État dans l'exercice de certaines compétences (A), il faudra s'interroger sur la qualification qu'il convient de conférer à cette reprise en main de compétences locales (B).

A. Les illustrations

Lorsque l'on observe l'évolution des compétences des collectivités territoriales, et plus particulièrement des départements, dans le champ sanitaire et social, il apparaît que certaines d'entre elles ont fait l'objet d'un retour de l'État justifié par des raisons identiques à celles avancées

[18] Voir en ce sens le rapport consacré au RSA du 13 janvier 2022 ; op. cit.

lors des recentralisations complètes, à savoir, la préservation de l'égalité territoriale. Ce retour de l'État se manifeste par une contrainte normative plus importante, sans pour autant retirer aux collectivités la gestion de la compétence, et donc leur pouvoir de décision, mais celui-ci est enserré dans un carcan législatif et règlementaire de plus en plus étroit. Dans le domaine de l'aide aux personnes âgées, le passage de la prestation spécifique dépendance à l'allocation personnalisée d'autonomie illustre ce cas de figure[19]. La première loi avait certes fixé un cadre permettant de déterminer les bénéficiaires de la prestation, mais celui-ci laissait au président du conseil général un pouvoir d'appréciation substantiel. De plus, le conseil général pouvait librement fixer le montant maximal de la prestation. La création de l'APA par la loi du 20 juillet 2001 a réduit la marge de manœuvre dévolue aux départements, tant s'agissant de la décision d'octroi qu'en ce qui concerne le montant de l'allocation, et ce, dans le dessein de garantir une meilleure égalité entre les personnes âgées dépendantes sur l'ensemble du territoire national. Saisi dans le cadre du contrôle *a priori*, le Conseil constitutionnel a considéré qu'il n'y avait cependant aucune atteinte au principe de libre administration[20]. Il précise à cet égard que l'encadrement du pouvoir de décision du président du conseil général et de son assemblée n'a pas pour effet de priver le département de compétences propres ni d'attribution effective. Sans retirer à cette collectivité sa compétence en matière d'aide aux personnes âgées dépendantes, le législateur a imposé une architecture plus restrictive, ce qui met en lumière un retour de l'État dans cette prestation relevant de la solidarité nationale, ainsi que le Conseil constitutionnel l'avait souligné dans sa décision. Cet élément justifie alors que l'État resserre l'étau pesant sur les collectivités, ce qui tend à faire de leur pouvoir de décision une compétence liée, et du département un guichet servant une prestation étatique, tout en sollicitant néanmoins les finances départementales pour assumer une partie du coût de l'allocation. La décentralisation à la française est ainsi caractérisée par de nombreux paradoxes dont l'ampleur s'est encore accrue avec la création d'un cinquième risque de

---

[19] Respectivement, loi 97-60 du 24 janvier 1997 tendant, dans l'attente du vote de la loi instituant une prestation d'autonomie pour les personnes âgées dépendantes, à mieux répondre aux besoins des personnes âgées par l'institution d'une prestation spécifique dépendance, JO 25 janvier 1997 et loi n° 2001-647 du 20 juillet 2001 relative à la prise en charge de la perte d'autonomie des personnes âgées et à l'allocation personnalisée d'autonomie, JO 21 juillet 2001, texte n° 1.

[20] Décision n° 2001-447 DC du 18 juillet 2001.

la sécurité sociale par les lois du 7 août 2020[21]. Ce cinquième risque « dépendance » est géré par la Caisse Nationale de Solidarité pour l'Autonomie, qui est un établissement public placé sous la tutelle de l'État, sans que cette évolution n'ait remis en cause les compétences départementales en matière d'APA[22]. Cependant, il n'est pas interdit de penser qu'à l'avenir, les départements pourraient voir leur champ d'action réduit en raison de la création de cette nouvelle branche de la sécurité sociale. Il est en effet incongru de laisser à une collectivité territoriale le soin de contribuer à la garantie d'un risque de la sécurité sociale alors que leurs attributions dans le champ du social se limitent traditionnellement aux aides non contributives qui n'entrent pas dans le périmètre de l'assurance sociale. La création de cette cinquième branche préfigure peut-être une évolution qui pourrait conduire, après ce retour de l'État, à une recentralisation pleine et entière de l'APA, sans nécessairement priver les départements de toute possibilité d'intervention dans le champ de la dépendance. Mais ces interventions se limiteraient à des aspects qui, tout en présentant un lien de connexité avec l'APA, n'en sont pas moins extérieurs, à l'image des problématiques inhérentes à l'habitat inclusif. Il est à cet égard intéressant de relever que la loi dite « 3DS » a fait du département la collectivité chef de file en la matière. N'est-ce pas une façon de préparer l'avenir et de compenser la perte de compétences en matière d'APA ? Il est probablement délicat d'être affirmatif à ce stade, mais l'on peut supposer que le législateur pose les jalons d'une évolution qui n'a pas encore atteint son point d'orgue.

Il est un autre domaine dans lequel la présence de l'État est désormais plus palpable puisque la protection de l'enfance semble elle aussi faire l'objet d'une reprise en main, qui est notamment perceptible dans la loi du 7 février 2022 de protection des enfants[23]. Pour étayer cette affirmation, on relèvera que pour assurer l'égalité sur l'ensemble du territoire, il est désormais prévu que le ministre de la Santé fixe des priorités pluriannuelles en matière de santé maternelle et infantile, lesquelles priorités s'imposent aux départements dans la gestion de leurs services de protection maternelle et infantile. La loi accroît également les obligations des départements en matière de prise en charge des jeunes majeurs, notamment lorsqu'ils ont été suivis par

---

[21] Loi organique n° 2020-991 et loi n° 2020-992 relative à la dette sociale et à l'autonomie, JO 21 août 2020, textes n° 1 et 2.

[22] M. Long, « La loi 3DS : la fin du département-providence ? », *RDSS* 2022, p 412.

[23] Loi n° 2022-140, JO 8 février 2022 texte n° 2.

l'aide sociale à l'enfance pendant leur minorité. Si l'on peut se féliciter d'une telle évolution qui permet d'éviter toute sortie sèche du dispositif d'accompagnement à la majorité, il n'en demeure pas moins que l'État a réduit le pouvoir de décision des conseils départementaux en la matière[24].

Une dernière illustration du phénomène de recentralisation rampante peut être décelée dans la loi pour le plein emploi du 18 décembre 2023[25]. Sans remettre en cause la compétence du président du conseil départemental pour orienter les bénéficiaires du RSA, la loi tend à contraindre davantage le sens de sa décision[26]. Le texte prévoit en effet que tout bénéficiaire du RSA est automatiquement inscrit auprès de l'opérateur France Travail. Ce n'est que lorsque la personne rencontre des difficultés particulières, en termes de santé, de logement, de mobilité, ou encore de garde d'enfants, qu'elle pourra être orientée vers un organisme assurant un accompagnement à vocation d'insertion sociale. La loi procède ainsi à une standardisation de l'accompagnement en créant une orientation de principe vers France Travail, ce qui tend à peser sur le pouvoir d'appréciation du Président du conseil départemental. La nouvelle rédaction de l'article L 262-29 du Code de l'action sociale et des familles est à cet égard particulièrement éloquente : elle prévoit en effet que l'exécutif départemental oriente le bénéficiaire « de façon prioritaire, lorsqu'il est disponible pour occuper un emploi (…) » vers France Travail ou tout autre prestataire chargé de l'insertion professionnelle. De la même manière, la loi prévoit que l'orientation des bénéficiaires du RSA peut être déléguée à France travail après signature d'une convention, mais surtout, l'article 3 4° indique que ce nouvel opérateur, qui est un établissement public placé sous tutelle de l'État, pourra se substituer au Président du conseil départemental si ce dernier n'a pas pris de décision d'orientation dans un délai fixé par décret. Dans un tel cas de figure, l'autorité locale sera privée de sa compétence. Si le texte accroît indéniablement les obligations pesant sur les bénéficiaires du RSA en les soumettant à un contrat d'engagement comportant un minimum de 15h d'activité hebdomadaire, il accroît également la contrainte pesant sur les

---

[24] P. Villeneuve, « La loi du 7 février 2022 relative à la protection des enfants : un condensé de compétences et d'intervention des conseils départementaux », *AJCT* 2022, p 127.

[25] Loi n° 2023-1196, JO 19 décembre 2023, texte n° 2.

[26] H. Rihal, « Le renforcement des devoirs des bénéficiaires du RSA : beaucoup de bruit pour pas grand-chose », *Droit social* 2024, p 50.

départements en réduisant leur marge de manœuvre en termes d'orientation, et en prévoyant un mécanisme de substitution en cas de carence. Cette disposition, qui est quelque peu passée inaperçue, est pourtant révélatrice du retour de l'État qui, par l'intermédiaire de l'opérateur France Travail, souhaite veiller à ce que les départements mettent effectivement en œuvre leurs compétences en matière d'orientation. On relève ainsi un retour de l'État dans le processus d'accompagnement des bénéficiaires du RSA alors même qu'il s'agit d'une mission départementale. Il reste à présent à qualifier juridiquement ce retour de l'État eu égard au principe de décentralisation.

B. La qualification

La question qui se pose est simple, tout du moins dans sa formulation : les recentralisations rampantes peuvent-elles être qualifiées de recentralisations à part entière ? La question est importante en ce qu'elle permet d'éviter les abus de langage, mais aussi de déterminer le sens de la décentralisation à la française. Si l'on suit les travaux du Sénat, on est enclin à répondre positivement. Pour ne prendre que le seul exemple du rapport rendu par le groupe de travail sur la décentralisation en date du 6 juillet 2023, le poids croissant de la norme nationale est qualifié, à plusieurs reprises, de recentralisation rampante en ce que cela vient réduire le pouvoir de décision des autorités locales[27]. Or, poser la question de savoir ce qu'est la recentralisation suppose de s'interroger sur la substance d'une compétence locale et sur le degré d'autonomie dont une collectivité doit disposer dans l'exercice de celle-ci. Le Conseil constitutionnel considère que réduire la latitude des collectivités territoriales dans l'exercice d'une compétence ne les prive pas d'attribution effective[28], mais faut-il se contenter de cette seule réponse compte tenu du seuil de protection que le Conseil accorde au principe de libre administration dans sa jurisprudence ?

Ainsi que l'indique Jean-Marie Pontier, la réponse à la question suppose surtout de se mettre d'accord sur ce que l'on attend de la décentralisation[29]. Il faudrait aussi s'interroger sur son état, mais il

---

[27] *Libre administration, simplification, libertés locales : 15 propositions pour rendre aux élus locaux leur pouvoir d'agir*, Groupe de travail du Sénat sur la décentralisation, 6 juillet 2023, 147 pages

[28] Décision n° 2001-447 DC du 18 juillet 2001, op. cit.

[29] J.M. Pontier, « Fantasmagorie : décentralisation, recentralisation », *AJDA* 2016, p 873.

n'existe aucun instrument pour mesurer ou sonder cet état, la réponse étant généralement contingente, en fonction des choix politiques du moment. Il n'en reste pas moins que c'est un tableau contrasté qui nous fait face : en dépit des discours ambiants favorables à la décentralisation, on assiste à une réduction du pouvoir de décision des collectivités territoriales dans certains domaines en raison du retour de l'État, principalement au nom de l'égalité et de l'efficacité de certaines politiques publiques. Si l'État peut distribuer des compétences, il peut aussi les reprendre ou, sans les reprendre complètement, fixer des règles du jeu qui peuvent être, tantôt souples, tantôt plus rigides. Rien ne semble pouvoir s'y opposer au plan juridique. De plus, dès lors qu'il laisse aux collectivités un pouvoir de décision, aussi réduit soit-il, il ne s'agit peut-être pas de recentralisation, au sens strict du mot. C'est davantage le reflet d'une co-administration que l'État manie librement, quitte à réduire les collectivités à un simple rôle d'exécutant, ce qui est fréquent dans le champ sanitaire et social. Si l'on peut distinguer d'un côté les compétences pleines et entières et de l'autre, les compétences d'exécution, cela pose également la question de la substance même de la notion de compétence. Or elle semble échapper à toute systématisation[30]. Elle est la chose de l'État, c'est-à-dire du pouvoir législatif et règlementaire, sans que l'on puisse définir le seuil minimum d'autonomie qui lui est inhérent. Sonder la profondeur des transferts de compétences n'est pas chose aisée et la jurisprudence du Conseil constitutionnel n'est pas des plus éclairantes[31]. De surcroît, certains domaines sont plus rétifs que d'autres à l'autonomie locale, l'action sanitaire et sociale en étant un excellent exemple, car la solidarité nationale implique de ne pas créer d'inégalités manifestes. Cette tension était palpable dès les premières lois de décentralisation et l'État n'a pas hésité à l'exploiter pour associer les collectivités au financement de prestations relevant de la solidarité nationale, tout en ajustant leur pouvoir de décision au gré des choix politiques. La notion de recentralisation diffuse ou rampante n'est alors que la traduction d'une coopération dont les termes peuvent être variables au fil du temps.

---

[30] J.-F. Brisson, « Les lois de décentralisation quarante ans après : les compétences des collectivités territoriales, » *RFDA* 2022, p 291.

[31] L. Janicot, « Réflexions sur la notion de compétences propres appliquée aux collectivités territoriales en droit français », *AJDA* 2004, p 1574.

La participation des collectivités territoriales aux fonctions régaliennes

Jean-Marie Pontier,

Professeur émérite de l'Université d'Aix-Marseille

Il fut un temps où l'on ne parlait ni de collectivités territoriales ni de fonctions régaliennes. C'était un temps où des communautés locales intervenaient dans les domaines les plus divers, en fonction de leurs moyens et sans aucune considération que nous qualifierions, aujourd'hui, d'« idéologique », tandis que le pouvoir royal cherchait à s'affermir au détriment des autres pouvoirs, qu'il se fût agi du pouvoir pontifical ou d'un pouvoir seigneurial.

Le mot régale, qui a donné le mot « régalien », et dont l'origine étymologique est assez simple, existait bien[1], mais il n'avait pas le sens que nous donnons à l'adjectif qui en est issu. Le droit de régale était le pouvoir dont disposait un souverain, le roi pour ce qui nous concerne, de percevoir les revenus des évêchés pendant leur vacance et de nommer, en même temps, aux bénéfices qui dépendaient de ces derniers, à condition qu'il n'y eût pas, en même temps, « charge d'âme ».

Au cours de l'histoire, par la suite, une certaine désaffection se produit à l'égard du terme régalien. Deux facteurs y contribuent. L'un est le développement de la réflexion autour de la souveraineté de l'État. Avec l'affirmation, puis l'affermissement, de ce dernier, des auteurs vont chercher à identifier des caractéristiques de l'État qui lui sont propres, qui n'appartiennent qu'à lui. Le trait qui s'impose comme étant la marque de l'État est la souveraineté, à partir notamment, dans notre pays, des travaux de J. Bodin[2]. Le second facteur est l'avènement de la Révolution, qui consacre, peut-être pour la première fois dans l'histoire, la liaison, mieux, l'union, de l'État et de la nation. Dans ces conditions, la notion de régalien, au surplus reliée à l'Ancien Régime, passe au

---

[1] Le mot français « régale » est la traduction française du mot en latin médiéval *regalia* qui est utilisé à partir du XIIe siècle et du signifie « droits du roi ».

[2] On pourrait citer, auparavant, des auteurs tels que Philippe de Beaumanoir qui écrit, dans les *Coutumes de Beauvoisis* (1283) que « chaque baron est souverain en sa baronnie » ou, après Bodin, des légistes tels que Loyseau et Cardin Le Bret.

second plan, la souveraineté, elle, donnant lieu à des affirmations de plus en plus fortes.

Il faut attendre la période contemporaine pour que réapparaisse l'usage du terme régalien, sans que l'on puisse fixer exactement une date pour ce renouveau et ce regain d'intérêt. Aujourd'hui, ce n'est plus un simple intérêt, mais un véritable engouement pour le terme, sans que l'on cherche vraiment à savoir, comme nous le verrons, ce qu'il recouvre exactement. Ce que l'on peut dire, toutefois, c'est qu'un certain consensus s'établit sur une signification minimale, qui est la suivante : l'État se caractérise par l'exercice de fonctions régaliennes, il en dispose seul et il les exerce seul. Les fonctions régaliennes sont le propre de l'État, elles le distinguent des autres personnes publiques et privées.

Quant à l'expression « collectivité territoriale », elle paraît aller de soi. Il convient cependant d'apporter une double précision, qui est une atténuation de cette apparente évidence.

D'une part, l'usage et le recours à l'expression de « collectivité territoriale » sont récents dans notre histoire. Pendant très longtemps, en fait de la Révolution à 2003, l'expression qui était utilisée était celle de « collectivité locale », c'est l'expression la plus courante, que l'on trouve dans différents pays. Lors de la réforme constitutionnelle de 2003, en vue d'unifier et de simplifier, la seule expression qui demeure dans la Constitution est celle de « collectivité territoriale », ce qui n'empêche d'ailleurs pas le maintien de l'expression « collectivité locale »[3].

D'autre part, cette expression de « collectivité territoriale » appliquée à ces collectivités n'est pas très satisfaisante, car l'État est, lui aussi, une collectivité territoriale, c'est *la* collectivité territoriale par excellence. Pour cette raison, certains auteurs, tel R. Chapus, ont parlé de « collectivité territoriale locale ». Mais cette expression ne me paraît pas plus satisfaisante : la région est une collectivité territoriale, mais, sauf à enlever au terme « local » toute pertinence, on voit mal comment qualifier la région de collectivité « locale », à plus forte raison depuis la réforme de 2014 qui, par réassemblage des régions existantes, a institué de grandes régions.

Ce problème terminologique ayant été ainsi exposé, à défaut de pouvoir être réglé, y a-t-il matière à réfléchir, le sujet en est-il un ? Car

---

[3] De nombreuses circulaires, et même des lois, continuent de parler de « collectivités locales », peut-être simplement par habitude.

on est tenté, dans une première approche, très rapide et superficielle, de considérer qu'il y a d'un côté l'État, de l'autre les collectivités territoriales qui font l'objet de l'attention du législateur depuis des années et qui constituent l'un des principaux centres de préoccupation du législateur, et que chacun, si l'on peut dire, a son domaine[4]. Il semblerait que la question est loin d'être aussi simple qu'elle le paraît.

Citons pour mémoire, et pour le plaisir de laisser place à l'imagination, un texte qui pourrait donner lieu, comme c'est à la mode, à une dystopie de la part d'un réalisateur inventif, la célèbre loi Tréveneuc, de 1872, dont je dirais simplement que si la probabilité qu'elle soit un jour appliquée est voisine de zéro, cette loi, contrairement à ce que l'on pourrait penser, n'a pas été abrogée, sans pour autant être codifiée[5].

L'idée que je voudrais développer est celle selon laquelle, non seulement il est inévitable que les collectivités territoriales participent à des fonctions régaliennes, mais que la question est aujourd'hui renouvelée.

I – Le maintien d'une participation aux fonctions régaliennes

Pourquoi parler de « maintien » ? Parce que l'évolution que nous avons connue, depuis un siècle ou un peu plus, est allée, logiquement, dans le sens d'une réduction de la participation à ces fonctions régaliennes de la part des collectivités territoriales, mais, malgré tout, il subsiste des formes de participation que l'on ne peut supprimer.

A – Une réduction logique de la participation des collectivités territoriales aux fonctions régaliennes

Pendant un siècle et demi, à partir de la Révolution, on ne parle guère de régalien et, par voie de conséquence, d'une éventuelle participation

[4] La plupart des lois intervenues depuis 1982 – et elles sont nombreuses – ont eu pour objet, principal ou associé à d'autres préoccupations, de clarifier les relations entre l'État et les collectivités territoriales, d'établir des « blocs de compétences » (qui n'ont jamais été réalisés et qui sont parfaitement impossibles à déterminer) en vue de distinguer ce qui relève de l'État et ce qui relève des collectivités territoriales.

[5] Lors de la codification ayant abouti au CGCT, la question s'est posée, et il aurait été simple de la faire figurer dans la longue liste des lois abrogées figurant dans la loi publiant le CGCT. Le Parlement a préféré, sans la codifier, ce qui était difficilement acceptable, ne pas l'abroger, la laissant dans une sorte d'éther juridique, car elle ne gênait personne, et « on ne sait jamais… »

des collectivités locales aux fonctions régaliennes. Les préoccupations sont ailleurs et, à notre époque, lorsque la question des relations entre l'État et les collectivités locales resurgit avec force, ce n'est pas cet aspect qui va occuper les discussions et entraîner des législations.

1 – Le déplacement des préoccupations sur l'État

Si l'on parle de régalien, quelles peuvent en être les traductions concrètes ? Ce régalien ne peut être perçu, identifié, qu'à travers les institutions de l'État. Or il apparaît qu'à partir de la Révolution, le terme de « régalien » ne correspond plus aux interrogations que l'on se pose, et aux évolutions qui se produisent. Le « régalien » perd de son intérêt, parce qu'il ne correspond pas ou plus à l'évolution de l'État, il n'est plus un concept à l'ordre du jour. Ce que l'on constate, à travers les différents régimes qui se succèdent, c'est une recherche de refondation de l'État, avec une réorganisation progressive et parfois un peu chaotique (tout au moins jusqu'à l'Empire) des structures, cette réorganisation se traduisant par une extension des fonctions, ce qui va faire naître des interrogations sur l'État.

Il est éclairant, pour notre propos, d'examiner la réorganisation des structures administratives centrales à partir de la Révolution, parce que ces structures constituent un indicateur du régalien. On peut partir de la loi des 27 avril-25 mai 1791, même si ces ministères ont des antécédents sous l'Ancien Régime[6]. Cette loi institue six ministères : le ministère de la Justice, le ministère des Contributions et Revenus publics, le ministère des Affaires extérieures, le ministère de la Guerre, le ministère de l'Intérieur, le ministère de la Marine. Ces ministères sont supprimés en 1794, étant remplacés par des commissions sous les ordres du Comité de salut public, puis rétablis en 1795.

On peut mettre à part, bien qu'elle correspondît à des besoins tenant à la défense territoriale, l'institution du ministère de la Marine. Celui-ci est le descendant et le continuateur de la « Marine royale » (souvent appelée « la Royale ») qui fut créée en 1624 pour lutter, principalement, contre la marine espagnole et la marine britannique. La marine ne fait pas directement référence au régalien, mais à la défense, voire à

[6] Depuis le XVIIIe siècle, six ministères acquièrent une existence stable : la Chancellerie, le Contrôle général des finances, les Affaires étrangères, la Guerre, les Affaires particulières, la Marine.

l'extension, du territoire, elle est un instrument au service de la politique de l'État.

Si l'on prend les cinq ministères restants, on relève sans difficulté qu'ils correspondent, *grosso modo,* aux fonctions que l'on a tendance à qualifier, mais aujourd'hui seulement, de fonctions « régaliennes ». À l'époque, on ne pense pas en ces termes-là, il s'agit seulement d'organiser l'État et les pouvoirs, la réflexion sur les fonctions de l'État est encore, à ce moment-là, balbutiante.

Ce que l'on va observer, tout au long du XIXe siècle, et selon un constat qui ne présente aucune originalité, c'est une extension des fonctions de l'État. Cette extension des fonctions, qui va se traduire par l'augmentation progressive du nombre de ministères, ne correspond à aucun plan préétabli, à aucune conception particulière, à aucune volonté politique précise, bien qu'elle puisse être motivée par des considérations idéologiques. Elle va s'opérer au gré des besoins tels qu'ils sont perçus par les pouvoirs publics. Nombre de ministères vont naître par scissiparité, ainsi qu'on l'a dit, du ministère de l'Intérieur, qui va progressivement perdre un certain nombre de ses attributions au profit de nouveaux ministères créés spécifiquement à cette fin.

L'augmentation du nombre de ministères est un des signes de l'extension des fonctions de l'État. Les facteurs de cette extension sont connus, ils se résument principalement aux crises et aux guerres qui déstabilisent les sociétés. Les citoyens, désorientés, en appellent à l'État, et celui-ci va répondre présent. On ne se demande pas, dans un premier temps, quelles sont les fonctions de l'État, celui-ci doit faire face à des pénuries, et il est intéressant de relever que les communes vont être, elles aussi, sollicitées, du fait de ces manques et de ces dysfonctionnements.

L'exemple de l'intervention des communes est intéressant parce qu'il montre l'émergence d'un nouveau débat, qui va se situer sur le plan idéologique. La question du « socialisme municipal » va donner lieu à une abondante jurisprudence, très connue, sur laquelle il n'est pas utile de revenir. La question, relativement à l'intervention des communes, est celle de la *légalité* de ces interventions, le juge administratif s'étant montré, pendant un long laps de temps, très restrictif à l'égard des possibilités d'intervention des collectivités locales (représentées presque exclusivement, dans cette jurisprudence, par les communes).

Du côté de l'État, la question ne va pas se poser sur le même plan. Après un premier temps sans trop de questionnement[7], dans un second temps, en effet, c'est la *légitimité* de l'intervention de l'État qui va être contestée. La question est de savoir quel doit être le rôle de l'État. Mais il ne s'agit pas, pour autant, d'un débat portant sur le régalien, le mot n'étant d'ailleurs pas utilisé. Les controverses portent sur le rôle respectif de l'État et des personnes privées, elles vont se situer sur le plan idéologique. Durant toute la deuxième moitié du XIXe siècle[8] et la première moitié du XXe siècle, l'opposition est entre le libéralisme[9] et les socialismes (en y incluant, ensuite, le marxisme). Le débat n'est pas de savoir quelles sont les fonctions régaliennes de l'État mais qui, de l'État ou des personnes privées, doit intervenir, et jusqu'à quel point le premier peut limiter l'initiative des secondes.

2 – La question des pouvoirs et des compétences

La problématique, à l'époque contemporaine, va devenir celle des relations entre l'État et les collectivités territoriales. À vrai dire, la question des relations entre l'État et les collectivités locales n'a jamais cessé de se poser. Depuis l'Ancien Régime, une querelle s'est développée, presque enkystée, entre le premier et les secondes, cette querelle a toujours eu une dimension financière marquée, soit que l'État reproche aux collectivités locales de mal gérer, soit que ces dernières fassent valoir que l'État fait peser sur elles des charges indues. Ce n'est pas ce problème qui touche directement au régalien, même si, comme nous le verrons, il peut interférer avec lui.

Le débat va se focaliser sur les pouvoirs et les compétences des collectivités territoriales. Quant aux pouvoirs, cela fait naturellement référence à la tutelle. Pendant de nombreuses années, durant la première moitié du XXe siècle, c'est moins le principe de la tutelle qui est en cause que ses modalités, qui ont pu être effectivement très rigoureuses,

---

[7] Sans trop de questionnement, il faut entendre, par-là : sur le rôle de l'État. D'autres questionnements, à l'inverse, vont donner lieu à un vif débat, parmi les auteurs principalement, notamment celui portant sur la propriété privée.

[8] Durant la première moitié de ce siècle, le débat n'est pas vraiment idéologique, parce que le socialisme n'existe pratiquement pas en tant qu'idée politique, les premières doctrines socialistes, qui sont plurielles, se développent à partir de 1848 et le marxisme ne sera connu, dans notre pays, que bien plus tard.

[9] Qui va d'ailleurs perdre son unité, les libéraux se divisant précisément sur la question de l'État, sur l'étendue des attributions de l'État.

les collectivités locales étant bien considérées par les autorités de l'État comme des « mineures », qu'il convenait de contrôler. Tout ceci est du passé, mais si la question de la tutelle ne mérite plus les longs développements qui y furent consacrés, elle appelle cependant deux observations, pour nuancer l'évolution qui s'est produite.

D'une part, il faut éviter une présentation quelque peu caricaturale, on n'est pas passé d'un seul coup du tout au rien, on n'est pas passé d'une tutelle insupportable à une disparition de la tutelle. Il y a eu plusieurs étapes, et la loi de 1982, que souvent l'on cite seule, n'est que le couronnement, si l'on peut dire, de l'évolution. Dans les années qui ont précédé, des mesures d'allègement de la tutelle ont progressivement été adoptées, en particulier depuis les débuts de la Ve République. En particulier, il faut rappeler que l'on est passé d'une tutelle *a priori* à une tutelle *a posteriori* et, plus encore, on a diminué peu à peu le nombre d'actes soumis à la tutelle du préfet. À cela il faut ajouter que les changements économiques et sociaux, l'enrichissement, qui a été réel, des collectivités territoriales, notamment des communes, ont conduit à un infléchissement du rôle des préfets, qui sont devenus des conseillers plus que des censeurs des communes. Enfin, il faut rappeler que l'enquête menée auprès des maires en 1978 montrait une large acceptation par les maires de l'intervention des préfets.

D'autre part, on a un peu trop vite dit que la tutelle était supprimée. Outre que certains auteurs ont contesté que, dans la réalité, la tutelle ait vraiment disparu, même si l'on s'en tient à un strict plan juridique, il est faux de dire que la tutelle a été supprimée. La loi du 2 mars 1982 comporte bien un titre sur la suppression de la tutelle administrative, un autre titre sur la suppression de la tutelle financière, mais il y a une troisième forme de tutelle, plus insidieuse que les précédentes, la tutelle technique. Cette tutelle technique n'a pas été supprimée, mais seulement allégée[10], et un allègement n'est pas une suppression.

La tutelle technique n'a pas été supprimée, parce qu'il est apparu au législateur que ce n'était ni possible, ni souhaitable. La suite de l'histoire a montré qu'effectivement, la tutelle technique, bien présente, pouvait être pesante pour les collectivités territoriales. Cette tutelle technique découle de l'application de certaines normes techniques. Et si, dans certains cas, le respect de ces dernières par les collectivités territoriales

---

[10] Le titre en question de la loi est le suivant : « De l'allègement de la tutelle technique ».

s'impose avec évidence[11], le problème, qui ne cesse de prendre de l'ampleur avec le temps, provient de la prolifération des normes, dénoncée de toutes parts, sans que pour autant cela change grand-chose.

La détermination des compétences des collectivités territoriales va être l'une des grandes questions des débats et des législations sur la décentralisation, elle continue de l'être aujourd'hui. M Waline considérait que la décentralisation se définissait d'abord par le transfert de compétences de l'État aux collectivités territoriales[12]. Il est certain que le visage de la décentralisation a été modifié par les transferts de compétences effectués, et que la réalité de la décentralisation passe par l'exercice effectif de leurs compétences par les collectivités territoriales.

Le terme de compétences ne s'impose vraiment dans le débat juridique et politique relatif aux collectivités territoriales que dans les années 1960, il doit effectivement être distingué des fonctions et des attributions, ces dernières caractérisant les organes d'une collectivité : une commune, par exemple, dispose de compétences, tandis que le maire, comme le conseil municipal, disposent d'attributions. Cette rigueur terminologique n'est pas toujours respectée, par les textes comme par les auteurs, et on peut le regretter.

La grande question va donc être, depuis les années 60[13] celle de savoir quelles doivent être les compétences des collectivités territoriales, c'est-à-dire quelles compétences peuvent et doivent être transférées par l'État à celles-ci. Par déduction on en vient à se demander quelles sont les compétences que l'État ne peut pas transférer, et ne doit pas transférer, parce qu'elles lui sont propres, qu'elles n'appartiennent qu'à lui. C'est ainsi que va commencer à être posée la question des compétences régaliennes.

L'importance de la question va être accrue par une autre catégorie de transferts de compétences, les transferts de compétences de l'État vers les institutions de ce qui est aujourd'hui l'Union européenne. Ces

[11] Que l'on pense, par ex., aux normes de protection contre le risque d'incendie.

[12] On laisse de côté ici, car ne touchant pas directement à notre sujet, la question de la « clause générale de compétence », qui a donné lieu à de nombreuses réflexions de la part de la doctrine, dont l'auteur de ces lignes, ainsi qu'à des divergences de vues sur cette « clause » qui n'en est pas une.

[13] Il s'agit bien des années 60 car c'est durant cette période que les premières commissions chargées de réfléchir sur la réforme des collectivités territoriales vont aborder la question des compétences. Jamais, auparavant, cela n'avait été fait. L'un des premiers grands rapports (bien qu'il ne soit pas très long) est celui de la commission Bourrel, en 1964.

transferts, qui se sont effectués en plusieurs temps, mettent en lumière la question, plus encore politique que juridique, des compétences de l'État. Le principe de départ étant que la souveraineté ne relève que de l'État[14], toute la question, et la difficulté, va être de savoir jusqu'où peut-on transférer des compétences de l'État vers les institutions de l'Union sans remettre en cause la souveraineté nationale. Dès lors, la notion de compétences régaliennes, de fonctions régaliennes, devient essentielle, elle va occuper désormais le champ politique.

Pour autant, les collectivités territoriales ne sont pas écartées totalement de ces fonctions, l'une des idées soutenues dans ce développement étant qu'il n'en a jamais été ainsi, et que cela n'est pas possible, pour les raisons qui vont être explicitées dans ce qui suit.

B – Un maintien obligé de la participation aux fonctions régaliennes

Commençons par évoquer un aspect qui, bien que présentant largement un côté historique, n'en est pas moins, encore aujourd'hui, un facteur d'une bonne compréhension de la problématique de la participation des collectivités territoriales aux fonctions régaliennes. Il s'agit de la dissociation entre les compétences et les charges. Le principe logique devrait être que les collectivités territoriales supportent les charges afférentes à leurs compétences et que, ce qui est une manière inversée de présenter la même réalité, une collectivité qui supporte une charge doit disposer de la compétence qui l'implique. Mais il n'en a jamais été ainsi, même si, aujourd'hui, un effort de cohérence a été fait.

C'est sous l'Empire, pour s'en tenir à la période postérieure à la Révolution[15], que cette dissociation est effectuée de façon marquée, avec des textes qui portent « donation » aux collectivités locales[16] de bâtiments de justice, de gendarmerie[17]... à charge, pour les collectivités concernées, de les entretenir. Ces charges, que les élus locaux

[14] Encore que, aujourd'hui, de nombreuses personnes, y compris au sein de la classe politique, et même le président de la République, n'hésitent pas à parler de « la souveraineté de l'Europe », qu'il convient de sauvegarder.

[15] En effet, sous l'Ancien Régime, on peut relever de semblables pratiques de la part du pouvoir royal.

[16] Principalement les communes. Les départements, nouveaux venus, et n'ayant pas d'histoire, étaient avant tout des circonscriptions territoriales de l'État et pour l'État, comme le manifestent clairement les textes.

[17] Les donations en question sont présentées par l'Empereur (l'un des textes commence par « Dans notre magnificence faisons donation... ») comme un cadeau, qui se révèle coûteux pour les collectivités concernées.

qualifieront, non sans raison, d'« indues » vont perdurer, et ne seront entièrement supprimées qu'en 1982.

On peut envisager la participation des collectivités territoriales aux fonctions régaliennes à partir des deux composantes du Bien commun[18], qui se révèlent être aussi des compétences régaliennes, l'ordre et la justice.

1 – La participation à la fonction de l'ordre

L'ordre est une notion qui se peut décliner sur plusieurs registres, qui se rejoignent néanmoins. On peut entendre l'ordre au sens philosophique, au sens le plus général qui soit, c'est ainsi qu'il convient de l'entendre, noblement, dans sa nature de composante du Bien commun. Il ne peut y avoir de justice dans une société si celle-ci ne connaît pas un minimum de calme, d'harmonie, l'ordre est la première condition pour qu'il y ait société et que l'on puisse chercher à établir la justice.

Mais, même dans son sens le plus large, la notion d'ordre comporte une part d'ambiguïté, car pouvant signifier l'absence de tout échange, de tout débat, de tout discours, ce dont la littérature se fait parfois écho[19]. L'ordre est (trop) facilement réductible, dans son sens concret, à l'absence de désordre, à l'ordre au sens matériel du terme. On le constate : les sociétés en formation ont tendance à privilégier l'ordre à la justice car, si l'ordre est indispensable, il est également plus aisé à organiser, à mettre en place (indépendamment des moyens mis en œuvre à cette fin) que la justice. Même dans les sociétés apaisées, ou supposées telles, comme les sociétés occidentales qui sont les nôtres, le risque renaît sans cesse que les gouvernants soient tentés de maintenir l'ordre à tout prix et, parfois, quel que soit le prix.

Sur le plan juridique, l'ordre apparaît sous la forme de « l'ordre public ». La police administrative, au sens juridique, est une forme d'intervention de la puissance publique, et qui ne peut poursuivre qu'un

---

[18] Le Bien commun – dont l'intérêt général est, selon certains auteurs, une laïcisation du Bien commun, et encore que ce point de vue ne fasse pas l'unanimité – est considéré, depuis Aristote et saint Thomas d'Aquin, comme constitué de deux composantes, l'Ordre et la Justice.

[19] On peut penser, par ex., à un auteur tel que Beckett, avec son sens de la provocation, et son génie dans la mise en scène de situations et de personnages, avec cette illustration dans *Fin de partie,* où l'un des personnages, Clov, déclare : « J'aime l'ordre. C'est mon rêve. Un monde où tout serait silencieux et immobile, et chaque chose à sa place dernière ».

intérêt général bien spécifique, c'est-à-dire l'ordre public. L'ordre public n'a jamais fait l'objet d'une définition précise[20], peut-être parce que celle-ci serait impossible à donner, et peut-être n'est-ce pas souhaitable, la question de l'ordre public pouvant se présenter, selon les moments et selon les lieux, sous des formes différentes.

L'un des rares textes comportant, sinon une définition, tout au moins une formulation permettant de s'en approcher, est évidemment l'article L. 2212-2 du CGCT. Il parle du « bon ordre » que le maire est chargé d'assurer, bon ordre qui se définit à partir de trois composantes, la sûreté, la sécurité et la salubrité publiques, sachant qu'un quatrième terme doit être obligatoirement rajouté, celui de tranquillité publique[21]. On peut laisser de côté, parce qu'elle ne concerne pas directement notre sujet, un autre objet de la police municipale, la protection de la « moralité publique ».

Le développement qui précède montre que la préservation de l'ordre public est une prérogative de l'exécutif communal, le maire. Il paraît tout aussi évident, sinon plus, que les autorités de l'État disposent d'une compétence en matière de maintien de l'ordre, cette compétence est même première, elle vient avant la compétence du maire. Il est donc possible de parler de partage des compétences en matière de police administrative, en matière de maintien de l'ordre public.

En quoi, alors, peut-on parler de participation des collectivités territoriales à cette fonction d'ordre, puisqu'il y a partage ? Plusieurs points peuvent être retenus. Tout d'abord, et la remarque vaudra pour d'autres cas, la participation financière est une forme de participation. La gendarmerie est chargée, elle aussi, de maintenir l'ordre sur le territoire, avec un partage des tâches, qui a évolué d'ailleurs dans le temps, avec la police nationale. La gendarmerie est implantée territorialement dans des casernes. Les communes ont souvent participé, dans le passé, à la construction de casernes de gendarmerie, par le biais de fonds de concours[22]. Aujourd'hui, si aucune obligation ne l'impose, les

[20] Il y a bien eu des tentatives de définition de l'ordre public, comme celle de P. Bernard, *La notion d'ordre public en droit administratif*, LGDJ 1962, mais cet ouvrage est loin d'épuiser la question.

[21] La tranquillité publique, qui est peut-être la plus importante des composantes du bon ordre, est visée à un alinéa suivant du même article L. 2212-2.

[22] Ces fonds de concours peuvent être financiers, ils peuvent être également, et c'est le cas le plus fréquent, en nature, sous forme, par ex. d'apport d'un terrain pour la construction d'une nouvelle gendarmerie.

communes continuent de proposer de tels fonds de concours au ministère de la Défense[23].

Par ailleurs, les pouvoirs en matière de police dont dispose le maire[24] sont des pouvoirs attribués par la loi. Le pouvoir de police du maire remonte loin, à la Révolution, mais ce pouvoir de police n'existe que parce qu'une loi l'a prévu, il n'y a pas de pouvoir de police dont le maire pourrait disposer « par nature ». La fonction d'ordre, à laquelle renvoie l'ordre public, est une fonction qui relève au premier chef de l'État. Même si, politiquement, il serait difficile de revenir sur ce pouvoir de police du maire, tant les intéressés y sont attachés[25], juridiquement, c'est l'État qui est dépositaire de ce pouvoir. Il faut donc modifier la proposition précédente : il n'y a pas de partage du pouvoir de police qui serait décidé constitutionnellement, il y a une délégation, par l'État, d'une partie du pouvoir de police à des autorités locales élues.

On voit bien que l'État maîtrise tout le processus et les « règles du jeu » avec les corps de police municipale. Jusqu'à une époque récente, les autorités centrales étaient hostiles à l'existence de ces polices dites municipales. Peu à peu, des villes ont pris des initiatives en ce sens, les polices locales se sont multipliées[26]. L'État a d'abord accepté ces créations avec quelque réticence, puis il a encouragé ces créations, car il y trouve intérêt, les polices municipales soulageant l'effort de la police nationale et de la gendarmerie. Mais l'on observera que les policiers municipaux doivent recevoir un agrément, et que cet agrément est délivré par une autorité de l'État, le procureur de la République. Sur le plan financier, toujours essentiel, le produit des amendes que les policiers municipaux peuvent mettre aux contrevenants revient au Trésor public – ce qui a d'ailleurs donné lieu à un contentieux, de la part de certaines villes et que celles-ci ont perdu.

---

[23] C'est aussi leur intérêt, et c'est en cela que les participations financières des collectivités territoriales à des opérations de l'État peuvent présenter une ambiguïté : l'existence d'une caserne sur le territoire d'une commune, c'est un soutien à l'activité économique par les dépenses des gendarmes et de leur famille, ce sont des enfants scolarisés (ce qui peut permettre de maintenir une école) etc.

[24] Les autres exécutifs locaux, qu'il s'agisse du président du conseil départemental ou du président du conseil régional, ne disposent que de pouvoirs dits de police spéciale.

[25] Mais, depuis plusieurs années, le législateur cherche à favoriser le transfert d'une partie du pouvoir de police du maire au président d'une intercommunalité, en étant très prudent sur le sujet tant il est sensible.

[26] À l'heure actuelle, avec les chiffres les plus récents, les policiers municipaux sont au nombre de 25 000 environ, chiffre considérable qui en fait la troisième force de maintien de l'ordre après la gendarmerie et la police.

Cela permet de passer à une autre forme de participation des collectivités territoriales aux fonctions régaliennes, la participation à la fonction de justice.

2 – La participation à la fonction de justice

Le terme de justice, et tout ce qu'il sous-tend, est beaucoup plus complexe que le terme « ordre », il est chargé, voire surchargé, de sens. Qu'est-ce que la justice ? Il existe une définition simple de la justice : la justice consiste à donner, ou à rendre à chacun, ce qui lui est dû. Si cette définition, qui n'en est pas vraiment une, est peu contestable, elle est parfaitement inutilisable. Car toute la question est de savoir ce qui revient à chacun. Dans l'histoire, les interprétations de ce « dû » ont été multiples, les désaccords profonds, et les idéologies se sont emparées de cette notion de justice pour en proposer la réalisation concrète, la diversité de ces propositions étant également très grande. Ce n'est pas ce sens de justice qui est retenu ici, car, sinon, la justice pourrait recouvrir toutes les politiques menées par un gouvernement, qu'il s'agisse de la politique sociale, de la politique de l'enseignement, de la politique culturelle ou de toute autre politique. La justice va « simplement » être considérée ici comme une fonction de l'État qui est assurée par des juridictions relevant d'ordres juridictionnels.

Il faut également rappeler, pour ne pas avoir à y revenir, que l'on trouve, en matière de justice, les mêmes déviations auxquelles on a assisté, dans l'histoire, avec les bâtiments militaires : les palais de justice avaient été transférés aux communes et départements, qui devaient pourvoir à leur entretien. Cela est terminé, mais, comme précédemment, il n'est pas interdit à une collectivité territoriale de participer, par le biais de fonds de concours, à la rénovation d'un tribunal, ou à la création d'une nouvelle juridiction, cette aide étant considérée comme bienvenue par l'État.

La création, la réorganisation, la suppression, de juridictions, relèvent des seules autorités de l'État, législateur et, plus souvent, exécutif, les collectivités territoriales ne disposent d'aucune compétence en la matière car, s'il est une fonction qui est régalienne, c'est bien la fonction de justice. Les pouvoirs publics ont cependant prévu une participation de certaines autorités locales à cette fonction de justice, cette participation se présentant sous différents aspects.

Tout d'abord le maire, ainsi que ses adjoints, ont la qualité d'officier de police judiciaire et, dans l'exercice de ces fonctions, sont placés sous le contrôle du procureur[27]. Cela tient au statut particulier du maire qui, dans le cadre de ce que l'on appelle classiquement le dédoublement fonctionnel, est certes d'abord un agent de la commune, mais est également, pour certaines fonctions, un agent de l'État. Il faut souligner le fait que le maire est la seule autorité décentralisée à avoir cette qualité, les autres exécutifs locaux ne l'ont pas.

Il est courant de lire, dans les manuels, que cette fonction d'OPJ du maire est une fonction accessoire. Même si elle l'était, cela serait une expression de la participation des autorités locales à la fonction de justice. Mais il n'est pas certain, au surplus, que cela soit accessoire. J'en prends, pour preuve, un exemple récent, celui d'une loi du 27 juillet 2023[28], que l'on a qualifiée de « loi anti-squat ». Cette loi rappelle le rôle du maire en tant qu'OPJ et, lors des débats au Parlement, les parlementaires ont insisté sur le rôle que pouvait jouer le maire, les rapporteurs ont fait valoir qu'en rappelant ce rôle les maires seraient amenés à intervenir plus souvent. C'est dire que la fonction d'OPJ du maire n'est pas tout à fait secondaire[29].

D'une manière plus générale, l'État a besoin des collectivités territoriales pour que la justice assure ses missions de manière satisfaisante au sein de la société. Une bonne justice est indispensable à un bon fonctionnement de l'État, et cette « bonne justice » est d'abord une justice perçue par la population, les citoyens, comme impartiale et efficace, l'harmonie sociale, indispensable à la paix sociale, étant à ce prix. Or la situation ne peut être considérée en France[30] comme satisfaisante, et les élus locaux ont un rôle à jouer dans cette restauration de l'image de la justice.

La situation est variable selon la forme de justice que l'on prend en considération. La justice administrative, qui est une particularité de notre pays, fonctionne de manière relativement satisfaisante aux yeux des citoyens, ces derniers ont plutôt une bonne image de cette justice,

---

[27] Art. 16 du Code de procédure pénale, art. L. 2122-31 du CGCT.

[28] Loi n° 2023-668 du 27 juillet 2023 visant à protéger les logements contre l'occupation illicite.

[29] Un point bien connu mérite aussi d'être rappelé, qui met en valeur la participation des agents locaux au service public de la justice : la distinction police administrative-police judiciaire est loin d'être claire, et une opération de police administrative peut à tout moment se transformer en une opération de police judiciaire.

[30] On ne se préoccupe ici que de la France, le fonctionnement de la justice fait l'objet de mécontentement des citoyens dans de nombreux pays, y compris des pays démocratiques. Il est difficile d'avoir une justice qui réponde de façon satisfaisante aux demandes des citoyens.

plusieurs facteurs, dans le détail desquels il importe peu ici d'entrer, pouvant expliquer cette appréciation. C'est du côté des juridictions judiciaires que les choses sont moins évidentes.

Il y a un point sur lequel on peut passer rapidement, mais qui participe de cette image dégradée de la justice, c'est la réorganisation territoriale des juridictions, en d'autres termes la suppression d'un certain nombre de juridictions, notamment, lorsque l'appellation existait, la suppression d'un grand nombre de tribunaux d'instance. Les pouvoirs publics ont présenté cette réforme comme nécessaire en raison des flux de population, et de l'exode rural, ils ont fait valoir qu'il s'agissait d'une rationalisation indispensable. Les préoccupations financières et comptables – c'est-à-dire les économies que l'on peut tirer de cette rationalisation – ont dû jouer également un certain rôle. Il n'est pas certain que ces suppressions et ces réorganisations aient contribué à améliorer la visibilité de la justice aux yeux des citoyens.

C'est la justice pénale qui concentre le sentiment d'insatisfaction éprouvé par les justiciables, et les enquêtes montrent également un malentendu entre les élus locaux et les juges, les premiers ne comprenant pas les raisons des décisions des seconds, et estimant que la justice ne fonctionne pas bien. Quelle que soit la réalité objective – si tant est qu'elle existe –, ce qui importe ce sont les sentiments éprouvés, le « ressenti » comme l'on dit aujourd'hui, et l'on ne peut se satisfaire d'une telle situation.

Les pouvoirs publics ont bien cherché à améliorer la perception de la justice par les citoyens et par les élus locaux en créant des « maisons de la justice et du droit », qui apparaissent bien comme une expression d'une forme de participation à la fonction de justice. Ces MJD sont des structures établies à l'échelon local pour favoriser une justice de proximité, elles sont chargées d'assurer un accueil juridique gratuit pour les problèmes de la vie quotidienne et de favoriser le règlement amiable des différends, au civil comme au pénal. Les collectivités territoriales sont « naturellement » invitées par le gouvernement à favoriser l'installation de ces MJD par leur participation financière.

L'idée est en soi excellente, ces MJD peuvent effectivement contribuer à améliorer la perception de la justice. Elles comportent un point « visio-justice », mais l'on peut être très réservé sur cette politique de numérisation à tout va engagée par les pouvoirs publics. Selon ces derniers la proximité temporelle de la justice est plus importante que la proximité spatiale. Mais s'il est un domaine qui se prête peu à cette numérisation, c'est le domaine de la justice[31], parce qu'il y a une dimension humaine relationnelle qui est effacée à travers un écran.

Les pouvoirs publics ont également mis en place des institutions intéressantes dans leur principe, et qui sont des expressions de la participation des collectivités territoriales à la fonction de justice. Ces institutions sont, et ne peuvent être que, des institutions consultatives, le phénomène de l'administration consultative, représenté par une multitude d'organismes, et largement étudié, étant un des traits de l'administration contemporaine[32].

Ces institutions sont au nombre de deux. Il s'agit, d'abord, du *conseil de juridiction*, prévu à l'article R. 212-64 du code de l'organisation judiciaire. Selon cet article, le conseil de juridiction, qui doit se réunir une fois par an, est coprésidé par le président du tribunal judiciaire et le procureur de la République. Il est « un lieu d'échanges et de communication entre la juridiction et la cité ». Il est composé de plusieurs catégories de personnes, dont des représentants des collectivités territoriales.

Une seconde institution est le *conseil local de la sécurité et de prévention de la délinquance* prévu, lui, à l'article D. 132-7 du Code de la sécurité intérieure. Il comporte une longue énumération des fonctions, consultatives, qu'il est chargé d'assurer, le premier alinéa disposant que : « Le conseil local de sécurité et de prévention de la délinquance constitue le cadre de la concertation sur les priorités de la lutte contre l'insécurité et de la prévention de la délinquance dans la commune ». Le plus important, du point de vue qui nous occupe, est que ce conseil est présidé par le maire[33]. Il peut proposer des actions de prévention ponctuelles dont il assure le suivi et l'évaluation.

Ces deux institutions, lorsqu'elles fonctionnent, sont une illustration de la nécessaire et inévitable participation des collectivités territoriales à la fonction de justice. On pourrait s'en tenir là. Mais, à y regarder de plus près, cette participation est plus complexe et plus étendue qu'elle ne nous est apparue jusque-là. Une approche renouvelée de cette participation est indispensable.

---

[31] Imagine-t-on que puisse être satisfaisant, au pénal, un échange par écran interposé entre un justiciable à un endroit, un juge à un autre, un avocat dans un troisième ?

[32] Le nombre de comités et commissions est extrêmement élevé, il s'élève à plusieurs milliers et, régulièrement, les pouvoirs publics suppriment certains parce qu'ils ne fonctionnent pas ou plus, ou sont devenus parfaitement inutiles.

[33] Ce conseil peut également être un conseil intercommunal. Les dispositions y relatives sont à l'art. D. 132-11 du Code de la sécurité intérieure.

II – l'approche renouvelée de la participation des collectivités territoriales aux fonctions régaliennes

Il convient de reprendre d'une autre manière l'analyse de la participation des collectivités territoriales aux fonctions régaliennes, parce que le développement précédent, s'appuyant sur une analyse classique, ne suffit pas à rendre compte de notre sujet. Des changements sont intervenus, la difficulté est de les appréhender. Cette difficulté tient au régalien lui-même, qui est une notion faussement claire, faussement simple. En effet, d'une part, la catégorie du régalien n'est pas une catégorie figée, fixe, son contenu évolue au fil du temps. D'autre part, et cela est encore plus problématique, c'est la notion même de régalien qui apparaît comme inconsistante.

A - La catégorie du régalien, une catégorie non figée

La notion de régalien est une notion étonnante : son usage est récent, mais les références sont anciennes. On parle beaucoup de régalien, mais le champ du régalien qui vient spontanément à l'esprit est celui des fonctions d'un État limité dans ses interventions, et que l'on n'appelait même pas encore État gendarme[34]. L'idée de régalien, c'est l'idée que certaines fonctions doivent être assurées par l'État, que ce dernier doit les maîtriser, même si d'autres personnes contribuent également à ces fonctions. Il est logique, dans ces conditions, que l'on puisse parler d'une extension du régalien et, corrélativement et nécessairement, d'une extension de la participation des collectivités territoriales à ces fonctions.

1 – L'extension du régalien

Il est possible, pour illustrer cette idée d'extension du régalien, de citer une formule du président de la République. Celui-ci a déclaré, dans un entretien avec un hebdomadaire[35] que « l'école est devenue un sujet régalien ». Il a ajouté qu'elle entrait dans son domaine réservé, ce qui

---

[34] Ce n'est qu'a posteriori que la qualification a été donnée, comme c'est le cas fréquemment. C'est une relecture d'une période passée et ce type de formulation, très évocateur, trouve facilement le succès.

[35] Il s'agit d'un entretien avec des journalistes de l'hebdomadaire *Le Point*, avec la retranscription dans le numéro du 23 août 2023.

est une notion différente de la notion de régalien[36]. Cette formule utilisée par le chef de l'État soulève de nombreuses interrogations relatives au régalien[37].

En premier lieu, l'affirmation renvoie à une interrogation, relative à l'intervention et à l'interventionnisme de l'État. Les interventions de l'État sont toutes celles décidées par les autorités politiques compétentes, qu'il s'agisse du Parlement ou du gouvernement, et qui sont financées, au moins en partie, par le budget de l'État. L'interventionnisme de l'État, lui, est une tendance, en même temps qu'une qualification, positive pour les uns, quelque peu péjorative ou critique pour d'autres, caractérisant ses interventions dans des domaines divers et, pour certains, considérés comme contestables ou abusifs.

Un bref rappel permet d'éclairer l'interrogation. Depuis un siècle ou un peu plus – peu importe le point de départ, discuté d'ailleurs – l'État est intervenu dans des domaines de plus en plus vastes. Il l'a fait parfois sans vision préconçue, comme les interventions économiques conditionnées, voire déterminées, par les guerres[38] et les crises de toutes sortes qui ont frappé le pays, ou au nom de considérations politiques ou/et idéologiques, comme les nationalisations qui, à plusieurs reprises, ont caractérisé l'intervention des pouvoirs publics.

Le plus souvent l'État est intervenu sur le fondement de considérations diverses, mais la « demande » de services de la part de la population a été un facteur déterminant. Deux expressions devenues très banales résument cette évolution. La première est celle d'État Providence. Elle pourrait presque se passer de commentaire, tant elle est évidente. Soulignons cependant l'importance de ce terme « Providence » qui est d'origine religieuse, l'État étant vu comme l'institution qui, de par ses pouvoirs, est capable de venir en aide aux hommes. La seconde expression est celle de « droits-créances », qui apparaît à peu près concomitamment avec celle d'État Providence. Cette notion s'ajoute, sans s'y substituer, à celle des droits politiques issus de la Révolution.

---

[36] L'expression de « domaine réservé » a été inventée par M. Chaban-Delmas lors d'un congrès de l'UNR en 1959, elle n'a pas été reprise par le général de Gaulle, elle ne correspond ni au texte ni à la pratique constitutionnelle. Ce que l'on peut dire c'est qu'il existe pour le président de la République des domaines d'intervention que l'on pourrait qualifier de privilégiés.

[37] Il ne s'agit donc en aucune manière de se prononcer sur le bien-fondé ou pas d'une telle affirmation.

[38] Ainsi, par ex., de la reprise de certaines entreprises allemandes après la Première Guerre mondiale, les pouvoirs publics, embarrassés, les ayant conservées faute de pouvoir arriver à les vendre.

Mais il y a une différence fondamentale entre les deux, qui explique que la notion de fonctions régaliennes ne réapparaisse qu'après la reconnaissance des droits économiques et sociaux : les droits politiques impliquaient une abstention de l'État alors que les droits-créances, eux, appellent, impliquent l'intervention active de l'État.

Au vu de cette évolution, on pourrait, *a priori*, avoir une double interprétation de la notion de régalien. La première consisterait à cantonner l'État dans ses fonctions essentielles et premières, à dire que les interventions économiques et sociales doivent être limitées, ne doivent pas dépasser le strict nécessaire, celui-ci pouvant être naturellement interprété de manière plus ou moins extensive. La seconde consiste à considérer que si l'État l'estime indispensable, il doit intervenir, quel que soit le domaine, et qu'à partir du moment où il a pris cette décision, ses interventions peuvent relever du régalien. Les deux interprétations sont soutenues aujourd'hui, la formule du président de la République allant évidemment dans le sens de la seconde interprétation.

D'où une deuxième interrogation : qui peut dire ce qui est régalien et ce qui ne l'est pas ? Au vu de l'affirmation présidentielle, la réponse, qui n'en est pas véritablement une, consiste à dire qu'est régalien le domaine dont les pouvoirs publics ont estimé qu'il devait être considéré comme tel. Il n'y aurait donc aucun contenu préétabli et incontestable de ce qu'est le régalien. Serait régalien ce qui est analysé par les pouvoirs publics constitutionnellement établis comme régalien. Une telle réponse peut ne pas apparaître satisfaisante, car marquée d'un fort subjectivisme politique.

Mais au fond, y a-t-il tellement de différences, dans l'approche et la qualification, avec le service public ? Cette notion a, on le sait, beaucoup évolué, et tous les manuels de droit en arrivent à dire que la notion de service public est marquée par la contingence, que ce qui était service public peut ne plus l'être[39], et que ce qui n'est pas, aujourd'hui, service public, peut le devenir demain[40]. La notion de régalien ne peut être définie de manière incontestable, les définitions que l'on trouve

---

[39] C'est évidemment une situation assez rare mais l'on peut au moins citer, parmi les exemples, l'un qui n'est pas le moindre, celui du culte : le culte fut un service public, il ne l'est plus depuis la loi de Séparation.

[40] Les illustrations sont presque innombrables, les pouvoirs publics consacrant régulièrement de nouveaux services publics. Ainsi, par ex., parmi les derniers créés, les auteurs connus de la fin du XIXe siècle et du début XXe siècle, qui aurait pu imaginer qu'existe un jour un « service public de la petite enfance » ?

habituellement ne font que reprendre une interprétation, qui ne correspond plus aux évolutions qui se sont produites depuis plus d'un siècle.

Pour autant tout embarras n'est pas écarté, et c'est une nouvelle interrogation. Tout peut-il devenir régalien parce que les pouvoirs publics ont affirmé qu'il en était ainsi ? Cela revient à laisser, avec l'exemple qui a été cité, au seul président de la République, plus largement aux seuls pouvoirs publics, le soin de dire ce qui est régalien et ce qui ne l'est pas, ce qui est un peu gênant et peu satisfaisant. Le président de la République n'assimile-t-il pas un peu trop rapidement « régalien » et « domaine réservé » ? Par ailleurs, si l'on s'en tient à l'exemple de l'éducation[41], il n'est pas possible de dire que ce domaine relève de l'État seul, puisque les collectivités territoriales sont également compétentes pour intervenir dans ce domaine.

2 – L'extension du régalien entraîne l'augmentation de la participation des collectivités territoriales

Une équation peut être posée et paraît irréfutable : si les interventions de l'État dans des domaines différenciés autres que ceux que l'on a tendance classiquement à y mettre, peuvent relever du régalien, alors les interventions des collectivités territoriales, elles aussi, ne peuvent que croître, leur participation aux fonctions régaliennes augmenter. Cette situation est le produit de deux facteurs, le développement des transferts de compétences au profit des collectivités territoriales, et la dilatation du régalien.

Les lois de décentralisation intervenues depuis plusieurs décennies ont transféré d'importantes compétences aux collectivités territoriales. La première vague de transferts, la plus emblématique peut-être, a concerné l'urbanisme, dont on voit mal, *a priori,* en quoi il pourrait concerner le régalien : s'il y a quelque chose qui doit être local, c'est bien l'urbanisme[42]. En dehors de l'urbanisme, la première loi

---

[41] Le président de la République n'a d'ailleurs pas parlé, dans son entretien au journal, d'« éducation » mais de « l'école », terme qui semble renvoyer à l'enseignement primaire de manière certaine (héritage de la IIIe République), peut-être à l'enseignement secondaire, mais certainement pas à l'enseignement supérieur, ce qui quelque peu paradoxal dans la mesure où l'enseignement supérieur est le seul qui, en principe, ne relève que de l'État seul.

[42] Cela n'exclut évidemment pas une législation pour encadrer les décisions des collectivités territoriales, principalement les communes, et tel est le cas, le code de

importante en matière de transferts a été la loi du 22 juillet 1983[43], dont certaines dispositions ne sont toujours pas codifiées (et toujours applicables), puis, si l'on passe sur certaines lois de moindre importance pour notre sujet, la loi du 13 août 2004[44], particulièrement intéressante de notre point de vue, les lois les plus récentes, notamment la loi NOTRe et la loi 3DS, étant suffisamment récentes pour qu'il n'y ait pas lieu de faire des rappels.

Les transferts de compétences se sont révélés des facteurs d'accroissement des interventions des collectivités territoriales, pas seulement par le principe des transferts, mais aussi par le rôle accru de ces collectivités dans la vie des citoyens. L'accroissement global de la richesse de la société[45] s'est accompagné d'une « demande » de services et d'équipements de la part de la population, qu'il s'agisse d'équipements sociaux, culturels ou sportifs. Il ne faut pas oublier que les collectivités territoriales réalisent les deux tiers des équipements collectifs, cela n'a pu qu'amplifier l'effet des transferts de compétences.

Si, donc, le régalien est ce qui est qualifié comme tel par les dirigeants, alors les collectivités territoriales participent de plus en plus à ce régalien. Reprenons l'exemple de l'éducation, avec la déclaration du président de la République. Ce n'est pas d'un transfert de compétences dont il s'est agi, en la matière, mais d'un transfert de responsabilités[46], ainsi que l'énonce très justement la loi de 2004 précitée. Il faut en déduire, d'abord, que la décentralisation, en matière d'enseignement, demeure très limitée, puisque tout ce qui concerne la pédagogie et, de manière plus significative encore, le statut des enseignants, relève du seul État[47]. La principale responsabilité, en la

---

l'urbanisme étant particulièrement fourni en dispositions législatives et réglementaires.

[43] Loi n° 83-663 du 22 juillet 1983 complétant la loi n° 83-8 du 7 janvier 1983 relative à la répartition de compétences entre les communes, les départements, les régions et l'État.

[44] Loi n° 2004-809 du 13 août 2004 relative aux libertés et aux responsabilités locales.

[45] Cela ne veut pas dire qu'il y a eu disparition de la pauvreté et, même, celle-ci a de nouveau augmenté depuis quelques années pour des raisons bien identifiées mais, suite aux « Trente glorieuses », le pouvoir d'achat d'un nombre significatif de Français a augmenté.

[46] Il faut distinguer, sur le plan juridique, les compétences des responsabilités. Sans entrer dans le détail (j'ai développé dans plusieurs articles ce qui les différenciait), les responsabilités sont des compétences atténuées, l'État conservant un rôle essentiel.

[47] Imagine-t-on un statut des enseignants du primaire et du secondaire qui soit un statut d'agents publics de la fonction publique territoriale ou, encore moins envisageable, un statut de droit privé ? Et cependant, c'est bien ce que l'on observe à l'étranger…

matière, consiste à financer la construction, la reconstruction, la réparation, des établissements d'enseignement.

Ensuite, malgré cette limitation, les collectivités territoriales ont bénéficié de ces transferts, en termes d'image auprès de la population. C'est grâce aux lycées que les régions ont acquis de la visibilité auprès des citoyens, qui ont vu concrètement ce que la collectivité faisait. Les départements, de même, trouvent dans les collèges des raisons de faire valoir leur utilité[48]. En tout état de cause, si l'éducation relève désormais du régalien, la participation des collectivités territoriales à ce régalien est évidente, et déterminante.

Un autre domaine pourrait donner lieu à de similaires réflexions, celui de la santé. La santé qui, pendant des siècles, fut un souci purement privé, est devenue une préoccupation publique, pour des raisons qui tiennent à la fois à l'évolution des fonctions de l'État, aux progrès de la médecine, aux conceptions touchant au bien-être. La santé est donc entrée dans le champ des compétences publiques et, si les communes ont été chargées depuis bien longtemps de veiller à l'hygiène publique, la compétence en matière de santé a d'abord été, avant tout, une compétence de l'État.

Avec les lois de décentralisation, notamment celle du 22 juillet 1983, les compétences sanitaires et sociales ont été en partie décentralisées, la principale collectivité bénéficiaire ayant été le département[49]. Mais, à l'expérience, il est apparu que, pour certains aspects tenant notamment à la lutte contre les épidémies et des maladies telles que le cancer, le partage n'était pas satisfaisant, ni vraiment cohérent. C'est pourquoi la loi de 2004 précitée a retransféré, avec l'accord des représentants des départements, cette compétence à l'État[50]. Ce nonobstant, les collectivités territoriales, qu'il s'agisse des communes ou des départements, ont bien des compétences en matière de santé[51].

---

[48] À plusieurs reprises, on a évoqué le transfert des collèges aux régions. Les départements, conscients de ce que cela représente, ont toujours agi en vue du maintien du rattachement départemental.

[49] Cela correspondait à ce qui avait été décidé dès l'Empire, le département étant avant tout chargé de missions sociales, cette caractéristique ayant été maintenue jusqu'à aujourd'hui.

[50] V. sur ces aller-retour J.-M. Pontier, « La santé entre centralisation et décentralisation », *RDSS* juillet-août 2019, p. 669.

[51] Les compétences de la région en la matière sont plus réduites. Cependant, la région est partenaire des ARS à travers les contrats régionaux de santé, et peut engager certaines actions dans ce domaine.

La crise sanitaire du covid-19 a montré, à la fois, que la politique publique de santé était une prérogative de l'État et que les collectivités territoriales ne pouvaient qu'être associées à cette politique. Si le mot de régalien n'a pas été repris par les autorités publiques nationales lors de cette crise, il n'a fait de doutes pour personne qu'il appartenait à l'État de prendre toutes les mesures pour faire face à l'épidémie. Ce n'est pas la compétence de l'État à agir qui a été contestée, ce sont les mesures prises, fortement attentatoires aux libertés, qui ont pu donner lieu à contestation[52]. La crise sanitaire a mis fortement en évidence la nécessaire complémentarité de l'État et des collectivités territoriales : l'État devait intervenir au titre de son « devoir »[53] de protection du « droit à la santé » inscrit au Préambule de 1946[54], cette intervention présentant un caractère « régalien » encore plus marqué que pour l'éducation, et les collectivités territoriales, mais surtout les maires, ont été des aides irremplaçables pour lutter contre les épidémies et faciliter la vaccination.

Ce qui vient d'être développé pour deux domaines, celui de l'éducation et celui de la santé, pourrait sans doute valoir pour d'autres domaines. Dans la perspective qui résulte des développements précédents, aucun domaine ne peut, *a priori*, être exclu du champ du régalien. Ce qui, à un moment donné, semble devoir être exclu, par définition, du régalien peut, demain, en relever, parce que les conceptions ont changé, que les dirigeants auront estimé que tel ou tel domaine est devenu suffisamment important pour devenir une mission essentielle de l'État. Comment répondre à ces apparentes incohérences ? En réalité, c'est la notion même de régalien qui, par son inconsistance, explique ces incohérences.

B – Le régalien, une notion inconsistante

Le régalien paraît être, au fond, une notion assez inconsistante, qui désigne ce que l'on veut qu'elle indique. La variabilité des sens qu'on

---

52 De nombreux articles ont été publiés sur ces interventions, sur les recours intentés, J.-M. Pontier, « Crise sanitaire et droit à la santé », *RDSS* juill-août 2021, p. 661.

53 Le terme « devoir » figure dans le Préambule de 1946, bien qu'il ne soit pas adéquat (il faudrait parler d'« obligation ») l'État n'ayant pas de « devoir » (notion qui relève du moral) et cela bien qu'il soit une personne morale (mais au sens juridique du terme).

54 V. J.-M. Pontier, « Crise sanitaire et droit à la santé », *RDSS* juillet-août 2021, précité.

lui donne, sans même parler du sens historique[55], ne plaide guère en faveur de l'univocité du concept. Il s'agit d'une notion inconsistante, ce qui ne veut pas dire inutile, parce que, d'une part, il est possible de trouver du régalien dans le non régalien, d'autre part, il y a du non régalien dans le régalien.

1 – La présence de régalien dans le non régalien

Il y a du régalien dans le non régalien. L'intervention du régalien dans le non régalien est importante, de notre point de vue, elle démontre que, précisément, il n'est pas possible de s'en tenir à des domaines précis. Cela signifie, en d'autres termes, que même dans des domaines que l'on ne songe pas, *a* priori, à classer comme régaliens, il y a cependant présence du régalien, en ce sens que l'on ne peut exclure, toujours *a priori*, une intervention de l'État.

Soit, par exemple, le domaine de la culture[56]. Il ne viendrait sans doute à l'esprit de la plupart des personnes, de prétendre que celle-ci est une compétence régalienne, c'est plutôt, chez certains, un discours inverse que l'on peut relever, à savoir que l'État n'a pas à intervenir, ou le moins possible, dans ce domaine, parce que sinon on court le risque de « l'art officiel » ou de choix fort contestables. Tout le monde convient que la culture doit, d'abord, être l'expression de la liberté des artistes comme des citoyens et des « consommateurs » de culture. L'intervention de l'État, si elle est requise, voire exigée[57], doit être mesurée, elle doit consister en aides, en réglementations permettant l'accès le plus large à la culture.

---

[55] Mais l'on pourrait se demander si le sens ancien ne pourrait pas qualifier des pratiques d'aujourd'hui. Par ex., lorsque le chef de l'État reçoit, avec les honneurs réservés habituellement aux représentants d'autres États, un chef d'une grande entreprise américaine, lorsque les dirigeants déclarent qu'il convient de développer le tourisme, et adoptent des comportements en ce sens sans qu'il y ait nécessairement de texte, est-ce que cela ne traduit pas une forme de régalien tel qu'il a pu exister sous l'Ancien Régime ?

[56] Étant rappelé, dès le départ, qu'il n'existe aucune définition incontestable de la culture (il existe des centaines de définitions) et, qu'au surplus, il n'existe pas plus de consensus sur ce qu'elle recouvre.

[57] Avec, notamment, l'exigence posée par le Préambule de 1946, et encore que la formulation de ce dernier soit ambiguë d'un « droit à la culture », dont la détermination du contenu est, par ailleurs, discutable, et donne lieu à des interprétations variées, voire à des controverses.

Et cependant il ne fait pas plus de doutes, pour les auteurs, qu'il existe, dans le domaine de la culture, des compétences régaliennes[58]. Ce n'est pas la culture qui est une compétence régalienne, mais *dans* ce domaine de la culture, certaines compétences de l'État présentent un caractère régalien.

Le domaine du patrimoine est sans doute, en matière culturelle, celui dans lequel l'existence d'une fonction régalienne fait le moins problème, est le plus repérable et le plus facilement acceptée. Cependant, cette fonction n'est pas pour autant clairement définissable, en raison, à la fois, de l'extension de la notion de patrimoine que l'on a connue depuis quelques années, et des usages possibles de ce patrimoine[59]. Toujours en matière de patrimoine, depuis plusieurs années on parle du transfert de certains monuments aux collectivités territoriales[60], et la question qui s'est posée a été de savoir quels monuments étaient transférables et quels monuments ne devaient pas l'être parce que devant relever de l'État seul (ce qui est une autre manière de dire leur caractère régalien)[61].

En dehors du patrimoine il est possible de relever l'exercice, par l'État, de compétences qui consistent à garantir, ou bien un « label » (comme par exemple l'appellation « musée de France », « musiques actuelles », etc.), ou bien le fonctionnement régulier et ouvert à tous de certaines grandes institutions culturelles. D'ailleurs, les auteurs n'hésitent pas à parler ouvertement de compétences régaliennes et, par exemple, l'auteur d'un rapport sur le Grand Palais n'a pas hésité à évoquer ce terme « régalien ».

---

[58] V. J.-M. Pontier, « Le régalien dans le culturel », *AJDA* 2012, p. 1673.

[59] Notons également, parmi les points intéressants qu'il est possible de retenir dans notre perspective, que les « grands travaux » (réalisés d'ailleurs uniquement à Paris) ont été décidés et orientés par certains présidents de la République ; ou encore que les restitutions d'œuvres (dont les demandes ont tendance à se multiplier) sont décidées par les autorités de l'État et ne peuvent l'être par des collectivités territoriales, quand bien même ces dernières en sont propriétaires.

[60] Cette politique est actuellement en sommeil, malgré l'existence de textes l'ayant prévu, précisément en raison de la difficulté de déterminer les œuvres à transférer.

[61] Une commission avait été nommée à cette fin, pour déterminer la liste des monuments transférables et celle des monuments non transférables. V. J.-M. Pontier, « Quel transfert des monuments historiques aux collectivités territoriales ? Réflexions sur le rapport de la commission Rémond », *AJDA* 2004, p. 12.

2 – La présence de non régalien dans le régalien

Il y a du non régalien dans le régalien. La logique d'une définition consistant à retenir des domaines devrait conduire à affirmer que dans les domaines ainsi identifiés et qualifiés de régaliens, seul l'État peut intervenir, les autres collectivités ne le devant pas et ne le pouvant pas. En d'autres termes, une telle analyse devrait aboutir à reconnaître un monopole à l'État. Or tel n'est pas le cas et tel ne peut pas être le cas.

Tel n'est pas le cas parce que, dans ces domaines traditionnellement identifiés comme régaliens, il n'y a pas d'exclusion absolue des autres personnes, en particulier des collectivités territoriales. Celles-ci participent à toutes les fonctions étatiques que l'on qualifie de régaliennes, et cette participation se fait souvent, comme l'on peut s'en douter, sous forme financière.

Ainsi, dans le domaine de la défense. D'une manière générale, il faut observer que, depuis quelques décennies, on parle de « défense nationale », cette expression signifiant bien que la « défense » n'est plus seulement l'affaire des forces armées, mais de toute la nation, donc, également, des collectivités territoriales. De ce fait, les personnes autres que l'État, qu'elles soient privées ou publiques, ne sont plus exclues de cette participation à la défense avec, par exemple, ce que l'on a appelé la « défense opérationnelle du territoire » ou encore la « sécurité civile ». L'une comme l'autre impliquent la participation de tous et, notamment, des collectivités territoriales.

L'on relèvera encore que si la loi du 16 décembre 2010 interdit, à partir de 2014, les financements croisés entre les collectivités territoriales, elle n'interdit pas les participations financières de ces mêmes collectivités territoriales au profit de l'État. D'autant que, en deuxième lieu, le législateur a autorisé ces collectivités territoriales à conclure des baux emphytéotiques administratifs en vue de la satisfaction des besoins en équipements de la justice, ce qui est un aveu d'impuissance de l'État.

Et même en ce qui concerne les relations extérieures de la France, qui paraissent être sans conteste, dans le cadre d'un État unitaire, un monopole de l'État, ces dernières décennies ont vu le développement des compétences des collectivités territoriales en ce domaine, au point que certains auteurs, mais qui sont de plus en plus nombreux, n'hésitent pas à parler des « compétences internationales » des collectivités territoriales, et cela vaut naturellement encore plus pour les collectivités ultramarines que pour les collectivités métropolitaines.

Pour conclure, il est possible de faire l'observation suivante. Les observations qui ont été effectuées dans ce développement, comme les analyses qui en ont été tirées, débouchent sur un constat un peu paradoxal. L'évolution incontestable vers plus de décentralisation aurait dû logiquement se traduire par une moindre participation des collectivités territoriales aux fonctions régaliennes : en effet, cette participation pouvait se comprendre, dans le passé, parce que les collectivités locales étaient très liées à l'État, ne disposaient que de moyens limités, que les affaires locales étaient voilées ; elle est beaucoup moins compréhensible aujourd'hui, où l'autonomie locale est affirmée, où les compétences sont développées, où la distinction d'avec les affaires de l'État est recherchée. Mais cela s'explique bien en réalité parce que, quels que soient les domaines, les collectivités territoriales et l'État ont besoin de collaborer, ils ont besoin, les premières du second, l'État des collectivités territoriales. Chacun participe aux fonctions de l'autre, et il faut en permanence opérer des rectifications, il ne peut exister un partage et un équilibre qui vaudraient une fois pour toutes. C'est une autre vision des relations entre l'État et les collectivités territoriales qu'il faut désormais prendre en compte, et ce sont des modalités renouvelées qu'il convient de mettre en œuvre.

La place de l'État et des collectivités territoriales d'outre-mer dans l'exercice de leurs compétences respectives

Olivier Gohin,

Professeur émérite de l'Université Paris Panthéon-Assas
Ancien professeur à l'Université de La Réunion

On tient raisonnablement la Constitution pour la norme suprême de l'ordre juridique établi au sein de tout État, caractérisé par sa souveraineté, définie comme sa capacité à déterminer, au titre de sa souveraineté de compétences, ses propres compétences, notamment celles de souveraineté, ainsi que les compétences des personnes publiques qui le composent, comme il le décide.

Il en est ainsi que l'État soit monoconstitutionnel, et donc unitaire, ou qu'il soit pluriconstitutionnel, et donc fédéral, avec primauté de la Constitution de l'État sur le droit des collectivités territoriales ou des entités fédérées. Il y a donc une parenté certaine entre les composantes de l'État unitaire ou fédéral, la différence tenant au caractère administratif de la décentralisation de l'État unitaire et au caractère politique de la structuration de l'État fédéral même si l'on identifie des constructions de troisième type où le caractère politique de la décentralisation constitutionnalisée, avec mention explicite du partage de compétences entre État et collectivités, ne remet pas en cause, toutefois, l'unitarité d'un tel État, dit « *autonomique* », toujours monoconstitutionnel.

Tel est le cas de l'État français qui, en Nouvelle-Calédonie, a cru devoir régler, à contretemps, un problème limité et temporaire de violence politique, même armée, au-delà de mesures ou de moyens de police renforcée dont l'état d'urgence, par une évolution institutionnelle, chaotique et choquante, fondée sur l'accord de Nouméa du 5 mai 1998, publicisé et constitutionnalisé par la révision du 20 juillet 1998 afin d'organiser, mais en vain, le passage de la décentralisation à l'indépendance, dans le cadre de la loi organique statutaire du 19 mars 1999[1]. On ne saurait dissimuler que c'est bien cette réforme hasardeuse

[1] Selon les termes de l'accord de Nouméa, la prétendue « *souveraineté partagée* » signifie, en réalité, *« le partage des compétences entre l'État et la Nouvelle-*

et ses deux répliques : l'une concernant la Polynésie française, avec le projet de loi constitutionnelle du 26 mai 1999 comportant un nouvel article 78 dans la Constitution française ; l'autre concernant Mayotte, avec l'accord de Paris du 27 janvier 2000, suivie d'une loi, confuse – celle du 11 juillet 2001 sur une décevante collectivité départementale, et non à un département d'outre-mer – qui a conduit à anticiper à l'Élysée, en 2000-2001, une nouvelle révision. Elle viendrait transformer profondément le schéma constitutionnel des outre-mers français, à la suite l'hypothétique réélection du président Jacques Chirac et la reconstitution du fait majoritaire, au printemps 2002. Elle a été finalement opérée par la loi constitutionnelle du 28 mars 2003 dans les CTOM[2].

De ces CTOM il faut exclure les Terres australes et antarctiques françaises (TAAF) qui sont, en réalité, un établissement public territorial[3]. Et, pour simplifier le vaste sujet traité, on exclura aussi les communes des outre-mers concernés[4] ainsi que les provinces de Nouvelle-Calédonie. Il faut inclure, en revanche, la Nouvelle-Calédonie qui n'est pas seulement une « *collectivité* », comme le Conseil d'État l'a prétendu à tort, en 2006 mais bien une collectivité territoriale, comme le Conseil constitutionnel l'a confirmé à raison, en 2009[5]. Dès

---

Calédonie » (préambule, *in fine*) jusqu'à son indépendance, dite « *pleine souveraineté* » (*ibid.* et pt. 5), refusée par les populations calédoniennes, même au suffrage restreint, et par trois fois, entre 2018 et 2021.

[2] Table des abréviations : CTOM pour collectivité territoriale d'outre-mer, ; CTU pour collectivité territoriale unique ; DOM pour département d'outre-mer ; PTOM pour pays et territoire d'outre-mer ; ROM pour région d'outre-mer ; RUP pour région ultrapériphérique ; TOM pour territoire d'outre-mer.

[3] Faute de population permanente, ce territoire n'est pas représenté au Sénat, contrairement à toute collectivité territoriale de la République (Const., art. 24, al. 4). Du reste, la loi statutaire du 6 août 1955 dispose bien que les TAAF sont un « *territoire d'outre-mer* » (al. 1er). Or, les TOM ne sont plus des CTOM depuis la révision de 2003.

[4] Hors Saint-Barthélemy, Saint-Martin et Wallis et Futuna qui n'en ont pas.

[5] En ce sens, Olivier Gohin, note sous CE Sect., 13 déc. 2006, *Genelle, JCP A,* 2007. 2004, p. 43-46 : en particulier, la Nouvelle-Calédonie est représentée au Sénat en tant que collectivité territoriale de la République par deux sénateurs qui ne sont pas, d'ailleurs, élus au suffrage universel depuis 2011 ; mais, *contra*, les concl. Verclytte au *JCP A* 2007, 2004 et à la *RFDA* 2007. 18, la chron. Lenica et Boucher à l'*AJDA* 2007. 363 et la note Verpeaux au *D.* 2007. 1175. Or, le projet devenu loi org. du 3 août 2009 relative à l'évolution institutionnelle de la Nouvelle-Calédonie, notamment, a été déposé, en premier lieu, sur le bureau du Sénat, conformément à l'art. 39, al. 2 de la Constitution sur la priorité du Sénat sur « *les projets de loi ayant pour objet principal l'organisation des collectivités territoriales* ». Il a, dès lors, été adopté, par

lors, en se référant à l'article 72-3 de la Constitution ajouté par la révision de 2003, par CTOM on entend, sous le régime de l'article 73, trois DOM : Guadeloupe, La Réunion et Mayotte, également à compétences régionales, 2 ROM : Guadeloupe et La Réunion et 2 CTU : Martinique et Guyane qui, comme la Guadeloupe, La Réunion et Mayotte, sont aussi des régions ultrapériphériques (RUP) du droit de l'Union européenne. Il en est de même de Saint-Martin, COM de l'article 74, tandis que les quatre autres CTOM, régies par le même article 74 : Saint-Barthélemy, Saint-Pierre-et-Miquelon, la Polynésie française et Wallis et Futuna, ainsi que la Nouvelle-Calédonie, régie par l'actuel titre XIII (art. 72-3, al. 3), sont des pays et territoires d'outre-mer (PTOM) dans ce droit de l'Union[6].

À cette distinction entre les sept CTOM de l'article 73, construites sur le schéma métropolitain de l'article 72, alinéa 1er, et les six autres CTOM : les cinq de l'article 74 et la Nouvelle-Calédonie, hors article 74, qui se définissent négativement : elles ne sont ni départementales ni régionales, ne pouvant donc pas être non plus des CTU, se superpose la distinction entre CTOM assimilées et CTOM spécialisées qui ne passe plus, comme en 1946 ou en 1958, entre DOM et TOM. En effet, on a

- d'un côté, les CTOM de l'article 73, nécessairement assimilées – celles de droit métropolitain, en principe - ainsi que les COM de l'article 74, possiblement assimilées : Saint-Pierre et Miquelon depuis 1976[7], Saint-Barthélemy et Saint-Martin[8], depuis 2007 ;

---

ce motif notamment, selon une procédure conforme à la Constitution (CC, 30 juil. 2009, *Modernisation du statut de la Nouvelle-Calédonie*, déc. n° 2009-587 DC, consid. 4), ce qui est dire, de façon implicite, mais certaine, que la Nouvelle-Calédonie est bien une collectivité territoriale.

[6] Sur les RUP, TFUE, art. 349 et 355 § 1 ; sur les PTOM, art. 198 à 204 ainsi que art. 355 § 2 et annexe II. À l'initiative de la France, le nécessaire a été fait, en 2016, pour rectifier la liste des RUP : Saint-Barthélemy en moins et Mayotte en plus et celle des PTOM : Mayotte en moins et Saint-Barthélemy en plus. Dont acte.

[7] Saint-Pierre-et-Miquelon, TOM de l'art. 74 de 1946 à 1976 et COM depuis 2007, en régime d'assimilation maintenu avoir été un DOM nécessairement assimilé de 1976 à 1985, puis une collectivité à statut propre, toujours assimilée, pour ne pas être une RUP, de 1985 à 2007 : il s'agit donc d'une COM assimilée qui est un PTOM.

[8] Au moment de quitter, en tant que commune guadeloupéenne, en 2007, l'assimilation de Saint-Martin à ce titre lui permet de devenir une RUP française, énumérée à l'art. 349 du traité sur le fonctionnement de l'Union européenne (TFUE) : Saint-Martin est une COM assimilée qui est une RUP alors que Sint Maarten (partie néerlandaise de la même île) est un PTOM. Il en était de même de Saint-Barthélemy, entre 2007 et 2011, avant que, à la demande du conseil territorial et à l'initiative de la

- de l'autre côté, les COM de l'article 74 spécialisées - celles de droit métropolitain, par exception - issues, après la révision de 2003, des TOM de Wallis et Futuna et de la Polynésie française.

Cette distinction entre assimilation et spécialité passe donc au travers de l'article 74. De plus, hors article 74, la Nouvelle-Calédonie, également issue d'un TOM en 1999, est et demeure, depuis 1946, en régime de spécialité. C'est assez dire combien, en droit positif, le tableau de ces outre-mers est contrasté avec, dans le partage des compétences entre l'État et ces treize collectivités territoriales, deux hypothèses à envisager selon que l'État est seul compétent (**I**) ou que les collectivités territoriales sont également compétentes (**II**).

I. L'État seul compétent outre-mer

La compétence de l'État est, outre-mer, un facteur d'unité nationale. Il n'y a de Constitution que d'État lorsque, comme la France, cet État est unitaire quand bien même des dispositions constitutionnelles seraient consacrées aux collectivités territoriales d'outre-mer, en particulier à leurs compétences. Autrement dit, lorsque la Constitution prescrit que « *dans les conditions prévues par la loi, ces collectivités* » (comprendre les collectivités territoriales de la République dont les CTOM) « *s'administrent librement* » (art. 72, al. 3), cette libre administration n'est pas régie seulement par la loi ordinaire, mais aussi par la loi constitutionnelle ou par telle ou telle loi organique, annoncée par la Constitution, de même qu'elle peut l'être par la réglementation nationale. Or, ce sont là des normes d'État. De même, c'est l'État français qui,

- d'une part, a transformé, par l'article 76 nouveau de la Constitution, l'accord de Nouméa de 1998 précité entre deux mouvements politiques en un acte constitutionnel, et donc étatique ;
- d'autre part, est partie, avec les autres États membres de l'Union européenne, à un accord international et donc interétatique : le traité de Lisbonne de 2007 qui énumère nommément les pays et territoires d'outre-mer (PTOM) et les régions ultrapériphériques (RUP) dont, pour

France, cette COM cesse d'être une RUP depuis le 1er janv. 2012, et donc sorte, à cette date, par souci d'autonomie fiscale principalement, du territoire de l'Union européenne. Saint-Barthélemy est en droit positif, une COM assimilée qui est un PTOM.

la France, Mayotte, alors en transition entre ces deux régimes du droit de l'Union européenne[9].

Dans le droit des outre-mers et dans le champ de la normativité de l'État, quelles sont les compétences que l'État conserve à lui-même (**A**) et quel encadrement l'État assure-t-il dans l'exercice des compétences décentralisées par lui dans ces CTOM (**B**) ?

A. Les compétences réservées à l'État par lui-même

Il est des matières qui sont d'État et qui ne peuvent être que d'État, en ce sens qu'elles sont consubstantielles de l'État[10]. Il s'agit, pour commencer, de compétences de souveraineté dont l'énumération est opérée à l'alinéa 4 de l'article 73, au titre des compétences inadaptables, auquel l'alinéa 4 de l'article 74 renvoie expressément, au titre des compétences intransférables.

Tel est le cas en Nouvelle-Calédonie, hors article 74, des compétences exclusives de l'État, au nombre de treize :
- d'abord, en se référant à la première des trois listes énoncées à l'article 21-I de la loi organique statutaire du 19 mars 1999 telle qu'actualisée par la loi organique du 15 novembre 2013, les dix matières suivantes : nationalité ; garanties des libertés publiques ; droits civiques et régime électoral (art. 21-I-1°), justice (2°)[11] ; procédure pénale (*ibid.*) ; la défense nationale (3°) monnaie, crédit et changes (5°) ;
- ensuite, les relations extérieures (art. 21-II-1°), au sens, ici, de la diplomatie de la France dans le Pacifique Sud et le droit pénal (*ibid.*, -5°), retenu comme de la compétence de l'État en principe[12] ;

---

[9] Déclaration n° 43 *ad* art. 355 § 6 TFUE.

[10] L'accord de Nouméa mentionne, en ce sens, les compétences « *de caractère régalien* » ou « *régaliennes* » de l'État (doc. d'orientation, pts 3 et 3.3).

[11] Égal., organisation judiciaire, organisation de la profession d'avocat, frais de justice pénale et administrative ; (...) procédure administrative contentieuse ; commissions d'office et service public pénitentiaire.

[12] Il faut réserver les compétences décentralisées dans deux cas retenus dans les matières de la compétence de leurs assemblées délibérantes : congrès de la Nouvelle-Calédonie ou assemblées de province (art. 157, al. 2) :
d'une part, en cas d'infractions aux lois du pays et à ses règlements d'application et à la condition de suivre la classification et le maximum prévus dans le droit pénal de l'État pour les infractions de même nature, le congrès ou l'assemblée de province peut fixer des peines contraventionnelles (art. 86) ou bien délictuelles (art. 87), sous réserve, dans cette seconde hypothèse, d'une homologation par la loi, norme d'État ; d'autre part, en cas de transaction pénale, le congrès ou l'assemblée de province peut règlementer ce droit (art. 88).

- enfin, la loi organique de 1999 renvoie au maintien de l'ordre (art. 21-II-3°), donc à l'ordre public, même si a sécurité publique n'est maintenue que partiellement dans la compétence de l'État : ne sont identifiées, à ce titre, que les « *liaisons et communications gouvernementales, de défense et de sécurité en matière de postes et télécommunications* » (art. 21-I-6°) ou la « *police et sécurité de la circulation aérienne (...) et de la circulation maritime* », à l'extérieur de la Nouvelle-Calédonie (21-II-140) ou encore la « *lutte contre la circulation illicite et le blanchiment des capitaux, lutte contre le financement du terrorisme* » (21-I-15°).

En revanche, l'état et la capacité des personnes ne sont plus une compétence de l'État, mais de la Nouvelle-Calédonie, désormais (loi org. du 19 mars 1999, art. 99-9°). Le statut civil coutumier a pesé lourd à cet effet[13].

Cette énumération des compétences exclusives de l'État, le pouvoir de révision a tenté de la reprendre par le projet d'article 78 pour la Polynésie française[14], puis l'a reprise, dans les mêmes termes que ce projet, pour toutes les CTOM du nouvel article 74, avec quatre variations par rapport à la liste du statut calédonien de 1999 : l'organisation de la justice au lieu de la justice notamment ; la politique étrangère au lieu des relations extérieures ; la sécurité et l'ordre publics au lieu du maintien de l'ordre et de la sécurité publique partiellement ; l'état et la capacité des personnes, en plus.

Dès lors, quatorze matières sont de la compétence exclusive de l'État, hors Nouvelle-Calédonie : la nationalité, les droits civiques, les garanties des libertés publiques, l'état et la capacité des personnes, l'organisation de la justice, le droit pénal, la procédure pénale, la politique étrangère, la défense, la sécurité et l'ordre publics, la monnaie, le crédit et les changes, ainsi que le droit électoral[15], insusceptibles

---

[13] Le statut civil coutumier est celui prévu par l'art. 75 de la Constitution de 1958, mais avec, depuis 1998, la possibilité inouïe, pour les Kanaks, d'y retourner (accord de Nouméa, préambule et doc. d'orientation, pt 1.1 et loi org. statutaire, art. 12 et 13). Il est aussi de la compétence de la Nouvelle-Calédonie (art. 22-5° et 99-5°).

[14] On renvoie ici à l'énumération du projet d'art. 78 nv de la Constitution retenu par le projet de loi constitutionnelle (PLC) du 26 mai 1999 relative à la Polynésie française, notamment, adopté par l'Assemblée nationale, le 10 juin 2000, et par le Sénat, le 12 oct. 2000, avant interruption la délibération parlementaire avec l'état et la capacité des personnes en moins, et les relations extérieures au lieu de la politique étrangère et le maintien de l'ordre au lieu de l'ordre et de la sécurité publics.

[15] Cette liste des matières de souveraineté peut être précisée et complétée par une loi, non pas constitutionnelle, mais organique, d'une rigidité moindre par la voie

d'être adaptées par les assemblées délibérantes des sept CTOM concernées de l'article 73 ou transférées, même ajustées, aux assemblées délibérantes des cinq CTOM concernées de l'article 74.

Et, si la législation, depuis la révision de 2003, ou la réglementation, depuis la révision de 2008 (art. 73) ou bien la législation de transfert (art. 74), éventuellement ajustée, porte sur une matière de souveraineté, il appartient alors au juge constitutionnel ou administratif, chacun dans son champ de sa compétence, d'y mettre bon ordre, en faisant prévaloir la compétence exclusive de l'État. On donnera deux exemples :

- l'un est de contentieux constitutionnel : est contraire à la Constitution la loi organique du 5 juillet 2019 dont l'article 10 méconnaît la compétence exclusive de l'État en matière d'organisation de la justice en Polynésie française en autorisant cette COM de l'article 74 à employer, même dans le seul cadre des litiges en matière foncière, des avocats en qualité de salariés pour les missions d'assistance et de représentation en justice des bénéficiaires de l'aide juridictionnelle[16] ;
- l'autre est de contentieux administratif : est irrégulière et doit, en conséquence, être annulée la décision du conseil exécutif de Saint-Martin, COM de l'article 74 également, fixant les règles relatives à la recherche, à la constatation et à la répression des infractions pénales qui touchent à la procédure pénale de la compétence exclusive de l'État, y compris dans des matières de la compétence de la collectivité[17].

On précisera, ici, le cas particulier de Wallis et Futuna, collectivité de l'article 74 dont le statut est encore anormalement, car inconstitutionnellement, de législation ordinaire, et non organique : les quatorze matières précitées y sont également de la compétence exclusive de l'État, traitées par la législation organique[18] et recoupées, d'ailleurs, pour trois d'entre elles, par la loi du 29 juillet 1961, ici anticipatrice :

---

parlementaire, sans application à ce jour de cette disposition décalquée sur l'article 34, dernier alinéa de la Constitution.

[16] CC, 27 juin 2019, *Modification du statut d'autonomie de la Polynésie française*, déc. n° 2019-783 DC, consid. 5 et 7. En revanche, est conforme à la Constitution l'art. 15 de la même loi organique qui, combiné avec son art. 27, prend en compte la compétence exclusive de l'État en matière de défense dès lors que l'extension de la compétence de la Polynésie française pour l'exploration et l'exploitation des ressources naturelles n'inclut pas les terres rares, reconnues comme des matières premières stratégiques, dans le respect des sujétions imposées par la défense nationale.

[17] CGCT, art. LO 6314-3 et TA de Saint-Martin, 8 juin 2023, *Préfet délégué auprès du représentant de l'État à Saint-Martin et à Saint-Barthélemy*, req. n ° 2300025.

[18] CC, 19 nov. 2009, *Loi pénitentiaire*, déc. n° 2009-593 DC, consid. 8 et 9.

l'ordre et la sécurité publics, les relations extérieures, étendues aux communications extérieures, et l'administration de la justice (art. 7).

Mais, en dehors de ses compétences exclusives, il est aussi d'autres compétences que l'État peut détenir sur le territoire des CTOM assimilées des articles 73 ou 74. Elles se déduisent *a contrario* du défaut d'attribution par l'État de compétences à ces CTOM : par exemple, dans les CTOM de l'article 74 et en Nouvelle-Calédonie, l'État conserve sa propre compétence en matière fiscale pour ce qui concerne les impositions qui sont, soit affectées au financement d'une mission de service public relevant de sa compétence, sous réserve qu'il soit également compétent au regard des éléments d'assiette concernés, soit directement prélevées à l'occasion d'une mission de service public relevant de cette compétence[19].

Dès lors, est irrégulière la délibération qui, dans une CTOM concernée, interfère sur une compétence de principe de l'État, autre que de souveraineté. On en donnera cet exemple relatif à Saint-Pierre-et-Miquelon, collectivité de l'article 74 : il résulte des dispositions combinées des articles L.O. 6413-1 ainsi que L.O. 6414-1 et -2 du code général des collectivités territoriales que l'État est seul compétent pour organiser la desserte maritime internationale en fret de Saint-Pierre-et-Miquelon. En revanche, il résulte de l'article L. 5754-1 du code des transports que « *les transports maritimes réguliers publics de personnes et de biens pour la desserte des îles* », au sens de l'article 5431-1 de ce code, sont applicables, selon l'interprétation donnée par avis du Conseil d'État et reprise à son compte par le juge des référés compétent[20], aux seuls transports maritimes réguliers publics de personnes pour la desserte de ports ou appontements du littoral. La collectivité de Saint-Pierre-et-Miquelon n'est donc pas compétente pour organiser les transports réguliers de biens ou de fret pour la desserte au sein de l'archipel de sorte que cette compétence appartient à l'État et à lui seul.

Néanmoins, il se peut aussi que certaines compétences de l'État résultent du statut propre, et non particulier[21], de la CTOM. Tel est le

---

[19] CE, section des finances, 14 déc. 2021, avis n° 403780, *EDC*E n° 73, 2021, p. 301.

[20] CE, section des travaux publics, 29 juil. 2014, avis n° 388855, *in* Nicolas Clouët et Marc Sandrin, *Rapport sur la desserte maritime «* Fret *» de Saint-Pierre-et-Miquelon*, IGA et CGEDD, mai 2015, annexe 6, p. 83 et 84 et TA Saint-Pierre-et-Miquelon (ord.), 27 avr. 2021, *Préfet de Saint-Pierre-et-Miquelon*, req. 2100201 ; *EDCE* n° 73, 2021, p. 128.

[21] Le statut particulier est prévu, dans la Constitution, aux art. 72, al. 1er, 72-1, al. 3, 72)3, al. 4, hors art. 73, 74. et 77.

cas à Wallis-et-Futuna dont la loi statutaire du 29 juillet 1961 ajoute expressément à ses quatorze compétences exclusives précitées, quatre matières : l'enseignement[22], la tenue de l'état civil, le fonctionnement du Trésor et de la douane ainsi que l'hygiène et la santé publique (art. 7 préc.). Tel est le cas également en Nouvelle-Calédonie, comme en Polynésie française, l'une en dehors, l'autre en dedans du régime de l'article 74, mais avec des compétences de l'État qui sont d'exception en Nouvelle-Calédonie, depuis la loi du 28 décembre 1976, comme en Polynésie française, depuis la loi du 12 juillet 1977. C'est, dès lors, le statut de chacune de ces deux CTOM qui détermine ces compétences d'exception de l'État :

- en Nouvelle-Calédonie, en dehors des treize compétences exclusives prémentionnées, de nombreuses autres compétences sont ainsi réservées à l'État par le statut de 1999, actualisé en 2013 : onze par le dispositif résiduel de l'article 21-I[23] et huit à l'article 21-II[24], ce qui n'interdit pas l'association de la Nouvelle-Calédonie à telle ou telle de ces compétences d'État (art. 28 à 38). Il en est ainsi, par exemple, en matière de communication audiovisuelle[25] ;
- en Polynésie française, aux quatorze compétences exclusives de l'État pour les COM de l'article 74, telles que recoupées à l'article 14 de la loi organique du 27 février 2004[26], il faut également ajouter sept

[22] Toutefois, l'État concède l'enseignement primaire à l'Église catholique.

[23] 4° Matériels de guerre, armes et munitions, poudres et substances explosives ; 6° Desserte maritime et aérienne entre la Nouvelle-Calédonie et l'extérieur, notamment ; 7° Réglementation relative aux matières du régime minier ; 8° Fonction publique de l'État ; 9° Contrats publics de l'État et de ses établissements publics ; 10° Règles relatives à l'administration des provinces, des communes et de leurs établissements publics, notamment ; 11° Leur contrôle budgétaire ; 12° Exercice, hors des eaux territoriales, des compétences résultant des conventions internationales, en principe ; 13° Recensement général de la population ; 14° Police et sécurité de la circulation aérienne extérieure et de la circulation maritime, en principe ; 15° Lutte contre la circulation illicite, le blanchiment des capitaux et le financement du terrorisme.

[24] 1°Relations extérieures ; 2° Conditions d'entrée et de séjour des étrangers ; 3° Maintien de l'ordre ; 4° Sûreté en matière aérienne ; 3° Droit pénal en principe ; 6° Communication audiovisuelle ; 7° Enseignement supérieur et recherche ; 8° Collation et délivrance des titres et diplômes, en principe.

[25] Rappr. loi org. du 19 mars 1999, art. 21-II-6.

[26] Art. 14-1° Nationalité ; droits civiques ; droit électoral ; (…), état et capacité des personnes (…) ; 2° Garantie des libertés publiques ; justice (…) ; droit pénal, procédure pénale (…) ; 3° Politique étrangère ; 4° Défense (…) ; 6° Sécurité et ordre publics (…) ; 7° Monnaie, crédit changes (…).

compétences que le statut de 2004, modifié en 2019, réserve aussi à l'État[27].

Cependant, à première vue, la comparaison des dispositifs complets de l'article 21-II du statut calédonien de 1999, actualisé en 2013 et de l'article 14 du statut polynésien de 2004, ne fait pas apparaître, au-delà des compétences intransférables de souveraineté, un périmètre d'exception de l'État sensiblement différent, en substance, dans l'une et l'autre de ces deux CTOM. Plusieurs chevauchements sont, d'ailleurs, possibles d'un statut à l'autre : par exemple, la diplomatie reste une compétence de l'État, au sens des relations extérieures, dans le statut calédonien, ou de la politique étrangère, dans le statut polynésien, même si les autorités locales, identifiées par le statut - le président du gouvernement de la Nouvelle-Calédonie, en principe, ou le président de la Polynésie française - peuvent y être associées ou y participer[28], comme l'avait fait le président Gaston Flosse en mars 1996, en signant, pour la France, le traité de Rarotonga de dénucléarisation du Pacifique Sud.

On observe, sur ce dernier point, qu'il en est de même dans les départements et régions d'outre-mer sur le fondement de la loi Paul du 13 décembre 2000 d'orientation pour l'outre-mer et de la loi Letchimy du 5 décembre 2016 relative à l'action extérieure des collectivités territoriales et à la coopération des outre-mer dans leur environnement régional, selon des dispositions consignées dans le code général des collectivités territoriales[29]. Si, par exemple, la France est membre de la Commission de l'Océan Indien et de l'Association des pays riverains de l'océan Indien et si le Quai d'Orsay soutient que c'est « *au titre de la Réunion* », c'est pour dire que le président de la région Réunion assure, en tant qu'autorité déconcentrée, la représentation de l'État français dans ces deux organisations internationales.

---

[27] 5° Entrée et séjour des étrangers, en principe ; 8° Autorisation d'exploitation des liaisons aériennes entre la Polynésie française et le reste du territoire de la République, en principe 9° Police et sécurité de la circulation maritime (…) ; 10° Règles relatives à l'administration (…) ; 11° Fonction publique civile et militaire de l'État (…) 12° Communication audiovisuelle ; 13°Enseignement supérieur (…).

[28] Pour la Nouvelle-Calédonie, compétence d'État par loi org. du 19 mars 1999, art. 21-II-1° et association par art. 28 et 30 ; pour la Polynésie française, compétence d'État par l'art. 74, al. 4 en tant qu'il renvoie à l'art. 73, al. 4 et participation par loi org. 27 févr. 2004, art. 40 à 42.

[29] CGCT, art. L. 3441-2, -3, - 5 et – 6 ; art. L. 4433-4-1,-2, 4 et -5.

B. L'encadrement par l'État des compétences décentralisées

Il n'est pas suffisant, toutefois, de rappeler que c'est l'État qui, par la loi constitutionnelle ou organique (Nouvelle-Calédonie) ou par la loi organique (COM de l'article 74, à l'exception de Wallis et Futuna) ou par la loi ordinaire (DROM et CTU de l'article 73 et Wallis et Futuna), fixe le statut de ces CTOM quant à leur organisation et à leur fonctionnement et qui détermine ainsi leurs compétences et l'exercice de ces compétences. Il faut également souligner que, comme en métropole, l'État assure le contrôle des collectivités territoriales d'outre-mer, qualifié par la Constitution d'« *administratif* » (art. 72, al. 6) sans être réduit aux seuls actes administratifs locaux, car exercé aussi sur les actes budgétaires locaux et sur les institutions administratives locales, quelle que soit leur dénomination[30]. Il s'agit là de la mission précisément confiée par la Constitution au « *représentant de l'État, représentant de chacun des membres du Gouvernement* » (*ibid.*).

Ces autorités déconcentrées sont, dans les onze territoires des circonscriptions administratives de l'État, outre-mer, sont les préfets de la Martinique, de la Guadeloupe, de la Guyane, de La Réunion et de Mayotte, de même que le préfet de Saint-Pierre-et-Miquelon et le préfet délégué de Saint-Barthélemy et Saint-Martin ainsi que l'administrateur supérieur des îles Wallis et Futuna et les hauts-commissaires de la République en Nouvelle-Calédonie ou en Polynésie française. Il va de soi que cette mission fondamentale, dans un État unitaire décentralisé, du contrôle administratif et financier des collectivités territoriales, est développée, selon les cas, par le code général ou par le statut propre, dans les outre-mers des trois océans :

- en premier lieu, par le Code général des collectivités territoriales au titre de ses dispositions générales ou particulières, sur le territoire des sept CTOM de l'article 73 ou des trois CTOM de l'article 74, régies, les unes et les autres, par le principe d'assimilation selon lequel le droit législatif ou réglementaire de la métropole s'applique, en tant que droit commun, sauf s'il est expressément prévu qu'il s'applique autrement ou qu'il ne s'applique pas. Ces dix CTOM seront dites, ci-après, collectivités assimilées. Ainsi, par exemple, la Guyane étant une collectivité territoriale unique depuis la loi du 27 juillet 2011, le code général des collectivités territoriales choisit de fixer le régime juridique des actes pris par les autorités de la collectivité en se fondant sur le droit

[30] CE, 1er oct. 2001, *Roch Wamytan et autres*, req. n° 232274 : annulation de l'élection d'un membre du gouvernement de la Nouvelle-Calédonie.

des régions de métropole et d'outre-mer. L'article L. 7131-1 du code général dispose, en ce sens, que « *les délibérations de l'assemblée de Guyane et de la commission permanente ainsi que les actes du président de l'assemblée de Guyane sont soumis au régime juridique des actes pris par les autorités régionales* (…) ». Dès lors, c'est l'article L. 4142-1 du code général des collectivités territoriales relatif au déféré préfectoral contre les actes transmis qui s'applique également en Guyane ;

- en second lieu, par le statut propre de chacune des deux autres COM de l'article 74 : la Polynésie française et Wallis et Futuna ainsi que, hors article 74, par le statut propre de la Nouvelle-Calédonie, construits, tous les trois, sur le principe de spécialité[31] selon lequel, à l'inverse, le même droit ne s'applique pas, à moins qu'il ne soit expressément prévu qu'il s'applique en tant que droit d'exception, auquel cas il peut s'appliquer autrement. Ces trois CTOM sont dites, ci-après, collectivités spécialisées.

C'est donc la loi statutaire de 1961 qui, à Wallis et Futuna, confie à l'administrateur supérieur le respect des lois, mais aussi explicitement des règlements et des décisions des tribunaux, ainsi que le contrôle administratif et financier (art. 7). Et, c'est la loi organique statutaire de 1999 qui prévoit qu'au titre des compétences de l'État en Nouvelle-Calédonie, le « *haussaire* » à Nouméa exerce le contrôle de légalité et le contrôle budgétaire de la Nouvelle-Calédonie (loi org. du 19 mars 1999, art. 204 à 209)[32]. Mais, la Constitution peut même prendre directement le relais : ainsi, c'est « *sous le contrôle de l'État* » qu'au titre d'un élément de son statut d'autonomie, la Polynésie française peut

[31] Pour la Polynésie française, art. 74, al. 3 et loi org. du 27 févr. 2004, art. 7, al. 2 ; pour Wallis et Futuna, loi du 29 juil. 1961, art. 4 ; pour la Nouvelle-Calédonie, accord de Nouméa, doc. d'orientation, pt 3 : « *Les compétences détenues par l'État* », et Const., art. 77, al. 1er : « *dans le respect des orientations définies par l'accord* » (sol. impl.) ainsi que loi org. du 19 mars 1999 loi, art. 6-2, al. 1er (sol. expl.), issu de la loi org. du 3 août 2009 préc. relative, notamment, à l'évolution institutionnelle de la Nouvelle-Calédonie, art. 18 ; sur le principe de spécialité applicable en Nouvelle-Calédonie, voir égal., CE Ass., 9 fév. 1990, *Élections municipales de Lifou, Rec.* 28 ; *AJDA* 1990. 490, note Prétot ; *RFDA* 1991. 602, concl. Tuot ; *Annuaire des collectivités locales* 1991. 156, note Douence et CC, 30 juil. 2009, *Modernisation du statut de la Nouvelle-Calédonie*, déc. n° 2009-587 DC préc., consid. 10 et 12, *Rec.* 152 ; *AJDA* 2009. 1520, note S. Brondel ; *RFDC* 2010. 123, note Magnon.

[32] Le statut de la Nouvelle-Calédonie n'est donc pas seulement régi par le titre XIII, comme dit à l'art. 72-3, al. 3 de la Constitution. Dans cette collectivité territoriale de la République, d'ailleurs représentée au Sénat (titre IV, art. 24, al. 4 préc.), s'exerce ainsi le contrôle administratif, prévu au titre XII, art. 72, al. 6.

participer à l'exercice de compétences non exclusives que l'État conserve sur le territoire de cette circonscription administrative[33].

II. Les collectivités territoriales également compétentes outre-mer

La compétence des collectivités territoriales est, outre-mer, un facteur de diversité locale. Si l'État doit être compétent dans les outre-mers au titre du droit constitutionnel, mais aussi du droit international public ou du droit de l'Union européenne, les CTOM peuvent également y exercer des matières attribuées par l'État dans le champ du droit administratif. En 1998, c'est l'article 77 nouveau de la Constitution révisée qui renvoie à la loi organique statutaire le soin de définir « *les compétences de l'État qui seront transférées (....) aux institutions de la Nouvelle-Calédonie* », d'ailleurs « *de façon définitive* », mais à droit constitutionnel constant. Et, en 2003, s'agissant des CTOM de l'article 73 révisé, l'alinéa 2 de cet article se réfère aux « *matières où s'exercent leurs compétences* » tandis que, s'agissant de chacune des COM de l'article 74 révisé, l'alinéa 4 de cet article mentionne la fixation par son statut des « *compétences de cette collectivité* ». On notera, au surplus – mais sans application dans les faits, à ce jour – que la question des compétences d'une CTOM des articles 73 ou 74 peut faire l'objet d'une consultation locale, à l'initiative du Président de la République (art. 72-4, al. 2).

Dans le droit des outre-mers, il s'agit là de compétences décentralisées qui sont d'exception pour les CTOM assimilées des articles 73 et 74 ainsi que pour les deux COM spécialisées de Wallis et Futuna, dans l'article 74, et de la Nouvelle-Calédonie, hors article 74, mais, en

---

[33] Ce dispositif, consigné aux art. 31 à 42 du statut polynésien de 2004, est accompagné, d'ailleurs, dans le texte de cet alinéa 11 de l'art. 74, d'une exigence qui va de soi de respect des garanties accordées sur l'ensemble du territoire national pour l'exercice des libertés publiques : il y là un renvoi exprès, mais surabondant à une jurisprudence qui s'impose en tant qu'elle est constitutionnelle : CC, 18 janv. 1985, *Établissements d'enseignement privés*, déc. 84-185 DC, *Rec.* 36, consid. 18 : « *si le principe de libre administration des collectivités territoriales a valeur constitutionnelle, il ne saurait conduire à ce que les conditions essentielles d'application d'une loi organisant l'exercice d'une liberté publique dépendent de décisions des collectivités territoriales et, ainsi, puissent ne pas être les mêmes sur l'ensemble du territoire* ».

revanche, de principe en Polynésie française, COM spécialisée de l'article 74[34].

Il reste donc à rendre compte de la variation par l'État du droit des compétences décentralisées, outre-mer, d'abord dans les sept CTOM de l'article 73 (**A**), puis dans les cinq CTOM de l'article 74 ainsi qu'en Nouvelle-Calédonie (**B**).

A. Les possibilités de variation du droit des compétences dans les CTOM de l'article 73

Il résulte de l'alinéa 1er de l'article 73 que, si « *les lois et règlements sont applicables de plein droit* », dans le droit des CTOM assimilées de cet article[35], ils « *peuvent faire l'objet d'adaptations tenant aux caractéristiques et contraintes particulières de ces collectivités* », formulation qui est textuellement reprise de l'ancien traité instituant la Communauté européenne (TCE, art. 299, § 2, al. 4) en vue de pouvoir aligner les marges du droit national des CTOM concernées sur le droit communautaire des RUP[36]. Cet alignement demeure avec le traité de Lisbonne : il va de soi, en effet, que, si le droit de l'État est en mesure d'être adapté, cette adaptation peut aussi impacter le droit de l'Union européenne. En droit positif, des « *mesures spécifiques* » peuvent donc toujours être prises par l'Union, y compris dans les politiques communes, pour tenir compte par des programmes d'options spécifiques à l'éloignement et à l'insularité (POSEI) de facteurs géoéconomiques défavorables « *dont la permanence et la combinaison nuisent gravement à leur développement* »[37].

Or, pour s'en tenir, ci-après, au droit national d'origine interne – hors droit de l'Union européenne, par conséquent – l'adaptation du droit des CTOM de l'article 73 vaut précisément dans deux hypothèses distinctes :

---

[34] Ce sont les provinces qui, en Nouvelle-Calédonie, ont la compétence de principe (loi org. du 19 mars 1999, art. 20).

[35] On en déduit l'identité qui n'est pas que législative et qui correspond à une assimilation absolue au droit de la métropole que les droits des COM assimilées peur écarter par adaptation (art. 73) ou ajustement (art. 74).

[36] En ce sens, CJCE, 10 oct. 1978, *Hansen*, aff. 148/77.

[37] TFUE, art. 349 qui énumère ces facteurs : « *éloignement, insularité, faible superficie, relief et climat difficiles, dépendance économique vis-à-vis d'un petit nombre de produits* ». Cette application du droit adapté de l'Union européenne vaut aussi pour Saint-Martin qui est la seule COM de l'art. 74 à être une RUP.

- en première hypothèse, pour toutes les CTOM de l'article 73, « *dans les matières où s'exercent leurs compétences* » (al 2 préc.), que ces matières relèvent de la loi, depuis 2003, ou du règlement, depuis 2008. Il est alors, pour la mise en œuvre de cet alinéa 2, une procédure à suivre en trois étapes successives qui posent des verrous permettant de vérifier que le droit supralégislatif n'est pas méconnu, au fond : le droit constitutionnel ou international ou européen, selon la norme litigieuse et le juge compétent :
- d'abord, sous le contrôle obligatoire du Conseil constitutionnel, un encadrement par la loi organique (al. 6) de l'habilitation à adapter les matières décentralisées par ces CTOM qui en fixe les conditions et les réserves ;
- ensuite, dans ce cadre et sous le contrôle facultatif du juge compétent, l'habilitation à adapter qui relève de la loi ou du règlement (al. 2 et 6) selon que la matière décentralisée, ici traitée, relève de la loi ou non (art. 34 *passim* et 37, al. 1er) avec cette réserve : cette habilitation ne saurait mettre en cause « *les conditions essentielles d'exercice d'une liberté publique ou d'un droit constitutionnellement garanti* (al. 6), précaution de texte qui, en 2003, est d'affichage politique car elle résulte, en droit, de la jurisprudence antérieure du juge constitutionnel ou administratif ;
- enfin, sous le contrôle éventuel du Conseil d'État, la délibération motivée de l'assemblée délibérante locale (conseil départemental ou régional ou assemblée territoriale : al. 2 et 7), transmise au représentant de l'État et au Premier ministre pour retransmission au Parlement et publication au *Journal officiel,* comportant l'adaptation dans la compétence décentralisée sur le territoire de la CTOM concernée de l'article 73, au titre d'un acte administratif, y compris dans la matière de la loi. Par exemple, l'article LO 7311-1 du code général des collectivités territoriales prévoit que « (...) *les assemblées de Guyane et de Martinique peuvent être habilitées à adapter sur le territoire de leur collectivité les lois et règlements dans les matières où s'exercent leurs compétences* ». Il en est de même, selon leur statut propre, dans le droit des COM de l'article 74 ;

- en seconde hypothèse, pour les CTOM de l'article 73, l'adaptation peut concerner aussi des compétences de l'État exercées sur le territoire de chacune de ces CTOM (al. 3), hors compétences de souveraineté précitées (al. 4) et à l'exception du département et de la région de La

Réunion (al. 5)[38], « *pour tenir compte de leurs spécificités* » (al. 3) - expression qui transpose ici les « *caractéristiques et contraintes particulières* » (al. 2), et ce « *dans un nombre limité de matières pouvant relever du domaine de la loi* » depuis 2003, « *ou du règlement* », depuis 2008, sans que l'on sache ce que « *nombre limité* » veut dire et qui le dirait. Plus exactement, l'adaptation ne saurait, sans inconstitutionnalité, porter sur la totalité des compétences non exclusives de l'État, voire sur un nombre excessif de ces compétences. Très simplement, est alors à suivre, pour la mise en œuvre de l'alinéa 3, la procédure en trois étapes déjà décrite pour la mise en œuvre de l'alinéa 2.

On s'attardera sur la loi organique du 21 février 2007 modifiée portant dispositions statutaires et institutionnelles relatives à l'outre-mer qui a fixé une procédure pour l'adaptation du droit de toutes les CTOM de l'article 73 (al. 2) dont les DOM (LO 3445-1 à -8). Ce dispositif vaut aussi pour l'adaptation du droit de l'État (al. 3). Il vaut ainsi dans les DOM concernés (art. LO 3445-9 à -11). *Mutatis mutandis*, dans les mêmes conditions et sous les mêmes réserves, ces deux dispositifs pour les DOM sont également applicables dans les ROM, au titre des alinéas 2 (art. LO 4435-1 à -8) et 3 (art. LO 4435-9 à 11).

Il n'y a donc pas eu de demandes d'habilitation à adapter le droit des CTOM concernés ou le droit de l'État dans les CTOM concernées avant cette loi organique. On ne saurait en faire grief aux élus locaux. Mais, à partir de 2007, ces adaptations se feront au compte-gouttes : par exemple, en application des alinéas 3 et 6 de la Constitution révisée et dans le cadre fixé par l'article LO 4435-10 du code général des collectivités territoriales et sur délibération en demande du conseil régional de la Guadeloupe du 27 mars 2009, l'habilitation a été accordée par l'article 69 de la loi 27 mai 2009 pour le développement économique des territoires d'outre-mer, « *à fixer des règles spécifiques à la Guadeloupe en matière de maîtrise de la demande d'énergie, de réglementation thermique pour la construction de bâtiments et de développement des énergies renouvelables* ». Voilà une procédure

[38] On laisse ici de côté les nombreuses et véhémentes déclarations universitaires ou tentatives politiques en faveur de la modification ou de l'abrogation de l'al. 5 de l'art. 73, toutes vouées à l'échec, à ce jour. Ce texte, volontiers rédigé à la demande du sénateur Jean-Paul Virapoullé, visait aussi, en 2003, à éviter la suppression du département de La Réunion par une bi-départementalisation de l'île ou par la création d'une CTU.

aboutie d'adaptation de la législation dans le droit de l'État qui, six ans après la réforme, aura été une première pour les CTOM de l'article 73[39].

Il est vrai que, dans la version initiale de la loi organique du 21 février 2007 précitée, l'habilitation était accordée par la loi à l'assemblée délibérante pour une durée brève qui ne pouvait excéder deux ans à compter de sa promulgation (art. LO 3445-6 et LO 4435-6). Mais, une nouvelle demande de la CTOM concernée et donc une nouvelle habilitation législative étaient possibles. Tel aura été le cas en l'espèce : sur délibération en demande du Conseil régional de la Guadeloupe du 10 décembre 2010, une réhabilitation sera accordée en la matière, pour deux années supplémentaires, sur le fondement de l'article 17 de la loi organique n° 2011-884 du 27 juillet 2011 relative aux collectivités territoriales de Guyane et de Martinique[40]. Et, il résulte de la brochure éditée par cette région antillaise, le 3 septembre 2013, sous l'intitulé significatif : « *Énergie : la région Guadeloupe fait sa loi !* » que, sur la période de quatre ans, entre 2009 et 2013, et à la satisfaction des élus locaux, le conseil régional de la Guadeloupe a voté pas moins de 17 délibérations assimilables à des règlements administratifs, pour prendre des mesures retenues dans cinq thématiques identifiées comme prioritaires dans l'archipel dont la thermique du bâtiment, avec, en particulier, la création d'un diagnostic de performance énergétique propre à la Guadeloupe (DPEG).

Il est vrai aussi que ce délai d'habilitation législative de deux ans a pu être regardé comme trop contraint pour conduire une politique locale d'envergure à inscrire dans le temps long pour plus d'efficacité. C'est pourquoi l'autre loi organique n° 2011-883 du 27 juillet 2011 relative

---

[39] L'art. 68 de la même loi du 27 mai 2009 habilite aussi le conseil régional de la Guadeloupe « à fixer les règles permettant la création d'un établissement public régional à caractère administratif chargé d'exercer les missions de service public de formation professionnelle qui lui seront déléguées par la région » et il y est procédé, dans le délai imparti de deux ans, par délibération du 26 févr. 2010 créant « *Guadeloupe Formation* ».

[40] L'art. 18 de la même loi de 2011 a permis au conseil régional de la Martinique, sur sa délibération en demande du 15 mars 2011, d'amorcer la même politique environnementale, adaptée au contexte local, entreprise par la Guadeloupe dès 2009. En application de l'art. 37 de la loi du 15 nov. 2013 portant diverses dispositions relatives aux outre-mer, il a aussi été habilité, sur sa délibération en demande du 28 juin 2013, « *à adapter et fixer des règles spécifiques à la Martinique en matière de transports intérieurs de passagers et de marchandises, terrestres et maritimes* ».

aux collectivités régies par l'article 73 de la Constitution a heureusement modifié le code général des collectivités territoriales pour préciser que l'habilitation accordée par la loi ou, désormais, par décret en Conseil d'État, selon la matière traitée, « *est accordée pour une durée ne pouvant aller au-delà du renouvellement du conseil départemental* » (art. LO. 3445-6, al. 3) ou « *régional* » (art. LO 4431-6, al. 3), tout en faisant toujours bénéficier les nouvelles collectivités territoriales uniques de Guyane et de Martinique des mêmes dispositifs d'adaptation de la législation ou de la règlementation applicables au droit de ces deux CTOM (art. LO 7311-1 à -9) ou du droit de l'État dans ces deux CTOM (art. LO 7312-1 à -3). Désormais, la durée d'habilitation peut donc atteindre six ans au plus.

Plus encore, le niveau dispositif prévoit pour toutes les CTOM, sauf pour le département et la région de La Réunion, exclus de l'adaptation du droit de l'État, que cette habilitation « *peut être prorogée de droit, une seule fois, pour une durée ne pouvant aller au-delà du prochain renouvellement par délibération motivée adoptée dans les six mois suivant son renouvellement* » (art. LO 3445-6-1, al. 1er, 4431-6,-1, al. 1er et 7311-7, al. 1er), ce qui implique donc une durée maximale de douze ans, tout de même, pour prendre les délibérations d'adaptation dans la matière habilitée.

Dans ces conditions, comment dire sérieusement que, depuis 2007, les élus des CTOM de l'article 73 sont dans l'impossibilité d'agir, au fond, pour adapter localement le droit de leurs compétences (al. 2) ou dans les compétences adaptables de l'État (l. 3 et 4), sous réserve de la garantie « *gravée dans le marbre de la Constitution* », pour reprendre l'expression du sénateur Jean-Paul Virapoullé, de l'identité législative, depuis 2003, et réglementaire, depuis 2008, dans le seul droit des compétences de l'État ? Ces dernières – et elles seulement – sont inadaptables à La Réunion (al. 5) afin de ne pas créer, dans cette île, un risque pays dans le droit de l'État[41] qui nuirait à l'investissement local. Pourquoi ces adaptations, ces élus locaux les ont-ils si rarement demandées alors qu'ils les ont très souvent obtenues – pas toujours, il est vrai – au prétexte fallacieux d'une lourdeur excessive de ces procédures visant à permettre le contrôle politique, administratif et

[41] Par ex., dans le régime de la propriété et des obligations civiles et commerciales ou dans le droit du travail et de la sécurité sociale.

juridictionnel par les institutions de l'État en charge de son unitarité, même adaptée[42] ?

En dérivation sans être hors sujet, on notera, ici, que l'adaptation du droit de l'État par telle ou telle CTOM concernée de l'article 73 ne se confond pas avec la demande que cette CTOM peut légalement formuler, auprès des autorités compétentes, d'adaptation du droit de l'État par l'État lui-même. Par exemple, on note en ce sens, sur le fondement de l'article L. 7252-1 du Code général des collectivités territoriales, la délibération récente par laquelle l'assemblée de la Martinique autorise le président de l'assemblée à transmettre au Premier ministre et aux présidents du Sénat et de l'Assemblée nationale, un texte en faveur de la reconnaissance du rôle et de la place de la langue créole dans cette CTOM. Or, cette demande, notoirement inconstitutionnelle au fond, est rejetée en tant que le déféré préfectoral est irrecevable, car dirigé contre « *une mesure préparatoire* »[43].

---

[42] Cet alinéa 5 de l'art. 73 - dit par ses opposants locaux « *pas kapab* » - ne fait pas de La Réunion, de façon caricaturale, une majeure incapable et protégée, mais une majeure capable de se garantir contre les initiatives des élus du département ou de la région dans les matières de l'art. 34, hors art. 83, al. 4, par ex. dans le droit de l'enseignement ou de la protection de l'environnement ou encore du travail, des syndicats ou de la sécurité sociale, sans interdire en soi ni l'adaptation du droit dans les compétences de l'État, mais par l'État (art. 73, al. 1er), ni l'adaptation du droit dans les compétences locales par les conseils départemental et régional. L'alternative à la révision de l'art. 73, ce serait le passage au régime de l'art. 74 qui supposerait l'accord de la population réunionnaise par référendum local (art. 72-4, al. 1er). Mais, comment ce régime d'autonomie serait-il accepté à La Réunion, après 2023, lui qui a été rejeté en Guadeloupe en 2003, en Martinique en 2003 et en 2010, à Mayotte en 2009 et en Guyane en 2010 ? Les électeurs réunionnais, si attachés à l'unité nationale, comprendront-ils que ce régime de l'art. 74 n'est pas « *l'antichambre de l'indépendanc*e » ? Il y a la politique dans les journaux et celle au fond des urnes.

[43] L'art. 1er de la délibération litigieuse prévoit que « *l'Assemblée de Martinique reconnaît la langue créole comme langue officielle de la Martinique, au même titre que le français* ». Cette disposition est notoirement contraire, au fond, à l'alinéa 1er de l'art. 2 de la Constitution selon lequel, depuis 1992, l « *la langue de la République est le français,* l'officialité de la seule langue française qui en résulte, dans toutes les collectivités territoriales de la République, n'étant pas écartée par son art. 75-1 selon lequel, depuis 2008, « *les langues régionales appartiennent au patrimoine de la France* ». Or, le déféré-suspension du préfet de la Martinique a été rejeté, en première instance, pour irrecevabilité au motif que « *l'article 1er de la délibération de l'Assemblée de Martinique du 25 mai 2023 constitue une simple mesure préparatoire qui n'est pas susceptible de recours »* TA de la Martinique (ord.), 4 oct. 2023, *Préfet de la Martinique*, req. 23000550).

Au surplus, cette voie juridique peut être contournée car, s'il y a le droit public, il y a aussi la science politique : rien n'empêche, après tout, les élus locaux des collectivités de l'article 73 de demander en dehors de cette procédure et, le cas échéant, d'obtenir de l'État, par la voie politique, telle ou telle évolution législative ou réglementaire. Dans le domaine minier de la compétence de l'État, l'adaptation du code minier aux DOM a été opérée par la loi du 21 avril 1998, à l'initiative des élus guyanais, de même que le transfert tardif aux collectivités concernées de la délivrance et de la gestion des titres miniers en mer, sur le fondement de l'article 48 de la loi Paul précitée du 13 décembre 2000, « *dans le respect des droits de souveraineté et de propriété de l'État sur son domaine public maritime* »[44].

B. Les possibilités de variation du droit des compétences dans les COM de l'article 74 et en Nouvelle-Calédonie

Les COM de l'article 74 ne succèdent pas aux TOM, issus de la Constitution de 1946 et repris dans la Constitution de 1958, révisée en 1992. Chacune de ces COM de l'article 74, qui ne forment donc pas une catégorie constitutionnelle, se voit donc dotée d'« *un statut qui tient compte de* » ses « *intérêts propres au sein de la République* », dit la Constitution (al. 1er), donc de son statut propre, défini par une loi organique (al. 2)[45], sous réserve du statut Wallis et Futuna. Ce statut propre est formé d'un statut de base (al. 3 à 6), éventuellement complété par tel ou tel des éléments d'autonomie (al. 8 à 11) pour renforcer ce statut de base jusqu'à devenir, le cas échéant, un statut d'autonomie s'il comporte tous ces éléments. Tel est le cas, à ce jour, de la seule Polynésie française.

C'est le statut propre de chaque COM de l'article 74 qui détermine si elle est assimilée ou spécialisée puisqu'il fixe « *les conditions dans lesquelles les lois et règlements y sont applicables* » (al. 3), de même que « *les compétences de cette collectivité* » (al. 4), éventuellement ajustées[46], qu'elles soient maintenues à Wallis et Futuna ou en cours

---

[44] En droit positif, C. minier, art. L. 611-33 et décret du 2 févr. 2018.

[45] Il s'agit de tenir compte de l'art. 74, al. 2 révisé par la loi const . du 25 juin 1992 en ce qui concerne les anciens TOM, mais aussi d'assurer, par précaution, le contrôle préalable et obligatoire par voie d'action (Const., art. 61, al. 1er) et de permettre ainsi au Conseil constitutionnel de purger le statut adopté ou modifié des éléments qui seraient contraires à la Constitution.

[46] Par ex., l'art. LO 6351-5-V relatif à Saint-Martin dispose que « *jusqu'à sa première réunion suivant son renouvellement postérieurement au 1er janvier 2012, le conseil*

d'acquisition en Polynésie française[47] ou encore reprises ou nouvelles dans le statut calédonien ou dans le statut propre de chacune des COM de l'article 74 relevant de la loi organique statutaire (Const., art. 77, al. 2 ou art. 74, al. 4), sous réserve, au fond, des dispositions en complément, de législation constitutionnelle, en amont (accord de Nouméa et loi constitutionnelle de 1998 ou loi du 28 mars 2003) ou de législation ordinaire, en aval (*ibid.*, art. 77, al. 6 ou art. 74, al. 12).

Par exemple, le statut de Saint-Barthélemy, issu de la loi organique du 21 février 2007, attribue à cette COM la compétence pour fixer les règles applicables en dix matières, dont les impôts, droits et taxes dans les conditions prévues pour les personnes physiques ayant leur domicile fiscal à Saint-Barthélemy après y avoir résidé pendant cinq ans au moins[48]. Et le code des contributions de Saint-Barthélemy résultant de délibérations du conseil territorial comporte ainsi de nombreuses et importantes dérogations au droit commun de la métropole en la matière parmi lesquelles, notamment, l'exonération des impositions relatives « *aux bénéfices ou revenus correspondant soit aux activités exercées sur le territoire de la collectivité* (...), *soit aux biens de toutes natures détenus sur le territoire de la collectivité* (...), *comme aux revenus de remplacement* »[49]. Trois remarques complémentaires sont à faire ici :
- d'abord, la loi organique du 19 mars 1999 relative à la Nouvelle-Calédonie prévoit d'encadrer localement l'accès à l'emploi privé et public (loi org. du 19 mars 1999, art. 22-3°, 24 ainsi que 99-4° et 8°), le régime de la propriété (*ibid.*, art. 99-10°) et l'exercice des professions libérales et commerciales ou réglementées (*ibid.*, art. 22-15°). De même, le statut d'une COM de l'article 74 peut comporter, tout ou partie « *des mesures justifiées par les nécessités locales (...) en faveur de sa population, en matière d'accès à l'emploi, de droit d'établissement pour l'exercice d'une activité professionnelle ou de protection du patrimoine foncier* » (al. 10)[50]. Il n'en est pas ainsi, en pratique, à Saint-

---

territorial est habilité à adapter aux caractéristiques et aux contraintes particulières de la collectivité les lois et règlements en matière d'urbanisme, de construction, d'habitation, de logement et d'énergie ». On remarquera que le législateur organique reprend, dans cette COM de l'art. 74, les termes de l'art. 73, al. 1er.

47 Const., art. 74, al. 11 repris du projet d'art. 78, al. 2.

48 *Ibid.*, art. LO 6214-3-1° et 6214-1-I-1°

49 Code des contributions de Saint-Barthélemy, art. 3 crée par délib. n° 2007-018 CT du 30 oct. 2007, modif. délib. n° 2007-019 CT du 20 déc. 2007.

50 L'origine de cette dérogation est dans le projet d'art. 78 de la Constitution qui figurait dans le PLC relatif à la Polynésie française et à la Nouvelle-Calédonie. il prévoyait qu'une nouvelle loi organique statutaire définirait, notamment, « *les règles*

Barthélemy ou à Saint-Martin, même « *dotées de l'autonomie* »[51], dont le statut fixé par la loi organique du 21 février 2007 est muette à ce sujet alors que ces trois éléments sont bien réunis dans le statut d'autonomie de la Polynésie française[52] ;
- ensuite, il existe, à l'article 74, alinéa 9, une procédure de déclassement des textes qui sont de forme législative, sans être, pourtant de matière législative qui est transposée du droit national (art. 37, al. 2), au titre d'un autre élément d'autonomie. Il en est ainsi dans le statut des COM de l'article 74 dont l'assemblée délibérante peut modifier une loi postérieure à son statut lorsque le Conseil constitutionnel, saisi par ses autorités, en particulier, a constaté que la loi était intervenue dans le domaine de sa compétence, en méconnaissance de sa libre administration en tant que collectivité décentralisée, ici exceptionnellement garantie. Tel est le cas sur le fondement de l'article 12 du statut polynésien de 2004[53] ;
- enfin, dans les COM de l'article 74 et en Nouvelle-Calédonie, le Gouvernement français peut prendre la main pour plus de souplesse et de rapidité dans l'ajustement du droit qui leur est applicable, sauf si la loi l'a expressément exclu. Il s'agit alors, par ordonnances particulières

---

relatives à la citoyenneté polynésienne et aux effets de celle-ci en matière d'accès à l'emploi, de droit d'établissement pour l'exercice d'une activité économique et d'accession à la propriété foncière » (al. 6). L'examen du texte adopté par les deux assemblées a été soudain reporté *sine die,* le 24 janv. 2000, car couplé avec un autre PLC relatif au Conseil supérieur de la Magistrature qui ne faisait plus consensus entre le Président de la République, Jacques Chirac, et le Premier ministre de cohabitation, Lionel Jospin. Si le président et sénateur Gaston Flosse avait accepté, à la demande pressante du Président Jacques Chirac, de rejoindre la future et alors hypothétique révision de 2003, c'était avec la certitude de préserver ces dérogations au droit commun, hors citoyenneté polynésienne dont il n'était pas demandeur.

[51] Saint-Barthélemy (CGCT, art. LO 6211-1, al. 2) et Saint-Martin (*ibid.,* art. L. 6311-1, al. 2) sont les deux COM-DA.

[52] Sur l'accès à l'emploi privé et public, loi. org. du 27 févr. 2004, art. 18, al. 1er et 2) ; sur le droit d'établissement pour l'exercice d'une activité professionnelle, *ibid.,* art. 18, al. 3 ; sur la protection du patrimoine foncier, i*bid.*, art. 19. La notion de « *nécessités locales* » est tirée de l'art. 56 § 3 de la Conv. EDH applicable en Polynésie française (CEDH, 27 avr. 1995, *Piermont c/ France,* n° 15773/89, *JDI* 1996. 221, obs. Decaux et Tavernier).

[53] CC, 28 juil. 2022, *Code du sport en Polynésie française,* déc. n° 2022-13 LOM, RFDA 2022. 1054, note François-Lubin. Il s'agit de la dernière en date des treize décisions LOM (Compétences outre-mer) qui concernent toutes la Polynésie française, entre 2007 et 2022. Cette même procédure de déclassement n'a pas été encore mise en œuvre pour Saint-Barthélemy (LO 2313-5) ou pour Saint-Martin (art. LO 6313-5) qui, en tant que COM-DA, en bénéficient aussi, mais elles seulement.

de l'article 74-1[54] et dans les seules matières qui demeurent de la compétence de l'État, soit, d'étendre, de façon générale, les dispositions de nature législative en vigueur en métropole, avec les ajustements nécessaires, soit d'ajuster, de façon spécifique, à l'organisation particulière de la collectivité concernée les dispositions de nature législative en vigueur (art. 74-1, al. 1er).

Les compétences décentralisées, en Nouvelle-Calédonie et dans les COM de l'article 74, sont donc celles transférées par l'État et exercées, selon leur statut, par l'assemblée délibérante de ces CTOM avec l'émergence remarquable, mais nullement innovante[55], parmi ces délibérations, des lois du pays dans le statut calédonien et dans le statut polynésien, à sa suite[56]. Ces lois du pays qui ne sont pas des lois, mais, par conséquent, des règlements administratifs,[57] traitent nombre de compétences décentralisées relevant de matières législatives :
- s'agissant de la Nouvelle-Calédonie dont la compétence est d'exception, il s'agit de matières explicitement et limitativement énumérées, sur le fondement de l'article 99 du statut de 1999, actualisé en 2013. On dénombre ainsi treize compétences décentralisées dans le champ des lois du pays calédoniennes auxquelles la loi organique statutaire

---

[54] Selon l'al. 2 de ce nouveau dispositif constitutionnel de 2003, de même que les ordonnances de l'art. 38, les ordonnances de l'art. 74-1 sont prises en conseil des ministres, après avis du Conseil d'État, et elles entrent en vigueur dès leur publication. Mais, à la différence des ordonnances de l'art. 38, l'avis préalable de l'assemblée délibérante de la CTOM concernée est aussi requis et ces ordonnances deviennent caduques en l'absence de ratification expresse par le Parlement dans le délai de dix-huit mois suivant cette publication.

[55] Voir CE Ass., 27 déc. 1970, *Saïd Ali Tourqui, Rec.* 138 ; A*JDA* 1970.320, chron. Denoix de Saint Marc et Labetoulle au sujet des délibérations prises par la chambre des députés du TOM des Comores dans les matières de la loi. Les lois du pays sont envisagées par le projet d'art. 78, al. 4 du PLC de 1999, sous cette dénomination, puis retenues par l'art. 74, al. 8 de 2003, sans cette dénomination qui provient de l'art. 140 du statut de 2004.

[56] Accord de Nouméa, doc. d'orientation, pt 2.1.3 et loi org. du 19 mars 1999, art. 99 ; Const., art. 74, al. 8 et loi org. du 27 févr. 2004, art. 140.

[57] Pour la Polynésie, cette solution constante est affirmée par l'arrêt CE, 7 avr. 2023, *Sté Pacific Mobile Télécom*, req. 468496. Pour la Nouvelle-Calédonie, cette question est controversée alors que les lois du pays ne sont pas formellement des lois, comme les ord. de l'art. 38. Si les ord. de l'art/ 92 qui ne sont pas des lois non plus, ont « *force » de loi* » c'est que la Constitution le dit. Or, ni l'accord de Nouméa ni l'art. 77 de la Constitution ne le disent pour les lois du pays calédoniennes, mais la loi organique statutaire dans son art. 107, al. 1er pour tenter de justifier leur contrôle par le Conseil constitutionnel.

renvoie, de façon spécifique ou générale[58] avec peu de contentieux[59]. Par exemple, c'est par combinaison des articles 21-III-5, 26 et 99-12° de la loi organique statutaire du 19 mars 1999 qu'au cours de la première mandature du congrès et à la majorité qualifiée requise des trois cinquièmes de ses membres, la « *sécurité civile* » (art. 21-III-5°) a été transférée de l'État à la Nouvelle-Calédonie par la loi du pays du 20 janvier 2012[60].

Quant aux compétences décentralisées qui ne sont pas régulièrement dans le champ des lois du pays calédoniennes, elles relèvent de délibérations ordinaires du congrès, au titre d'autres règlements, sous réserve des pouvoirs propres du gouvernement calédonien (loi org. du 19 mars 1999, art. 127). Mais, si la liste exhaustive de l'article 22 du statut de 1999, actualisé en 2003, ne comporte pas moins de 33 matières décentralisées qui vont, de façon hétéroclite, de 1° Impôts, droits et taxes perçus au bénéfice de la Nouvelle-Calédonie à 33° Appareils de pression, cette liste peut recouper les treize matières précitées qui relèvent de lois du pays (art. 99). Il en est ainsi du statut civil coutumier (art. 22-5° et 99-5°) et coexistent donc la loi du pays du 15 janvier 2007 relative aux actes coutumiers et la délibération ordinaire du congrès du

---

58 1° Signes identitaires et nom ; 2° Règles relatives à l'assiette et au recouvrement des impôts, droits et taxes de toute nature ; 3° Principes fondamentaux du droit du travail, du droit syndical et du droit de la sécurité sociale ; garanties fondamentales accordées aux fonctionnaires de la Nouvelle-Calédonie et des communes ; 4° Règles relatives à l'accès au travail des étrangers ; 5° Statut civil et autres règles du droit coutumier en principe, régime des terres coutumières et des palabres coutumiers ; limites des aires coutumières ; 6° Règles concernant les hydrocarbures, le nickel, le chrome, le cobalt et les éléments des terres rares ; 7° Règles du droit domanial de la Nouvelle-Calédonie et des provinces, en principe ; 8° Règles relatives à l'accès à l'emploi, en application de l'article 24 ; 9° Règles concernant l'état et la capacité des personnes, les régimes matrimoniaux, les successions et les libéralités ; 10° Principes fondamentaux concernant le régime de la propriété, des droits réels et des obligations civiles et commerciales ; 11° Répartition entre les provinces de la dotation de fonctionnement et de la dotation d'équipement ; 12° Compétences transférées et échéancier de ces transferts de l'État à la Nouvelle-Calédonie ; 13° Création d'autorités administratives indépendantes dans les domaines de la compétence de la Nouvelle-Calédonie.

59 On dénombre sept décisions seulement du Conseil constitutionnel sur les lois du pays calédoniennes, entre 2000 et 2021, dont deux sont, par ex., relatives à la fonction publique de Nouvelle-Calédonie : déc. n° 2014-4 LP du 21 nov. 2014 et déc. n° 2021-7 LP du 1er avr. 2021.

60 Pourtant, la Nouvelle-Calédonie a-t-elle bien les moyens de faire face aux catastrophes naturelles sur place. N'est-ce pas l'État qui, en 2020-22, a fait face efficacement à la pandémie de la Covid 19 dans l'archipel ?

13 décembre 2007 portant statut particulier des officiers publics coutumiers de la Nouvelle-Calédonie ;
- s'agissant de la Polynésie française dont la compétence est de principe, ni l'article 140 ni aucune autre disposition du statut de 2004 ne donne, en revanche, une liste explicite des compétences décentralisées dans le champ des lois du pays polynésiennes auxquelles la loi organique statutaire renvoie 57 fois, pas moins. On est donc réduit à les recenser difficilement dans la loi organique du 27 février 2004 modifiée. En dehors des compétences précitées, déduites de l'article 74, alinéa 10 de la Constitution et relatives à l'accès à l'emploi privé ou public[61] ou au droit d'établissement pour l'exercice d'une activité professionnelle ou encore à la protection du patrimoine foncier, les lois du pays peuvent intervenir en d'autres matières. Ainsi, dans le statut polynésien, relèvent aussi de lois du pays, la fixation des peines d'amende ou d'emprisonnement pour les infractions aux lois du pays (art. 20 et 21) ou la création, pour l'exercice des compétences de la Polynésie française, d'autorités administratives indépendantes (art. 30-1) ou encore les impôts et taxes en recettes du budget de la CTOM[62].

---

[61] Par ex., les deux lois du 19 mai 2009 favorisant l'accès des habitants de la Polynésie française au recrutement dans la fonction publique et à l'emploi privé que le Conseil d'État a annulées, en l'absence de mesures strictement nécessaires à la mise en œuvre du statut d'autonomie, ce qui renvoie au défaut de nécessités locales et, dans le premier cas, en méconnaissance aussi du principe constitutionnel d'égalité (CE, 25 nov. 2009, *Haut-commissaire de la République en Polynésie française, Rec.* 474/477, concl. Boucher et *Sté Polynésie Interim et autres, Rec.* 477/478 ; concl. Burguburu ; *AJDA* 2010. 623, note Verpeaux ; *Constitutions* 2010. 289, note Le Bot ; *adde*, les études de Jean-Paul Pastorel, *Nvx Cahiers CC* 2012, p. 73-93 et André Oraison, *RJOI* 2015, p. 99-131 ; égal., loi du pays polynésienne du 8 juil. 2019 et CE, 23 oct. 2019, *MEDEF de Polynésie française et autres*, req. 433595 et s.

[62] Loi org. du 27 févr. 2004, art. 145, 156-1 180-1 à -5, issus de la loi org. modif. du 1er août 2011, art. 33, 36 et 45. Des lois du pays peuvent aussi être prises dans des hypothèses de participation de la Polynésie française à l'exercice des compétences de l'État dans les cinq matières suivantes (art. 31) : 1° État et capacité des personnes, autorité parentale, régimes matrimoniaux, successions et libéralités ; 2° Recherche et constatation des infractions ; dispositions de droit pénal en matière de jeux de hasard ; 3° Entrée et séjour des étrangers, à l'exception de l'exercice du droit d'asile, de l'éloignement des étrangers et de la circulation des citoyens de l'Union européenne ; 4° Communication audiovisuelle ; 5° Services financiers des établissements postaux (art. 32).

Quant aux autres matières décentralisées de la compétence de l'assemblée de la Polynésie française, elles relèvent de délibérations ordinaires, étant précisé que les normes d'État préexistantes à traiter par lois du pays ou par ces délibérations ordinaires peuvent être modifiées ou abrogées selon les procédures prévues à cet effet par le statut (loi org. du 27 février 2004, art. 11).

On se contentera d'insister ici sur la coopération décentralisée, nouvelle compétence de la Polynésie française : pour relever nécessairement de relations internationales dans le Pacifique, elle ne peut pas, pour autant, interférer régulièrement sur la politique étrangère de la France, de la seule compétence de l'État. Le Conseil constitutionnel considère subtilement, mais exactement en ce sens que, si « *l'article 15 de la loi organique permet à la Polynésie française de* 'disposer de représentations auprès de tout État ainsi que de l'une de ses entités territoriales ou territoire reconnu par la République française ou de tout organisme international dont cette dernière est membre ou tout organisme international du Pacifique' (…) *toutefois, cette faculté* (…) *ne saurait, sans empiéter sur une matière de la compétence exclusive de l'État, conférer à ces représentations un caractère diplomatique* »[63].

En conclusion, on se contentera de souligner combien, dans ce droit de la différenciation – il est dans l'air du temps, partout en France[64] – l'outre-mer tient ainsi une place centrale, avant de faire ces deux remarques succinctes, en guise de reproches :

- la première pour dénoncer la méconnaissance, sinon l'ignorance du fond du droit des outre-mers qui fait une place bien trop grande à l'institutionnel alors que le Secrétariat général du Gouvernement (SGG) ou la Direction générale des outre-mer (DGOM) devraient être en mesure de donner, CTOM par CTOM, la liste exhaustive des variations du droit législatif ou réglementaire applicable dans chacune de ces CTOM par rapport au droit commun. Mais, cette opacité est aussi celle des services déconcentrés de l'État outre-mer comme des services des CTOM décentralisées ;

---

[63] CC, 12 févr. 2004, *Second statut d'autonomie de la Polynésie française*, déc. n° 2004-490 DC, consid. 27. On notera que l'origine de cet art. 15, ainsi conforme à la Constitution, est dans le projet d'art. 78, al. 7 préc.

[64] On envoie à la loi du 21 févr. 2022 relative à la différenciation, la décentralisation, la déconcentration et portant diverses mesures de simplification de l'action publique locale, notamment à l'art. L. 1111-3-1 nv CGCT, issu de l'art. 1er, de cette loi dite « *3DS* », et t à l'ord. du 7 déc. 2022 étendant aux CTOM de l'art. 74 et à la Nouvelle-Calédonie, les dispositions de cette loi.

- la seconde pour déplorer la faiblesse, sinon l'insuffisance, autant qu'on le sache, de l'adaptation ou de l'ajustement du droit commun dans les collectivités territoriales d'outre-mer au service du développement économique de leurs territoires et de la protection sociale de leurs populations et donc la mise en échec, à cet égard, de la révision de 2003 en ce sens.

Les élus locaux d'outre-mer sont les premiers responsables de l'inertie normative sur leur territoire qu'ils dénoncent quand ils sont déjà en mesure d'initier des textes aptes à la mise en œuvre de politiques publiques conformes aux réalités de ces CTOM. Sans doute, la loi organique du 21 février 2097 pourrait être revue pour des procédures de différenciation moins lourdes ou plus rapides ou davantage inclusives. Mais, ce serait alors dans le respect des compétences de l'État à cet effet.

Puisqu'ils disposent d'une boîte à outils pour différencier leur droit sur place, qu'ils l'ouvrent et qu'ils se servent de ces outils avant ou au lieu de vouloir changer de boîte comme certains d'entre eux le demandent[65] : un nouveau cadre constitutionnel viendrait ainsi relayer ou relancer des contributions politiques ou universitaires en faveur d'un dispositif unifié qui correspond, en réalité, à un article 74 généralisé[66].

---

[65] V. l'appel dit de Fort-de-France du 17 mai 2022, lancé par les présidents des ROM de Guadeloupe et de La Réunion, des CTU de Martinique et de Guyane, du DOM de Mayotte et de la collectivité de Saint-Martin et comportant cette revendication : « *Refonder la relation entre nos territoires et la République par la définition d'un nouveau cadre permettant la mise en œuvre de politiques publiques conformes aux réalités de chacune de nos régions* ».

[66] En ce sens, le *rapport d'information n° 713 (2019-2020) du sénateur Michel Magras sur « La différenciation territoriale outre-mer : quel cadre pour le sur-mesure ?*, déposé le 21 sept. 2020. Il écrit « *la véritable différenciation outre-mer passerait donc par une révision constitutionnelle qui supprimerait cette logique binaire distinguant d'un côté* 'le paradis de l'article 73*' et de l'autre* 'l'enfer de l'article 74' *en réunissant les deux régimes législatifs au sein d'un même article* » et propose de « *réunir les articles 73 et 74 de la Constitution et permettre la définition de statuts sur mesure pour ceux des territoires ultramarins qui le souhaiteraient* » ; égal., dans le dossier n° 34 publié *in Cause commune*, mai-juin 2023, Ferdinand Mélin-Soucramanien écrit : « *La proposition de modification de la Constitution pour un droit des outre-mer renouvelé et précurseur repose donc sur le principe d'une* 'fusion*' des articles 73 et 74. Cette* 'clause outre-mer' *unique prend le parti de retenir une dénomination générique pour l'ensemble des territoires concernés, celle de* 'pays d'outre-mer' ». qui – on le soulignera – est la dénomination de la Polynésie française (loi org. du 27 févr. 2004, art. 1er, al. 2). Sa proposition de réécriture de l'art. 73 correspond ainsi, pour toutes les CTOM, hors Nouvelle-Calédonie, à l'actuel art. 74.

Car, le temps n'est pas à de nouvelles réformes institutionnelles, improductives ou coûteuses ou encore aventureuses. Il est bien, à droit constitutionnel constant, à l'amélioration du fond du droit de ces collectivités ou, le cas échéant, du droit de l'État sur leur territoire, dans le respect des compétences de chacun, ni parfaitement disponibles par souveraineté de compétences ni absolument intangibles hors compétences de souveraineté.

Les instruments de coopération entre l'État et les collectivités territoriales dans l'exercice des compétences : lieux, instances, moments, formes et procédures

Jean-François Brisson,

Professeur à l'Université de Bordeaux, Institut Léon Duguit

Les mots manquent aux juristes pour dire la réalité de notre modèle d'organisation territoriale. Ainsi que l'observait Jacques Caillosse : « *les faits se chargent de contredire un modèle juridique par ailleurs impuissant à renseigner les fondements comme les modalités d'exercice du pouvoir local* »[1]. Les notions de décentralisation et de libre administration peinent en particulier à rendre compte de l'ambiguïté des relations entre l'État et les collectivités territoriales. C'est que notre vieil appareil conceptuel, qui date pour l'essentiel d'Hauriou[2], s'est progressivement épuisé sous les coups de boutoir d'une législation d'inspiration managériale[3].

Aussi, dans le cadre de cette communication, on préfèrera, après d'autres[4], l'idée de « co-administration » pour tenter de saisir la vérité des rapports entre l'État et les collectivités territoriales[5]. Co-administration en

[1] J. Caillosse, « La décentralisation, mode d'emploi », RDP, 1988.1240.

[2] M. Hauriou, La décentralisation, in Léon Becquet, Répertoire de droit administratif Becquet, 1882-1892. Cet article paraîtra également en 1892 sous la forme d'un tiré-à-part intitulé « Études sur la décentralisation ». Sur l'influence d'Hauriou, voir J-F. Brisson, « Duguit, Hauriou et la décentralisation, Quels enseignements pour quel bilan… » in D. Guignard, 40e anniversaire des lois de décentralisation, Lexis Nexis, 2023, p. 29.

[3] F. Bottini, L'impact du New public management sur la réforme territoriale, RFDA 2015 p. 717.

[4] M. Hauriou, Précis de droit administratif et de droit public, 1933, rééd. Dalloz, 2002, p. 68. Voir aussi Vincent de Briant, l'action commune en droit des collectivités territoriales : contribution à l'étude de l'exercice en commun des compétences, L'Harmattan, 2009, p. 113 ou encore Nicola KADA, Dictionnaire d'administration publique, Presses universitaires de Grenoble, 2014, p. 68.

[5] P. Bernard, La coopération entre l'État et les collectivités locales. Réflexion sur la coadministration, CURAPP, La loi du 28 pluviôse an VIII, p.123, PUF, 2000.

raison, d'abord, de la manière dont les transferts de compétences ont été réalisés depuis 1982 : soit que l'État ait conservé des moyens d'agir dans les domaines où ses compétences ont été transférées aux collectivités territoriales ; soit que l'État invite les collectivités territoriales à participer à la mise en œuvre de ses propres compétences, y compris celles que d'aucuns qualifient de « régaliennes »[6]. En apparence, la « co-administration » renvoie alors à la notion de compétences partagées[7]. En fait, le partage de compétences reçoit de multiples déclinaisons en fonction des domaines où il est à l'œuvre. Dans ces conditions, il est ainsi bien difficile, comme nous le verrons, de le ramener à des modalités communes. Co-administration, encore, du fait de la transversalité et la plasticité de la plupart des politiques publiques, lesquelles ne sauraient s'inscrire dans le découpage des compétences décrit par la loi, mais, au contraire, viennent mobiliser, en fonction de leur objet, plusieurs types de compétences, et par voie de conséquence, les différents échelons qui en sont titulaires : État et les différentes collectivités territoriales[8]. Au demeurant, la notion de « co-administration » ne permet qu'en partie de saisir la dialectique des rapports entre acteurs publics qu'impose une organisation territoriale multi-niveaux. Elle suggère en effet une forme d'égalité entre les *co-administrants* de la chose publique. Or, il s'agit pour le moins ici d'une co-administration inégalitaire : l'État n'est pas au même niveau que les autres collectivités territoriales en raison même des ressources que lui offre le système : lui qui dispose de l'essentiel du pouvoir de dire le droit, notamment par la loi ; lui qui fixe les cadres du système financier local ; lui, qui conserve, avec l'appui de la jurisprudence administrative[9], une position en surplomb dès qu'il s'agit de saisir l'intérêt général.

Dans ce cadre, on prendra le terme de coopération au sens large, compris comme l'action de participer à une œuvre commune. En ce sens, comme l'explique le Congrès des pouvoirs locaux, la co-administration suppose, pour garantir aux choix publics un minimum de cohérence, que soient rendus possibles des moments ou des lieux de concertation, voire même que soient organisées par les textes des instances et procédures de coopération entre les différents niveaux d'administration

---

[6] Antoine Simon. Les compétences régaliennes et les collectivités territoriales. Thèse Droit. Université Grenoble Alpes, 2018.

[7] V. de Briant, préc.

[8] J-M Pontier, Compétences locales et politiques publiques, Revue française d'administration publique 2012/1 (n° 141).

[9] B. Faure, Les collectivités territoriales et les juges, AJDA 2016. p. 583.

dont l'État[10]. Dans une administration multi-niveaux, chaque échelon est ainsi appelé à participer à l'œuvre commune, à mettre en œuvre, par l'exercice des compétences que la loi lui attribue, des actions qui, interdépendantes les unes des autres, transcendent les intérêts purement locaux.

L'idée d'une coopération nécessaire entre le niveau central et les échelons régionaux est organisée par les textes dans la plupart des modèles fédéraux[11]. Sur la base du principe de subsidiarité, la doctrine juridique allemande a ainsi construit la notion de fédéralisme coopératif[12].

Mais, qu'en est-il du modèle français ?

S'agissant de la coopération entre collectivités locales, l'article 72 de la Constitution insiste, depuis la loi constitutionnelle du 18 mars 2003, sur les nécessités de « *leur action commune* ». Des lois récentes, MAPTAM et NOTRe, lui ont donné une traduction institutionnelle au travers de dispositifs comme la collectivité-chef de file, les conventions territoriales d'exercice concerté de la compétence (CTECC)[13].

S'agissant de leurs rapports avec l'État, l'idée est moins facile à concevoir, car intuitivement contraire aux idées de décentralisation et de libre administration qui, depuis 1982, saturent le discours politique. Elle va trouver néanmoins à s'affirmer avec les développements de la contractualisation[14], phénomène bien connu, mais dont l'observation ne suffit pas à rendre compte de l'ensemble des moyens par lesquels l'État et les collectivités territoriales sont amenés à coopérer. Empruntant à l'État les atours de la Puissance publique, les collectivités territoriales forment en effet avec les services de l'État les éléments d'un même ensemble mobilisé pour la réalisation des politiques publiques définies

---

[10] Congrès des pouvoirs locaux et régionaux, Stratégie sur le droit de consultation des collectivités locales par les autres niveaux de gouvernement, Résolution 368, 2014.

[11] L. Vandelli, Formes et tendance des rapports entre États et collectivités territoriales, RFAP 2007, n° 121-122, p. 19.

[12] C. Grewe, Le fédéralisme coopératif en République fédérale d'Allemagne, Economica, 1981. Sur l'évolution du fédéralisme allemand vers un fédéralisme unitaire, voir Roland Sturm, disponible https://capcf.uqam.ca/publication/le-federalisme-cooperatif-et-le-role-dominant-du-consensus-dans-le-federalisme-allemand/

[13] Voir en ce sens, les journées d'études de l'AFDCL organisées à Pau sous la direction scientifique de Maylis Douence, L'exercice des compétences locales, entre rationalisation et créativité, éd. L'Harmattan, 2018.

[14] Yves Luchaire (dir.), Collectivités territoriales et gouvernance contractuelle, L'Harmattan 2006.

par la loi. L'article L.1111-2 du CGCT rappelle ainsi que les collectivités territoriales « *concourent avec l'État à l'administration et à l'aménagement du territoire, au développement économique, social, sanitaire, culturel et scientifique, à la promotion de la santé, à la lutte contre les discriminations, à la promotion de l'égalité entre les femmes et les hommes ainsi qu'à la protection de l'environnement, à la lutte contre l'effet de serre par la maîtrise et l'utilisation rationnelle de l'énergie, et à l'amélioration du cadre de vie* ». Hauriou l'avait d'ailleurs immédiatement compris : « *La décentralisation ne détruit ni l'unité, ni même l'uniformité de l'administration publique ; elle n'est qu'une modalité de l'administration publique dont elle conserve la physionomie générale ; elle n'est point un retour à la variété et au disparate qui régnaient avant le développement de la centralisation administrative. Les procédés de l'administration restent les mêmes et la coordination subsiste au point que la plupart des services publics sont tenus en co-administration par l'administration centrale et les administrations décentralisées* ».

Les instruments de coopération entre l'État et les collectivités territoriales sont multiples. Leur repérage nous conduit à distinguer selon qu'il s'agit pour les collectivités territoriales de participer à l'élaboration des politiques publiques ou, pour reprendre une terminologie récente, d'assurer leur « déclinaison territoriale ». Baroque, l'architecture mise en place révèle les paradoxes de l'expérience française de décentralisation : la disparité des instances de coopération instituées par les textes contribue aux insuffisances du dialogue État et collectivités territoriales, lequel reste marqué par l'absence d'interlocuteurs appropriés et l'asymétrie des procédures mises en œuvre.

I. Un dialogue fragilisé par la disparité des instances de coopération

À la manière de l'Union européenne où elle constitue le mode normal de fabrication des politiques publiques[15], notre République décentralisée pratique également une forme de « comitologie » en multipliant les instances où les représentants des collectivités territoriales sont amenés à assister les administrations gouvernementale ou déconcentrée dans la mise en œuvre de la législation nationale. La pratique de la comitologie se retrouve tant au niveau national qu'à

[15] A.M. Fernandez Pasarin, The state back in : la comitologie ou la délégation contrôlée et coordonnée du pouvoir, RFAP 2016, p. 463.

l'échelon local sans que la qualité du dialogue entre l'État et les collectivités territoriales s'en trouve toujours garantie.

A. La coopération à l'échelon national

Des exemples étrangers[16], dont l'Allemagne[17], montrent que l'association des collectivités territoriales à la conception des politiques publiques nationales n'est pas impossible à concevoir. Au demeurant, de tels dispositifs ne sont pas ignorés des pouvoirs publics français, qui n'ont pas hésité à s'en inspirer. La Direction générale des collectivités locales veille ainsi au fonctionnement de plusieurs instances de dialogue où siègent représentants des collectivités territoriales et de l'État. Mais les mêmes expériences étrangères montrent que les dispositifs, qui fonctionnent, relèvent de modèles d'inspiration fédérale, difficiles à transposer dans le cadre de l'État unitaire, même décentralisé.

1) Des instances essentiellement techniques

Plusieurs instances de dialogue à vocation transversale ont ainsi été instituées par la loi : le comité des finances locales, la commission consultative d'évaluation des charges, le Conseil national d'évaluation des normes. Ces instances exercent cependant un rôle principalement consultatif, limité à des aspects essentiellement techniques.

Créé en 1979, le Comité des finances locales est notamment obligatoirement consulté sur les décrets et projets de lois à objet financier concernant les collectivités territoriales (CGCT, art. L. 1211-1 et ss.). Il mène, à ce titre, des travaux réguliers notamment dans le cadre de la préparation du projet de lois de finances et dispose d'un pouvoir de proposition qui a permis à certaines de ses recommandations de déboucher sur des réformes législatives[18]. Au Comité des finances locales est adossée la Commission consultative d'évaluation des charges dont le rôle consiste à évaluer et contrôler les compensations financières allouées aux collectivités territoriales en contrepartie des compétences qui leur sont attribuées. Du Comité des finances locales,

---

[16] Sénat, Les organes de concertation entre l'État et les collectivités territoriales, Étude de législation comparée n° 210 - janvier 2011.

[17] http://www.senat.fr/notice-rapport/2010/r10-272-notice.html

[18] Par exemple, ses travaux sur la péréquation horizontale repris par l'article 144 de la loi de finances pour 2012 et instituant le Fonds national de péréquation des ressources intercommunales et communales.

on rapprochera encore le Conseil national d'évaluation des normes (CNEN), qui en est toutefois distinct, au contraire de l'ancienne commission nationale d'évaluation des normes (CGCT, art. L. 1212-1 et ss.). Créé par la loi du 17 octobre 2013, le CNEN rend des avis sur les projets de textes réglementaires intéressant les collectivités territoriales et plus largement évalue les normes réglementaires en vigueur, ce qui peut l'amener à proposer des mesures de simplification du droit, voire d'abrogation des dispositions obsolètes. Le collège des élus locaux y occupe une position majoritaire. Aucune participation du CNEN aux études d'impact, qui précèdent l'adoption des lois, n'est cependant prévue. Une proposition de loi organique en ce sens, adoptée par le Sénat en 2013, n'a jamais été débattue devant l'Assemblée nationale. Sans doute, le Gouvernement, ainsi que les présidents des assemblées, sont en droit de saisir le CNEN pour avis (article L. 1212-2 du CGCT). Mais ces possibilités restent, de l'aveu même du CNEN, largement sous-exploitées[19]

Sur ces instances nationales à portée transversale s'agrège toute une série de commissions à vocation sectorielle rattachées aux différents départements ministériels. Elles sont difficiles à dénombrer. En 2012, l'association des maires de France estimait à 400 le nombre des instances consultatives nationales où sont appelés à siéger des représentants des collectivités territoriales : conseil national des villes, conseil national de l'habitat, conseil national des opérations funéraires, conseil national de la protection de l'enfance... Un certain nombre de ces instances a été supprimé par décret en 2018 au titre de la politique de simplification : ainsi de la conférence de la ruralité ou de la commission nationale de l'aménagement, de l'urbanisme et du foncier où siégeaient des représentants des associations d'élus[20].

2) Un dialogue essentiellement formel

Le dialogue entre l'État et les collectivités territoriales fonctionne mal. D'une manière générale, parce qu'en charge d'intérêts supérieurs, dont l'administration centrale aurait le monopole de l'explicitation, l'État reste en surplomb. Les instances de concertation sont au mieux des lieux d'information pour les collectivités territoriales ; quand elles

[19] Voir les rapports annuels du CNEN disponibles sur https://www.cnen.dgcl.interieur.gouv.fr/

20 Décret n° 2018-785 du 12 septembre 2018 portant suppression de commissions administratives à caractère consultatif.

ne servent pas purement et simplement d'instruments de communication pour l'État. Les élus locaux se plaignent ainsi des conditions du dialogue y compris dans les instances spécialisées. Le premier grief tient à l'asymétrie d'information : les échanges reposent pour l'essentiel sur des informations produites et transmises, parfois tardivement, par les services de l'État. Des remèdes sont cependant envisageables. Ainsi de la création par la loi NOTRe[21] de l'Observatoire des finances et de la gestion publique locales (OFGL), constitué auprès du CFL, qui est un lieu de collecte, d'analyse et de partage des informations sur les finances et la gestion publique locales[22]. La seconde critique émise par les élus locaux tient au mélange des genres qui serait pratiqué dans ces instances. Nombre de commissions spécialisées sont ouvertes à la représentation d'autres intérêts : société civile, organisations professionnelles ou monde associatif. En leur sein, le poids des représentants des collectivités territoriales s'en trouve consécutivement limité.

Cependant, c'est l'absence de culture du dialogue au sein de l'administration d'État qui est le plus souvent regretté. La Délégation aux collectivités territoriales du Sénat plaidait ainsi en 2012 « *pour moins de consultation et plus de codécision* » (Rapport 2012). Lorsqu'ils sont interrogés, les élus estiment, en effet, être mis le plus souvent devant le fait accompli ; a fortiori, quand la décision est prise au niveau européen. Tout se passe comme si l'administration gouvernementale concevait les collectivités territoriales, réduites au rôle d'accompagnants, comme des agents d'exécution des politiques décidées nationalement. Les exemples ne manquent pas : ce diagnostic a ainsi été posé s'agissant par exemple de l'institution du zéro artificialisation nette par la loi « Climat et Résilience, de la réforme du revenu de solidarité active par la loi du 18 décembre 2023 pour le plein emploi[23] ou plus anciennement de la réforme des rythmes scolaires[24]. Chaque fois, les collectivités territoriales sont amenées à mobiliser leurs compétences, leurs moyens et

---

[21] CGCT, art. L1211-4 du CGCT, issu de l'article 113 de la Loi « NOTRe ».

[22] Les rapports de l'OFGL sont disponibles sur https://www.collectivites-locales.gouv.fr/ofgl

[23] Le dispositif du contrat d'engagement réciproque signé par l'allocataire a ainsi été inscrit dans la loi sans qu'aucune évaluation de l'expérimentation menée depuis 2022 dans dix-huit départements n'ait été produite.

[24] Décret n° 2013-77 du 24 janvier 2013 relatif à l'organisation du temps scolaire dans les écoles maternelles et élémentaires. Sur les difficultés de la coordination entre l'État et les collectivités territoriales, voir S. Gaulène et I ? Chevalier La réforme des rythmes scolaires : une belle utopie ?, Empan 2016/4 (n° 104), p. 111, disponible sur Cairn.info

ressources pour assurer la déclinaison d'objectifs arrêtés au niveau national sans que, pourtant chargées de leur mise en œuvre, elles n'aient pu peser sur les choix de l'État. Au demeurant, l'unilatéralisme de l'État l'amène fréquemment à revoir sa copie devant les difficultés des collectivités territoriales à suivre les injonctions contenues dans la loi ou le décret[25]. En réplique, loin d'être un lieu de concertation, le Conseil des finances locales est devenu, à mesure de la baisse des dotations et de l'augmentation de la pression réglementaire s'exerçant sur les choix locaux, la chambre d'écho des revendications des collectivités territoriales[26].

B. La concertation à l'échelon local

On retrouve à l'échelon local, la tendance à la comitologie déjà mise en évidence au niveau national. Un rapport du Sénat recensait en 2011 l'existence de près de 70 commissions de concertation, essentiellement organisées au niveau départemental, ou plus rarement au niveau régional, couvrant l'ensemble des politiques nationales ayant un impact sur la gestion locale et les compétences des collectivités territoriales. La consultation pouvant être obligatoire, elle sera le plus souvent facultative ; mais, en aucun cas, les avis produits ne lieront les décisions de l'État.

Les défauts de ce système « coopératif » sont connus. Les instances consultatives sont trop nombreuses ; il en existe souvent plusieurs dans un même secteur d'activité. Trop larges, car intégrant un nombre de participants trop élevé pour nourrir un dialogue de qualité. Trop déséquilibrées : laissées à l'initiative du préfet, elles sont au mieux un outil d'information au service des politiques de l'État. Les choix susceptibles d'avoir un impact sur les compétences locales sont arrêtés en amont et unilatéralement par l'État généralement au niveau national : qu'il s'agisse de restrictions budgétaires, de la dématérialisation des procédures, de la mise en œuvre d'obligations nouvelles pesant sur les

[25] Par exemple, depuis l'adoption de la loi « Climat et résilience » en 2021, les élus locaux ont relayé des difficultés juridiques et pratiques mal anticipées. Ces points de blocage ont entrainé l'adoption d'une nouvelle loi du 20 juillet 2023 visant cette fois à faciliter la mise en œuvre des objectifs de lutte contre l'artificialisation des sols et à renforcer l'accompagnement des élus locaux.

[26] À l'occasion de la présentation du projet de loi de finances pour 2024, son président, André Laignel, dénonçait « le supplice du garrot », expliquant que le budget 2024 cherchait à étouffer financièrement les collectivités territoires. Voir Le Monde 27 septembre 2023.

collectivités territoriales ou de la réorganisation des services de l'État. À l'échelon régional, la coopération peut également passer par l'association des élus locaux à la gouvernance des opérateurs déconcentrés de l'État. Ainsi de Pôle emploi où était organisée depuis la loi 3DS une instance de concertation avec la Région ; ainsi encore des Agences régionales de santé où siègent aux conseils d'administration des représentants des collectivités territoriales ayant rang de vice-présidents[27].

L'attribution de la dotation d'équipement des territoires ruraux donne un exemple de ces déséquilibres. Une commission principalement composée d'élus locaux a été instituée auprès du préfet en application de l'article L. 2334-37 CGCT. Elle est chargée, par la loi, d'établir la liste des catégories d'opérations prioritaires, ainsi que des taux minimaux et maximaux de subvention applicables, avec pour objectif de s'adapter aux besoins de chaque territoire. Mais, en pratique, le choix final des projets relève de la décision du seul préfet sans que les élus locaux n'aient systématiquement connaissance des motifs retenus[28].

II. Un dialogue souffrant du défaut d'interlocuteurs appropriés

La mauvaise qualité du dialogue pratiqué au plan national avec l'État peut s'expliquer par la difficulté d'instituer une instance susceptible de représenter au niveau national les collectivités territoriales. Le projet de loi NOTRe prévoyait en ce sens la création d'un Haut Conseil des territoires présidé par le Premier ministre et associant des représentants du Gouvernement, du Parlement et de chaque catégorie de collectivités territoriales, dont dix-huit maires. Le projet a été repoussé en première lecture par le Sénat qui y a vu une institution susceptible de le concurrencer. Or faute d'interlocuteur approprié, le dialogue prôné par l'État tend à dégénérer en soliloque autoritaire.

---

[27] J-F. Brisson, La loi 3DS et la décentralisation, AJDA 2022, p. 1375.

[28] En ce sens, l'exposé des motifs de la proposition de loi visant à modifier la procédure d'octroi de la Dotation d'équipement des territoires ruraux, Texte n° 594 (2019-2020) d'H. MAUREY, déposée au Sénat le 6 juillet 2020.

A. L'absence au niveau national d'une instance politique susceptible de représenter les collectivités territoriales

Malgré la profusion des instances de dialogue existantes, l'État, est à la recherche, à la manière de ce qui existe dans les États fédéraux, notamment en Allemagne, où gouvernement fédéral et présidents des Länder discutent régulièrement au sein d'instances dédiées, d'une structure de concertation susceptible de réunir les exécutifs locaux et d'être à même de mener des discussions au nom des collectivités territoriales. À défaut d'un Haut Conseil des territoires, les gouvernements successifs ont multiplié les instances informelles : la conférence nationale des exécutifs, initiée par le Gouvernement Villepin en 2007, a ainsi été prolongée en 2014 sous la forme du Dialogue national des territoires voulu par le Président Hollande auquel s'est substituée en 2017 la Conférence nationale des territoires installée lors du premier quinquennat Macron.

Ces initiatives successives tiennent au constat d'un chaînon manquant dans l'organisation des rapports entre État et des collectivités territoriales. En effet, les multiples organes spécialisés, précédemment analysés, ont pour l'essentiel une fonction technique. Ce que traduit d'ailleurs leur composition où ne siège aucun élu d'envergure nationale. Or, comme l'expliquait Cécile Raquin, directrice de la DGCL en 2016, devant la Délégation aux collectivités locales du Sénat, si le dialogue aboutit facilement sur les dossiers techniques, il est plus difficile sur les questions politiques dont les enjeux dépassent de toute manière la mission et la composition tant du CFL que du CNEN[29].

Au demeurant, la pratique du bicaméralisme ne permet pas de combler cette lacune. Malgré la formule retenue par l'article 24 de Constitution, le Sénat ne « *représente* » pas à proprement parler les collectivités territoriales. L'idée que le Sénat représente les collectivités territoriales repose avant tout sur le régime électoral des sénateurs, élus, comme on le sait, par un collège départemental composé principalement d'élus locaux. Le statut du Sénat n'est, à ce titre, en rien comparable avec celui de la seconde chambre dans les États fédéraux ; notamment du Bundesrat dont la composition permet l'intégration des élites régionales dans les processus décisionnels nationaux. Ce qu'interdisent au contraire, en France, les règles limitant le cumul de mandats. C'est à la

[29] À ce titre, une dernière et récente tentative est à mettre à l'actif du ministre de l'Économie qui vient d'installer un Haut Conseil des finances locales, sorte de formation restreinte du CFL, maintenu en complément.

révision constitutionnelle du 18 mars 2003 que l'on doit la formule de l'article 24, et ce, afin de renforcer la légitimité politique chancelante de la Chambre Haute. À ce titre, le pouvoir constituant a concédé au Sénat un droit de priorité dans l'examen des projets de loi relatifs aux collectivités territoriales. Un droit de priorité qui lui permet de s'ériger régulièrement en défenseur des libertés locales face aux projets des gouvernements successifs, quitte à condamner les velléités réformatrices au sur-place[30].

En tout état de cause, en raison notamment de leur fragmentation[31], les grandes associations d'élus ne sont pas non plus en mesure d'exercer cette fonction de représentation institutionnelle. Créées pour défendre les collectivités face à des projets de réforme susceptibles de les affecter, les associations d'élus agissent comme des représentantes des intérêts des élus et des collectivités qu'ils dirigent. En dépit de leur dispersion institutionnelle, les associations d'élus jouent cependant en pratique un rôle essentiel dans les relations avec le Gouvernement. L'intervention du Premier ministre, voire du Président de la République, au congrès des maires constitue ainsi à chaque rentrée un moment politique majeur. Force de propositions, les associations d'élus peuvent encore servir de facilitateur en matière de coopération avec l'État : ainsi en 2016, l'État et l'Association des régions de France ont mis en place une plate-forme commune prévoyant une série d'engagements liant l'État et les régions pour soutenir l'emploi, la formation professionnelle et le développement économique. Toutefois, le rôle des associations d'élus a pour vocation de rester pour l'essentiel informel, à la mesure de leur statut juridique purement associatif. À ce titre, on imagine que la proposition tendant à « rendre impérative une concertation nationale avec les associations d'élus en amont du lancement d'une politique ministérielle se chevauchant avec des compétences décentralisées » aura peu de chances d'être retenue[32] sauf à les inclure dans une instance plus large telle que la Conférence nationale des territoires dont l'expérience n'incite pas à l'optimisme.

---

[30] Voir à propos du rôle du Sénat lors de l'adoption de la loi du 27 décembre 2019, J-F Brisson, « Le bloc communal : recoller les morceaux et préserver l'essentiel », Revue française de droit administratif, 2020, p. 214.

[31] Il existe ainsi pas moins de dix associations d'élus correspondant aux différentes strates de collectivités : AMF, ARF, ADF, ACUF, APVF, AMRF, AMGVF, ADCF, Villes de France mais aussi l'ANEM, association nationale des élus de la montagne.

[32] Sénat, Délégation aux collectivités territoriales, Rapport, 29 septembre 2022.

Dans ce contexte de défiance, la Conférence nationale des territoires n'a pas, en effet, connu davantage de succès que ces devancières : qu'il s'agisse de la Conférence nationale des exécutifs qui, mal formatée, doublonnait avec les instances déjà existantes ou du Dialogue des territoires dont les réunions furent rares. La première édition de la Conférence nationale des territoires a réuni le Gouvernement, les associations d'élus et des parlementaires. À la main du Gouvernement, qui en maîtrisait l'ordre du jour, elle a conduit à la conclusion des contrats de Cahors, lesquels ont imposé aux grandes collectivités territoriales la maîtrise de leurs dépenses publiques sous peine de sanctions[33]. Fort de ce précédent, la conférence nationale des territoires a, par la suite, été boycottée par les associations d'élus, puis interrompue.

B. Déficiences de l'État territorial, interlocuteur attendu des collectivités territoriales

Depuis une quinzaine d'années[34], le territoire est devenu la variable d'ajustement de la réforme de l'État[35]. La réorganisation de l'État territorial a ainsi eu une incidence négative sur les conditions du dialogue de terrain avec les collectivités territoriales. Au point qu'à leur tour, en écho inversé à la situation de l'État au niveau national, les élus locaux, insistant sur les mérites d'un dialogue informel en circuits courts avec les services de l'État, sont à la recherche des interlocuteurs étatiques appropriés.

Les reproches adressés à la réorganisation de l'État dans les territoires sont nombreux[36]. Ils tiennent d'abord à la réduction tendancielle des effectifs de l'État dans le cadre de la RGPP puis de la RéATE. Cette diminution des effectifs, qui touche en priorité les sous-préfectures, s'est traduite par une « *perte de compétences des services*

---

[33] J. Martin, Les faux-semblants des contrats de maîtrise des dépenses publiques, AJDA 2022, p. 340.

[34] D. de Legge, Rapport d'information au nom de la Mission commune d'information sur les conséquences de la révision générale des politiques publiques sur les collectivités territoriales et les services publics locaux, Sénat, n° 666, 22 juin 2011.

[35] F. Séners Le territoire, laboratoire de la réforme de l'État AJDA 2010 p.809 ; J-M. Pontier, Le nouveau préfet, AJDA 2010. p. 819.

[36] P. Villeneuve, Réformes de l'administration territoriale de l'État, L'esprit et la lettre, AJDA 2013 p. 2190. W. Gagneron, Quel bilan et quel rôle pour les administrations déconcentrées de l'État ? RFAP 2015/4 (n° 156), p. 923.

déconcentrés de l'État dont le degré d'expertise est mis à mal »[37]. On se souviendra qu'en ce sens, le rapport Balladur, préconisait la suppression des services ou parties de services déconcentrés intervenant dans des domaines de la compétence exclusive des collectivités territoriales[38]. Une telle évolution affecte principalement les communes, en particulier celles de petite taille, qui n'ont pas nécessairement l'ingénierie juridique suffisante ou les moyens financiers nécessaires pour faire appel à des prestataires privés susceptibles de les assister. Une seconde série de critiques tient à la dispersion des services de l'État en raison notamment de l'agencification des politiques nationales (ANCT, ADEME, Office français de biodiversité) qui met les interlocuteurs des collectivités à distance[39] ; ce à quoi contribue aussi, depuis 2010, la régionalisation des services de l'État sous l'autorité d'un « nouveau préfet »[40] de région. Le manque d'unité de la parole de l'État est, à ce titre, une préoccupation majeure : non seulement, les préfets devraient pouvoir exercer leur autorité sur l'ensemble des directions départementales ou régionales de l'État mais également devenir les délégués territoriaux de l'ensemble des agences de l'État opérant sur le territoire. En outre, le préfet ne participe pas systématiquement aux conférences territoriales d'administration publique, faute, à la suite des débats parlementaires de la loi NOTRe, et contrairement au projet initial, d'en partager la présidence avec le président du Conseil régional.

Parallèlement, c'est le rôle des services de l'État qu'il conviendrait de revoir dans le sens d'une évolution de son contrôle, prévu à l'article 72 de la Constitution, vers une fonction plus orientée vers le conseil permettant de mieux accompagner les collectivités territoriales. En ce sens, un récent rapport du Sénat met ainsi en évidence « le désengagement de l'État dans les territoires » jugeant qu'il « a pour résultante une atrophie considérable de son soutien aux collectivités territoriales, faisant de lui simplement un censeur de l'activité des

---

[37] Sénat, DCT, Rapport d'information sur les services préfectoraux et déconcentrés de l'État, 29 septembre 2022.

[38] Rapport Balladur, proposition n° 13 disponible sur https://www.vie-publique.fr/rapport/29423-une-ve-republique-plus-democratique-comite-de-reflexion-et-de-proposit

[39] S. Mauroux, Relations État-collectivités : le point de vue d'Intercommunalités de France, Quelles attentes des intercommunalités vis-à-vis de l'État à l'issue de quarante ans de décentralisation ? AJ Collectivités Territoriales 2023 p. 14.

[40] J-M. Pontier, Le nouveau préfet, AJDA 2010 p. 819.

collectivités territoriales, plutôt qu'un accompagnateur de leurs initiatives »[41]. Cette situation est pour le moins paradoxale : l'État a besoin de la collaboration et du relais des collectivités territoriales pour s'assurer de la déclinaison à l'échelon local des politiques publiques conçues au niveau national ou européen. Nombre de textes, notamment en matière environnementale[42], se déclinent désormais plus en termes d'objectifs que d'obligations, appelant ainsi à reconsidérer les rapports entre l'État et les collectivités territoriales, dès lors que l'État lui-même ne saurait endosser directement la réalisation de telles normes. La doctrine a ainsi en évidence les transformations contemporaines de la normativité[43] dont les collectivités territoriales sont désormais autant acteurs que sujets[44]. À cet égard, on relèvera que la loi « Engagement et proximité » du 27 décembre 2019 a créé une procédure de rescrit permettant aux services de l'État de s'engager sur une prise de position formelle susceptible de sécuriser les collectivités territoriales en amont de l'adoption d'une décision locale[45]. Toutefois, comme le relève la Cour des comptes, cette dernière procédure ne rencontre qu'un succès modéré ; elle a abouti seulement à « 32 prises de position formelles en 2021 ». La Cour fait valoir encore que « les collectivités territoriales (…) n'ont pas l'assurance d'obtenir une réponse de la part des préfectures, qui ne sont pas obligées »[46].

III. Un dialogue entravé par l'asymétrie des procédures existantes

Si la participation des collectivités territoriales à la conception des lois et des politiques publiques nationales reste encore difficile à concevoir, la chose est différente dès qu'il s'agit d'exécuter la loi et d'assurer la déclinaison territoriale de ces politiques. Des procédures

[41] Sénat, Rapport « 15 propositions pour rendre aux élus locaux leur « pouvoir d'agir », 6 juillet 2023.

[42] H. Belrhali-Bernard, Le droit de l'environnement entre incitation et contrainte, RDP 2009, p. 1683.

[43] B. Faure (sous la dir.) Les objectifs dans le droit, Dalloz Thèmes et commentaires, 2010.

[44] L. Janicot, Les collectivités territoriales et la protection de l'environnement, Collectif Berger-Levrault, 2021.

[45] J-M. Pontier, Le rescrit de légalité du préfet, AJDA 2020. 1569.

[46] Cour des comptes, « Contrôle de légalité et contrôle des actes budgétaires en préfecture », Rapport d'observations définitives n° S2022-1762, https://www.ccomptes.fr/fr/documents/62266.

existent alors. Mais, elles ne sont pas exactement les mêmes, selon qu'il s'agit d'associer les collectivités territoriales à l'exercice des compétences étatiques ou, à l'inverse, d'associer l'État à l'exercice des compétences locales.

A. La participation des collectivités territoriales à l'exercice des compétences étatiques

C'est dans ce cas de figure que la comitologie trouve son terrain de prédilection. La procédure consiste à recourir aux mécanismes très classiques de l'avis, à travers la consultation d'organismes destinés, comme on l'a vu, à représenter les collectivités territoriales, qui sont mobilisés.

L'État ou les opérateurs nationaux de service public pourront également rechercher plus prosaïquement le soutien financier des collectivités territoriales : ainsi des fonds de concours, par exemple, pour l'installation des brigades de gendarmerie ; ou de la mise en place par les communes d'agences postales sur le fondement de conventions de prestations de service conclues avec la Poste. La coopération est ici plus subie que voulue : à défaut d'accord, le service public national ne sera pas maintenu localement…

B. L'association de l'État à l'exercice des compétences décentralisées

À l'inverse, la participation de l'État à l'exercice des compétences locales relève généralement de modes d'intervention plus intrusifs pouvant aller jusqu'à un véritable partage du pouvoir de décision.

C'est d'abord la technique de l'avis conforme qui trouvera ici à s'appliquer : en matière d'urbanisme, pour les communes encore soumises au règlement national d'urbanisme ; ou encore, s'agissant de la protection du patrimoine, par le droit de regard de l'architecte des bâtiments de France sur les projets d'aménagement locaux. On fera également état de l'existence de procédure de co-décision : ainsi de l'arrêté conjoint du préfet et du président du SDIS° concernant l'organisation du service de sécurité civile.

Certains mécanismes correspondent d'ailleurs à l'exercice de pouvoirs qui ont plus à voir avec la tutelle qu'avec l'idée de coopération. Ainsi de l'approbation du préfet requise pour la mise en œuvre des schémas régionaux tels que le SRADET et SRDEII ou encore de l'habilitation nécessaire pour conférer le statut d'autorité organisatrice de l'habitat aux intercommunalités qui en font la demande (Code de la construction et de l'habitation, L. 301-5-13). Et c'est de manière générale que le préfet se voit doter par ailleurs d'un pouvoir de substitution en matière de police, d'urbanisme et de finances locales.

Parfois, l'État acceptera la création d'instances locales où ses représentants seront minoritaires : ainsi du nouvel article L .1111-9-2 CGCT (loi du 20 juillet 2023) qui crée la « conférence régionale de gouvernance de la politique de réduction de l'artificialisation des sols » où seulement 7 membres sur 55 sont issus de l'administration d'État. Pour l'État, c'est une manière habile de redonner la main aux élus locaux dans un domaine où, de toute façon, l'autorité compétente a pour mission d'assurer la déclinaison territoriale d'objectifs particulièrement contraignants arbitrés par la loi au niveau national. Ce déséquilibre se retrouve encore dans nombre de législations spéciales. Tels les articles L.133-1 et suivants du Code de l'éducation qui, organisant le service minimum d'accueil, obligent les communes, en cas de grève des personnels enseignants de l'État, à accueillir les élèves au nom de l'État[47]. Tels encore les articles L.302-5 et suivants du Code de la construction et d'habitation, qui posent l'obligation d'atteindre des taux minimums de logements sociaux pour les communes de plus de 3 500 habitants. Depuis la loi 3DS du 21 février 2022, ces dispositions prévoient un nouvel outil partenarial : le contrat de mixité sociale permettant de revoir les objectifs à la baisse pour les communes manquant aux objectifs fixés par la loi. L'adoption de ces contrats est grandement facilitée par l'exorbitance des pouvoirs dévolus à l'État en cas de carence de la commune : majoration du taux de prélèvement sur les recettes communales, substitution du préfet au maire en matière de préemption, d'autorisation d'urbanisme ou encore de conventionnement avec les bailleurs sociaux[48]. Dans le même ordre d'idées, on évoquera la fusion forcée des intercommunalités à l'initiative des préfets dont la loi NOTRe, sur la base du schéma départemental de coopération intercommunale, a renforcé les possibilités d'intervention[49].

---

[47] En ce sens, en cas de dommages causés aux élèves, c'est la responsabilité de l'État qui se trouvera exclusivement engagée.
[48] Soazic Marie, Loi 3DS, L'urbanisme et le logement, RFDA 2022. 423.
[49] CGCT, art. L. 5210-1-1.

C. La mise en commun de compétences distinctes

Si le recours aux instruments traditionnels du droit administratif classique peut convenir s'agissant de l'exercice de compétences en silo, il est moins envisageable dès lors que, dans le cadre d'une politique publique, il convient d'agir en commun et de mobiliser, pour ce faire, plusieurs types de compétences relevant d'acteurs institutionnels différents. C'est le domaine privilégié de la contractualisation qui n'a cessé de se développer et dont les exemples, dans les matières les plus diverses, se déclinent presque à l'infini[50]. On retrouve aussi parfois entre l'État et les collectivités territoriales des formes d'institutionnalisation plus poussées tels que des établissements publics dits de coopération comme en matière foncière (Code l'urbanisme, art. L.321-1), culturelle et environnementale (CGCT, L. 1431-1) ou encore éducative (CCGT, art. 1441-1).

D'apparence égalitaire, car fondée sur le contrat, la coopération entre l'État et les collectivités territoriales s'y avère tout aussi ambiguë : les compétences et les moyens attribués aux collectivités territoriales étant généralement instrumentalisés au service des intérêts et objectifs définis par l'État partenaire.

La contractualisation des rapports entre l'État et les collectivités territoriales prendra alors deux formes.

Soit, elle s'exercera dans le cadre d'instruments pérennes, prévus par la loi, donnant lieu à des concertations à intervalles réguliers, parfois prorogés[51], débouchant sur l'élaboration de documents communs : contrat de plan État-région[52], contrat de ville, contrat de relance et de transition écologique, contrat local de sécurité et de prévention de la délinquance…. Au-delà d'un diagnostic partagé, les conventions ainsi rédigées conditionnent très généralement l'attribution des financements étatiques aux projets locaux à l'adhésion réciproque des collectivités territoriales aux priorités déterminées par l'État. Dans ce cadre, comme on le sait, les financements étatiques sont tendanciellement à la baisse, ce qui accroît encore la pression sur les collectivités territoriales.

Soit, la contractualisation s'exercera dans le cadre de programmes ciblés, ponctuels et désormais généralement conduits par des opérateurs

---

[50] Jean-François Brisson, Décentralisation et contractualisation, *AJDA*, 2019, p. 2435.

[51] Ainsi de la politique de la ville où les contrats de ville 2015-2020 ont été prorogés jusqu'en 2023.

[52] M. Leroy, La négociation de l'action publique conventionnelle dans le contrat de plan État-région, RFSP 1999/4-5 (Vol. 49), p. 573.

de l'État constitués sous la forme d'agences à vocation spécialisée. L'exécution de ces programmes donne lieu des appels à projets ou des appels à manifestation d'intérêt où les collectivités territoriales sont invitées à candidater afin d'obtenir les financements mis en jeu. À titre d'exemple, on citera l'expérimentation « Territoire zéro non-recours » visant, conformément à l'article 133 de la loi 3DS du 21 février 2022, à lutter contre le non-recours aux droits sociaux. Les territoires expérimentateurs ont été sélectionnés à la suite d'un appel à manifestation d'intérêt destiné à faire émerger 39 porteurs de projet avec à la clé un soutien financier de l'État à hauteur de 18 M€ pendant trois ans pour l'ensemble des lauréats et donnant lieu à la signature de conventions offrant à l'État un regard sur l'utilisation des fonds[53]. Si la logique verticale de ces appels à projets alourdit et complexifie la gestion des collectivités désireuses d'y répondre, elle participe, en outre, à l'accroissement des inégalités territoriales ; d'abord en instituant une logique de concurrence entre des collectivités amenées à se disputer des financements étatiques strictement conditionnés ; ensuite en laissant de côté, faute d'une ingénierie suffisante, les collectivités les moins favorisées.

De façon, plus insidieuse, les collectivités territoriales pourront encore obtenir une labellisation dès lors que leurs actions répondront à des orientations ou à un cahier des charges définis par l'État [54]: ce qui constitue une autre façon d'inscrire leurs pas dans une démarche initiée par l'Administration centrale.

Sous ces habillages nouveaux, le dialogue entre l'État et les collectivités territoriales renvoie ainsi parfois aux logiques primaires de la centralisation. Au final, c'est l'État qui décide, qui impose ses priorités aux collectivités territoriales, sommées de s'y ranger ou à défaut d'être privées des financements étatiques indispensables au développement de leurs territoires.

⁂

[53] Voir le décret n° 2023-602 du 13 juillet 2023.

[54] Voir à titre d'exemple, l'arrêté du 31 août 2023 portant création le label « service public + », JORF n° 0202 du 1er septembre 2023, texte n° 33 auquel les collectivités territoriales peuvent souscrire dans le cadre d'une démarche volontaire.

Les vicissitudes de la coopération État-collectivités soulignent que le problème n'est pas dans les instruments conçus à cet effet qui épousent toutes les formes à peu près envisageables et couvrent l'ensemble des domaines co-administrés. Le problème tient davantage à notre tradition administrative et l'absence de culture du dialogue de la part de l'État dès lors que, par construction, il lui revient, à la différence des collectivités territoriales, de définir les intérêts supérieurs auxquels les acteurs locaux doivent se ranger. C'est donc d'une coopération inégalitaire, téléguidée à distance par l'administration gouvernementale qu'il s'agit, d'une sorte de décentralisation ou plutôt de « décentralisme » unitaire qui correspond cependant mal à la nature des responsabilités désormais confiées aux autorités locales élues.

Les compétences sanitaires des collectivités territoriales : une réalité ?

Mégane Brunet,

Doctorante droit public, Université Littoral Côte d'Opale, membre du LARJ

Gérard Larcher déclarait que : « *La crise sanitaire a montré la réactivité des collectivités territoriales face à un État défaillant devant l'urgence* »[1]. En effet, lors de la crise sanitaire, les collectivités territoriales se sont trouvées en première ligne, que ce soit dans l'achat et la distribution de masques, dans l'organisation d'opérations de dépistage ou encore dans la création de fonds d'équipement d'urgence pour les professionnels de santé[2]. Leur action a démontré une réactivité efficace face à l'urgence de la situation. La déclaration du président du Sénat pour souligner l'importance des collectivités territoriales n'est pas anodine. En effet, leur implication dans la gestion de la Covid-19 a été utilisée comme un moyen pour réclamer davantage de compétences dans le domaine sanitaire.

Avant d'examiner les compétences sanitaires des collectivités, il n'est pas inutile de revenir sur les notions de santé et de salubrité. La santé est définie par l'OMS comme « *un état de complet bien-être physique, mental et social et ne consiste pas seulement en l'absence de maladie ou d'infirmité* »[3]. Ainsi, cette définition de la santé renvoie à une politique publique et non à une notion juridique[4]. Définir la santé pose des défis[5], mais malgré cette complexité, des développements juridiques ont émergé. Ainsi, le droit de la santé établit des règles

[1] Sénat, *conférence de presse-présentation « 50 propositions du Sénat pour le plein exercice des libertés locales »*, 2 juill. 2020.

[2] Faure B., « Théorie et pratique des compétences des collectivités territoriales face à la crise sanitaire », *AJDA*, 2020, n° 30, p. 1727.

[3] OMS, *Constitution de L'OMS*, 1946, art. 1er.

[4] Renaudie O., « Santé et territoire(s) », *AJCT*, 2020, n° 9, p. 412 : « *À défaut d'être une notion juridique clairement identifiable, la santé constitue une politique publique, à savoir un programme d'actions coordonnées, mené par une ou plusieurs autorités publiques dans un secteur social donné* ».

[5] Appolis B., Truchet D., *Droit de la santé*, Dalloz, coll. « Mémentos », 2021, pp. 21-22.

régissant les activités liées à la santé. Celui-ci est complété par les politiques publiques de santé menées par les autorités, qui favorisent la mise en place et le développement des services de soins.

Quant au domaine sanitaire, les dictionnaires le définissent comme la conservation de la santé et de l'hygiène publiques[6]. Celui-ci vise à préserver la salubrité et l'hygiène. Il concourt à la protection de la santé collective. Plus précisément, le domaine sanitaire poursuit la réduction des risques de maladies ou l'absence de maladies. Ainsi, sanitaire et santé sont deux notions étroitement liées, parfois considérées comme synonymes l'une de l'autre. Cependant, le volet sanitaire ne représente qu'une parcelle de la santé, axée sur la prévention et la limitation des risques pour la santé.

Ceci précisé, il faut rappeler que la responsabilité de la politique publique de santé relève principalement de l'État. Néanmoins, les collectivités territoriales ne sont pas exclues de ce processus, car elles sont impliquées dans une démarche de territorialisation de la santé. Cette territorialisation amène les autorités locales à agir soit comme relais du pouvoir central dans une logique de déconcentration, soit comme intermédiaires dans l'adaptation d'une politique nationale au niveau local, dans le cadre de la décentralisation. Dès lors, elles facilitent l'ajustement de la politique nationale aux spécificités de chaque territoire. De plus, les collectivités locales détiennent des compétences dans le domaine de la santé antérieures aux lois de décentralisation. Depuis plusieurs siècles, les communes ont joué un rôle dans ce secteur. Plus précisément, elles ont agi dans le domaine de la salubrité et de l'hygiène publique grâce au pouvoir de police du maire. Cependant, cet interventionnisme local a été progressivement remis en question avec la recentralisation des compétences en matière sanitaire. Puisque la santé est désormais reconnue comme une affaire d'État[7].

À l'occasion de la crise sanitaire, nombreux sont ceux qui dénoncent la centralisation et la toute-puissance de l'État en la matière. La question de l'implication des collectivités territoriales dans le domaine de la santé suscite des interrogations. La tension entre recentralisation et territorialisation rend presque illusoire l'attribution de compétences en matière de santé aux collectivités. Ce phénomène est renforcé par la

---

[6] Dictionnaire Littré, sanitaire : « *qui a rapport à la conservation de la santé publique* » ; CNRTL, sanitaire : « *Relatif à la santé, à l'hygiène* ».

[7] Renaudie O., « Santé et territoire », *op. cit.*

quasi-absence de compétences des collectivités en matière de gestion d'urgence sanitaire. Celles-ci en deviennent quasiment utopiques, puisque les collectivités locales nourrissent le rêve imaginaire d'obtenir des compétences qui leur sont peu ou prou déléguées.

I. Les compétences subsidiaires des collectivités dans le domaine sanitaire

Le Code de la santé énonce clairement que la politique de santé publique relève de la responsabilité de l'État[8]. Cette compétence étatique découle d'un processus prolongé de recentralisation des compétences dans le domaine sanitaire. Historiquement, ce sont surtout les communes qui exerçaient des prérogatives en matière de salubrité et d'hygiène publique[9]. Cependant, à partir du décret du 28 juin 1793, des agences de secours et des officiers de santé ont été créés dans chaque arrondissement départemental, marquant le début d'une évolution vers la concentration sanitaire, même si ce domaine a pu être négligé par les autorités nationales en dehors des périodes de crises sanitaires[10].

Les crises sanitaires, compte tenu de leur importance, ont joué un rôle crucial dans la recentralisation des compétences de santé, contribuant à l'immixtion de l'État[11]. Cette rationalisation des compétences au profit de l'État exclut les collectivités territoriales du champ sanitaire, comme en témoignent les compétences énumérées ci-dessous[12].

A. Les compétences municipales

Les communes ont un rôle important en matière de santé. Elles peuvent attribuer des aides financières destinées à l'installation, le maintien ou le développement des professionnels de santé et des structures de soins ; elles ont la possibilité de conclure des conventions avec l'État pour la mise en place de programmes de santé spécifiques.

---

[8] CSP, art. L. 1411-1.

[9] Tabuteau D., « Politiques de santé et territoires », *RDSS*, n° HS, 2009, p. 7.

[10] Renaudie O., « Le système sanitaire français est-il décentralisé ? », *Revue générale du droit*, 2020, n° 51926.

[11] Sournia J.-C., « L'idée de police sanitaire pendant la révolution », *Histoire des sciences médicales*, 1998, n° 3-4, pp. 269-275, spéc. p. 270 : « *C'est la lutte contre les épidémies qui provoqua les premières réactions du pouvoir* ».

[12] Pour une étude sur les compétences de santé des collectivités territoriales, v. Donier V., « La santé et la cohésion sociale », *RFDA*, 2022, n° 3, p. 432.

Dans le domaine purement sanitaire, deux compétences peuvent être relevées : le pouvoir de police du maire et le devoir d'alerte sanitaire. En dehors de celles-ci, la commune dispose d'un service communal d'hygiène et de santé. Placé sous l'autorité du maire, ou le cas échant, du président de l'établissement public de coopération intercommunal, ce service jouit d'attributions en matière d'hygiène, d'alimentation et d'habitat. Il peut ainsi prendre les mesures nécessaires pour protéger la santé des personnes dans ces trois domaines.

Le pouvoir de police permet au maire d'être l'une des autorités de principe en matière de gestion d'épidémie au nom du maintien de la salubrité publique[13]. Cette compétence, issue du décret des 16 et 24 août 1790, va être restreinte avec la création de polices spéciales dans le domaine sanitaire[14]. La loi du 3 mars 1822 instaure une police d'urgence spéciale au profit du Roi en réaction à l'épidémie de fièvre jaune[15]. Cette loi accorde à l'autorité royale le soin de prendre des mesures exceptionnelles en période de menace sanitaire. Une distinction se crée entre les périodes dites normales qui relèvent de la compétence de l'autorité municipale et les périodes dites exceptionnelles qui relèvent de la compétence du Roi. L'urgence sanitaire permet, lorsqu'une situation grave menace la santé de la population, de faire appel à des mesures exceptionnelles[16]. De ce fait, le maire perd cette faculté en période d'urgence ou de crise sanitaire, au profit de l'autorité centrale qui est la seule compétente pour prendre : « *l'ensemble des mesures devant être prises pour protéger la population contre les maladies et les dangers menaçant sa santé* »[17].

Cette approche est répétée dans la loi de 1902[18]. Le maire reste l'autorité de police compétente pour gérer les atteintes à la salubrité

[13] Renard S., « Les polices sanitaires du maire », *AJCT*, 2020, n° 3, p. 143.

[14] CGCT, art. L. 2212-2 : « *La police municipale a pour objet* […] *de prévenir, par des précautions convenables, et de faire cesser, par la distribution des secours nécessaires, les accidents et les fléaux calamiteux ainsi que […] les maladies épidémiques ou contagieuses, les épizooties* […] ».

[15] Loi du 3 mars 1822 relative à la police sanitaire, *Bulletin des lois de la République française*, 1er juill. 1822, n° 508, pp. 178-192.

[16] Truchet D., « L'urgence sanitaire », *RDSS*, 2007, n° 3, p. 411.

[17] Loi du 3 mars 1822 relative à la police sanitaire, *op. cit.*

[18] Loi du 15 févr. 1902 relative à la protection de la santé publique, *JORF* n° 49 du 19 févr. 1902.

publique en période normale[19]. Mais en période d'urgence sanitaire, cette attribution est confiée au préfet et au président de la République. Ainsi, le préfet dispose d'un pouvoir d'exception qui lui permet de prendre les mesures nécessaires en cas d'urgence[20]. Le président de la République intervient lors de la présence d'une épidémie sur le territoire et lorsque les moyens locaux ne sont plus suffisants pour gérer la situation[21].

Cette particularité n'a pas changé depuis. La loi du 9 août 2004 instaure ce pouvoir d'urgence sanitaire confié au ministre en charge de la Santé[22]. Celui-ci peut, en cas de menace sanitaire grave appelant des mesures d'urgence, prendre les mesures nécessaires dans l'intérêt de la santé publique[23]. Le ministre dispose de la possibilité d'habiliter le préfet à prendre les mesures applicables à la situation, y compris les mesures individuelles. Le maire reste compétent dans les situations normales.

Cette police spéciale réduit le champ d'intervention du maire en cas d'épidémie[24]. La crise de la Covid-19 illustre cette situation de manière frappante. Bien que le régime juridique applicable soit différent de celui de l'urgence sanitaire, l'existence de pouvoirs spécifiques pour gérer une situation d'urgence sanitaire déroge à l'application de la police générale. Dans le cadre de la lutte contre le virus SARS-CoV-2, un état

---

[19] *Ibid.*, art. 1er : « *Dans toute commune, le maire est tenu, afin de protéger la santé publique, de déterminer,* […] *les précautions à prendre, en exécution de l'article 97 de la loi du 5 avril 1884, pour prévenir les maladies transmissibles,* […] ».

[20] *Ibid.*, art. 3 : « *En cas d'urgence, c'est-à-dire en cas d'épidémie ou d'un autre danger pour la santé publique,* […] *ordonner l'exécution immédiate, tous droits réservés, des mesures prescrites par les règles sanitaires* ».

[21] *Ibid.*, art. 8 : « *Lorsqu'une épidémie menace tout ou partie du territoire de la République ou s'y développe, et que les moyens de défense locaux sont reconnus insuffisants* […] *après avis du comité consultatif d'hygiène publique de France* ».

[22] Loi du 9 août 2004 relative à la santé publique, *JORF* n° 185 du 11 août 2004, art. 18.

[23] CSP, art. L. 3131-1 : « *En cas de menace sanitaire grave appelant des mesures d'urgence, notamment en cas de menace d'épidémie, le ministre chargé de la santé peut, par arrêté motivé, dans l'intérêt de la santé publique et aux seules fins de prévenir et de limiter les conséquences de cette menace sur la santé de la population, prescrire : 1° Toute mesure réglementaire ou individuelle relative à l'organisation et au fonctionnement du système de santé ; 2° Des mesures de mise en quarantaine ou de placement et de maintien en isolement, dans les conditions prévues au I des articles L. 3131-12 et L. 3131-13* ».

[24] Renaudie O., « Le système sanitaire français est-il décentralisé ? », *op. cit.* ; Donier V., « Qui fait la police (administrative) sous l'état d'urgence sanitaire ? », *RFAP*, 2020, vol. 4, n° 176, pp. 889-900.

d'urgence sanitaire a été institué. Ce régime d'exception permet de confier au Premier ministre, le soin de prendre les mesures nécessaires pour gérer la situation et ralentir la propagation de l'épidémie. Ce pouvoir d'exception empêche le maire d'intervenir en l'absence de circonstances locales particulières[25]. Ceci n'est pas nouveau, le seul moyen existant pour le maire est d'aggraver la mesure de police spéciale, malgré l'existence de certaines jurisprudences contradictoires[26].

Mais, l'ordonnance *Commune de Sceaux* pose une autre limite. Celle-ci interdit au maire de prendre des mesures de lutte contre la crise sanitaire, sauf en cas de raisons impérieuses liées à des circonstances locales. Cette possibilité est offerte aux municipalités, à condition qu'elles ne compromettent pas la cohérence et l'efficacité des décisions prises par les autorités nationales compétentes[27]. Que ce soit en période d'urgence sanitaire ou lors de la mise en œuvre d'un régime d'exception, le pouvoir de police du maire est ainsi limité dans son intervention pour gérer une épidémie. De plus, étant donné que les épidémies ne sont généralement pas confinées à une seule commune, le préfet devient l'autorité clé dans la gestion d'un risque sanitaire. Les maires agissent alors, en tant que relais, pour la mise en œuvre des mesures nationales dans le cadre de la gestion d'une épidémie. Mais l'existence d'une police sanitaire spéciale en matière d'urgence sanitaire est loin de remettre en cause l'exercice du pouvoir de police du maire. La salubrité publique lui permet d'intervenir en matière de logement insalubre, de prévenir contre les pollutions ou encore d'assurer la propreté des rues.

En ce qui concerne le devoir d'alerte, les municipalités et les départements sont tenus d'informer sans délai les institutions de veille sanitaire des menaces imminentes pour la santé. Il revient aux instituts de veille sanitaire d'organiser les mesures de gestion du risque mises en œuvre par les collectivités territoriales.

---

[25] CE, 18 déc. 1959, « Sté les Films Lutétia », req. n° 36385, L., p. 693.

[26] CE, ass., 26 oct. 2010, « Cne. de Saint-Denis », req. n° 326493, L., p. 529 ; CE, 24 sept. 2012, « Cne. de Valence », req. n° 342990, L., p. 335 ; CE, 11 juill. 2019, « Cne. de Cast », req. n° 426060, L., p. 760. Sur ce point, v. Eveillard G., « L'exclusivité des polices environnementales », *AJDA*, 2020, n° 22, p. 1229.

[27] CE, ord., 17 avril 2020, « Cne. de Sceaux », req. n° 440057.

B. Les compétences départementales et régionales

Le département est l'échelon essentiel en matière d'action sociale et médico-sociale. À ce titre, il exerce certaines compétences en matière de santé, telles que la protection maternelle et infantile. Il autorise la création des établissements et services sociaux et médico-sociaux. Par ailleurs, il met en œuvre le règlement sanitaire. Enfin, il organise des campagnes de vaccinations obligatoires[28]. Cependant, certaines compétences départementales font l'objet d'une implication étroite de la part de l'État. L'exemple de la vaccination est assez révélateur de cette immixtion. Le président du conseil départemental est compétent pour organiser les campagnes de vaccination. Mais les vaccinations obligatoires font l'objet d'une planification nationale. Celle-ci fixe les objectifs nationaux mis en œuvre au niveau local par les ARS. L'ARS n'est jamais loin. Elle intervient dans chaque compétence des collectivités territoriales, puisque celles-ci sont en charge de maîtriser l'offre de soins au niveau local et de piloter la politique de santé.

La région, bien qu'étant l'échelon territorial de référence pour la politique de santé[29], a peu de compétences directes en matière sanitaire. Sa compétence réside davantage dans la désignation des objectifs en matière de santé à mettre en œuvre au niveau local. Ainsi, la région peut intervenir indirectement en contribuant financièrement à l'installation d'équipements sanitaires.

Par conséquent, la santé demeure une compétence résiduelle des collectivités territoriales. C'est d'ailleurs le seul domaine ayant formellement fait l'objet d'une recentralisation[30]. L'État demeure le principal acteur compétent en matière de santé et les maigres compétences accordées aux collectivités territoriales s'accompagnent souvent d'une intervention étroite de ses agents. Cependant, les collectivités territoriales jouent un rôle crucial en tant qu'acteurs de proximité, s'intégrant dans les politiques de santé nationales par la territorialisation.

---

[28] Donier V., « La construction des compétences départementales, ou la porosité de la distinction entre action sanitaire et action sociale », *RDSS*, 2022, n° 3, p. 423.

[29] Renaudie O., « Santé et territoire(s) », *op. cit.*

[30] Brimo S., « L'articulation des compétences en santé environnementale : déconcentration contre décentralisation ? », *RFDA*, 2023, n° 4, p. 661 : Elle « *est d'ailleurs, à ce jour, le seul domaine ayant formellement fait l'objet d'une recentralisation* ».

II. La remise en cause de la place des collectivités territoriales par la déconcentration et la territorialisation

La politique de santé est une compétence exclusive de l'État, en vertu du principe d'égalité[31]. Malgré cette reconnaissance, l'État seul ne peut résoudre tous les problèmes sanitaires. De ce fait, bien que la politique de santé s'effectue au niveau de l'État, elle implique la participation des collectivités au travers de la territorialisation[32]. Ainsi, la territorialisation offre la possibilité d'ajuster la politique de santé pour répondre aux besoins spécifiques des territoires, motivée par l'inégalité dans l'accès aux soins et les différences épistémologiques entre les régions[33]. Mais celle-ci est quasi absente dans le domaine sanitaire. La lutte contre les fléaux sanitaires se fait naturellement par la déconcentration, plus que par la décentralisation et la territorialisation.

A. L'absence du domaine sanitaire dans la territorialisation

La territorialisation permet l'implication des collectivités territoriales dans la politique de santé sous la supervision des Agences Régionales de Santé. Celles-ci ont pour objectif de mettre en œuvre la politique régionale en matière de santé et de réguler l'offre régionale de soins[34]. C'est dans ce cadre que les ARS doivent veiller à une répartition satisfaisante de l'offre de soins pour répondre aux besoins de la population locale.

Cette approche territoriale favorise l'association des collectivités par le relais de l'information et de la concertation pour répondre aux besoins spécifiques des territoires[35]. Ce procédé donne lieu à la mise en place du plan régional de santé et du schéma régional de santé. Ces

---

[31] Sur ce point, v. Moquet-Anger A.-L., « Territoires de santé et égalité des citoyens », *RDSS*, 2009, n° HS, p. 116 ; Renaudie O., « Les collectivités territoriales à l'épreuve de la crise du Coronavirus », *RDSS*, 2020, n° 5, p. 857.

[32] Renaudie O., « La santé : une politique nationale ou territoriale ? », *RDSS*, 2022, n° HS, p. 29 : « *De manière générale, ce terme doit être entendu comme signifiant l'adaptation des politiques publiques aux spécificités des territoires ou encore la différenciation des politiques publiques en fonction des spécificités des territoires donnés* ».

[33] Evin C., « Les nouveaux outils d'une politique territoriale de santé : un mille-feuille qui a besoin d'une mise en cohérence », *RDSS*, 2017, n° 1, p. 107.

[34] Chauvin F., « De l'agence régionale de l'hospitalisation à l'agence régionale de santé », *RDSS*, 2009, n° HS, p. 65.

[35] *Ibid.*

documents de planification permettent de mettre en lumière les besoins sanitaires de la région et de prévoir les plans d'action pour y répondre. Pour concrétiser cette territorialisation, l'État utilise divers outils tels que la contractualisation, la planification et la représentation des collectivités au sein d'instances nationales. Les collectivités sont impliquées à tous les niveaux, participant, par exemple, aux conseils territoriaux de santé et aux conférences régionales de la santé et de l'autonomie[36]. Par la contractualisation, les collectivités peuvent conclure des accords avec l'État pour mettre en œuvre une politique de santé au niveau local. Cependant, la politique régionale de santé orchestrée par les ARS limite considérablement la marge de manœuvre des collectivités locales, qui voient certaines de leurs compétences intégrées dans le cadre de cette politique. Les collectivités doivent se conformer à la politique régionale de santé et sont soumises au contrôle des ARS, notamment dans le cadre de contrats locaux de santé. Ces contrats conclus entre l'ARS et les collectivités permettent de mettre en œuvre une politique de lutte contre les inégalités et d'améliorer l'offre de santé de proximité. Mais ces contrats qui permettent la territorialisation de la santé participent au contrôle des collectivités par l'évaluation du contrat. Les ARS vérifient que les objectifs fixés par les collectivités ont été respectés.

La territorialisation de la santé reste floue et presque illusoire tant que l'organisation sanitaire demeure centrée sur l'État, sans véritable prise en compte des collectivités territoriales. La gestion des risques sanitaires fait l'objet de deux « orientations stratégiques » au sein de la territorialisation. Le premier objectif poursuivi par les ARS et les collectivités territoriales ne s'intéresse qu'au volet de la santé environnementale. Bien que, les liens entre la santé et l'environnement soient consacrés depuis le mouvement hygiéniste, ceci ne constitue qu'une parcelle du domaine sanitaire[37]. La gestion contre ces désordres ne se limite pas à l'environnement. Il concerne tout domaine pouvant constituer un risque sanitaire, comme l'alimentation ou les médicaments[38].

---

[36] Muller-Quoy I., « Les outils de la coopération territoriale », *RDSS*, 2022, n° 3, p. 441.

[37] Sur les questions environnement-santé et l'articulation des compétences, v. Brimo S., « L'articulation des compétences en santé environnementale : déconcentration contre décentralisation ? », *op. cit.*

[38] L'article L. 1311-1 du CSP énumère ces domaines sanitaires : « [...] *les règles générales d'hygiène et toutes autres mesures propres à préserver la santé de l'homme, notamment en matière de prévention des maladies transmissibles ; de salubrité des*

Le second concerne la veille sanitaire. Mais peut-on réellement parler de territorialisation, lorsque les collectivités n'ont qu'un rôle de transmission de l'information ? La veille sanitaire repose sur la remontée de l'information des acteurs locaux vers les autorités nationales de veille sanitaire, dont l'ARS. Celle-ci est la seule en charge, de la coordination et de la gestion des situations sanitaires exceptionnelles.

B. La déconcentration sanitaire

En dehors de la commune, les départements et les régions possèdent peu de prérogatives dans le domaine sanitaire. Celui-ci voit intervenir de nombreuses agences spécialisées qui ont pour objectif de prévenir les risques sanitaires. La gestion des risques sanitaires repose largement sur la déconcentration. Ce phénomène est dû au renforcement de l'État dans le domaine. L'ARS est l'une des caractéristiques de cette étatisation et de la déconcentration sanitaire. Celle-ci est placée sous l'autorité du ministre en charge de la santé qui coordonne la politique de santé. L'ARS est l'outil principal de cette déconcentration se voyant offrir les compétences des collectivités territoriales et du préfet[39]. Sans évoquer le puzzle sanitaire, quelques exemples suffisent à démontrer ce phénomène[40].

La création des ARS joue un rôle dans les compétences municipales et plus particulièrement sur le pouvoir de police. En dehors de la création des polices spéciales, l'ensemble de ses pouvoirs de police générale et spéciale ne font plus l'objet d'une attribution complète. L'ARS est l'outil principal de cette déconcentration se voyant offrir les compétences des collectivités territoriales et du préfet[41]. Le maire est de plus en plus associé dans la mise en œuvre des décisions nationales, ne faisant qu'exécuter les mesures nationales et préfectorales au niveau

---

habitations, des agglomérations et de tous les milieux de vie de l'homme ; d'alimentation en eau destinée à la consommation humaine ; d'exercice d'activités non soumises à la législation sur les installations classées pour la protection de l'environnement ; d'évacuation, de traitement, d'élimination et d'utilisation des eaux usées et des déchets ; de lutte contre les bruits de voisinage et la pollution atmosphérique d'origine domestique ; de préparation, de distribution, de transport et de conservation des denrées alimentaires ».

[39] Zacharie C., « Le maire et la santé publique », *RDSS*, 2021, n° 3, p. 477.

[40] Tabuteau D., « Politiques de santé et territoires », *op. cit.*

[41] Naitali P., « Les pouvoirs du directeur général de l'ARS en matière médico-sociale », *RDSS*, 2016, n° 3, p. 415.

municipal. Son action devient « [...] *subsidiaire et auxiliaire* [...] »[42] dans la gestion des crises sanitaires.

Le développement d'agences en charge de la sécurité sanitaire ne fait qu'accentuer ce phénomène. Les agences reposent sur le principe de l'autorisation et du contrôle des produits présentant des risques pour la santé. Les prérogatives dont elles disposent s'accompagnent de pouvoirs de police spéciale. La sécurité sanitaire remet au premier plan la police sanitaire en oubliant l'acteur fondamental de la salubrité publique, le maire[43]. Ceci offre aux autorités sanitaires déconcentrées de larges compétences, comme le retrait des produits sur le marché, le rappel des produits ou la suspension des agréments. Par exemple, dans le domaine alimentaire, la police en charge de la sécurité sanitaire des aliments, confiée à la direction générale de l'alimentation, peut ordonner le retrait ou le rappel des aliments présentant un risque de contamination ou avéré. Cette prérogative antérieurement donnée au maire est devenue l'objet d'une police spéciale.

La politique de santé reste ainsi largement déconcentrée et territorialisée. La crise de la Covid-19 est la pièce maîtresse de cette déconcentration sanitaire. L'État reste prépondérant dans le domaine sanitaire sans pour autant être dans une situation exceptionnelle. La protection de la salubrité et de l'hygiène publique est devenue une affaire d'État. Les différentes crises sanitaires, qu'elles soient naturelles ou provoquées par l'homme, n'ont que pour effet d'aboutir à cette organisation déconcentrée. Les collectivités se trouvent vidées de leur compétence sanitaire. Reste le pouvoir du maire, celui-ci exerce cette prérogative en tant qu'autorité déconcentrée et non décentralisée. Enlever cette compétence et il n'en demeure quasiment rien. La loi 3DS, malgré les attentes des élus locaux après la crise de la Covid-19, n'a pas étendu les compétences des collectivités, mais leur a simplement accordé une place autour de la table des ARS, sans réelle décentralisation[44].

Pour conclure, est-ce qu'il existe réellement des compétences sanitaires pour les collectivités territoriales ? Parler d'existence de compétences sanitaires dans le domaine paraît erroné. Les collectivités n'ont que des

---

[42] Renard S., *L'ordre public sanitaire (étude de droit public interne)*, thèse, Université de Rennes I, 2009, p. 260.

[43] Tabuteau D., « Sécurité sanitaire et droit de la santé », *RDSS*, 2007, n° 5, p. 823.

[44] Long M., « Santé, social : ce qui change avec la loi 3DS », *AJCT*, 2022, n° 6, p. 305.

compétences subsidiaires[45] dans lesquelles les autorités étatiques sont présentes et chapeautent même l'organisation de celles-ci. Malgré la création de multiples instances en matière sanitaire ces dernières années, celles-ci reposent davantage sur une coopération fonctionnelle que sur une véritable prise en compte des collectivités territoriales dans la mise en œuvre des mesures. Les collectivités peuvent alerter sur les risques sanitaires, mais les décisions sont prises par les autorités de l'État, en particulier les ARS au niveau local. Les collectivités apportent leur soutien fonctionnel en répondant aux besoins formulés par l'État dans ses politiques publiques. Les ARS sont devenues les principaux acteurs de la politique sanitaire locale, complexifiant la répartition des compétences et limitant l'intervention des collectivités territoriales dans ce domaine. Elles font partie du jeu de la recentralisation des compétences sanitaires opérée depuis des siècles. Bien que la tendance à la recentralisation affaiblisse le rôle des collectivités, la territorialisation leur offre tout de même une présence dans les affaires de l'État.

[45] Renaudie O., « La santé : une politique nationale ou territoriale ? », *op. cit.* ; Pontier J.-M., « La santé, entre centralisation et décentralisation », *RDSS*, 2019, n° 4, p. 669.

Environnement : les relations entre l'État et les collectivités territoriales, vers un nouvel équilibre ?

Cécile Regourd,

Maître de conférences, Université Toulouse Capitole, membre d'IDETCOM

L'État concourt avec les communes, les départements, les régions à « *la protection de l'environnement* ». C'est ainsi que l'article 1er de la loi du 7 janvier 1983[1] a affirmé le rôle des collectivités territoriales en la matière.

Cependant, cette affirmation a toujours souffert d'une portée limitée tant la maîtrise de l'État dans ce domaine demeurait prédominante, attestant notamment d'une certaine méfiance à l'égard des collectivités territoriales[2].

Un exemple topique, souvent cité, est le projet de loi dit Barnier de 1995 visant initialement à approfondir la décentralisation des compétences environnementales. Selon l'exposé des motifs, il s'agissait de « confier aux départements et aux régions des responsabilités qui leur ont été jusqu'ici refusées » visant à faire « des départements et des régions, à côté des communes, des acteurs majeurs de l'environnement dans un cadre rénové et équilibré » en recentrant « l'État vers ses activités essentielles »[3]. De l'aveu même de Christophe Sanson, ancien conseiller technique au cabinet du ministre de l'Environnement, « les transferts de compétences en matière d'environnement (à l'origine nombreux) de l'État vers les collectivités territoriales intermédiaires,

[1] Loi n° 83-8 du 7 janvier 1983 relative à la répartition de compétences entre les communes, les départements, les régions.

[2] M. Prieur, « La décentralisation de l'environnement : introuvable ou impossible ? » in K. Foucher, R. Romi, *La décentralisation de l'environnement : territoires et gouvernance,* PUAM, 2006, p. 199.

[3] Sénat, projet de loi n° 462 relatif au renforcement de la protection de l'environnement, 25 mai 1994.

départements et régions, [ont été] revus à la baisse »[4]. Le contenu de la loi[5] a ainsi démenti les déclarations d'intention.

Un autre exemple concerne la loi dite littorale[6] jugée par les collectivités territoriales comme attentatoire à leur liberté, à leurs compétences d'urbanisme. Longtemps, l'État figurait alors comme le gardien de l'environnement au détriment des collectivités territoriales.

Aujourd'hui, l'ampleur de la crise écologique met en exergue les limites de la compétence étatique.

Depuis les années 2000, la crise climatique et environnementale apparaît comme un enjeu essentiel dépassant le cadre national. Le Président de la République Jacques Chirac affirmait lors du sommet de la Terre, à Johannesburg, en 2002 « notre maison brûle et nous regardons ailleurs ». Il mettait alors en garde afin que « le XXIe siècle ne devienne pas pour les générations futures celui d'un crime de l'humanité contre la vie ».[7] Le droit international s'est ainsi progressivement enrichi de nombreuses conventions internationales. De la même manière, la protection de l'environnement dans le droit de l'Union européenne s'est consolidée comme en témoigne le TFUE, les directives, les règlements, les recommandations, le Pacte vert pour l'Europe, ou la création de l'Agence européenne pour l'environnement. Les rapports du groupe d'experts intergouvernemental sur l'évolution du climat attestent des enjeux en cause[8].

Ces enjeux requièrent donc désormais l'intervention de l'ensemble des acteurs. À cet égard, la Charte de l'environnement[9] souligne que la réponse doit être collective. Elle dispose notamment que « toute personne » : « a le devoir de prendre part à la préservation et à l'amélioration de l'environnement » (art. 2), « doit (…) prévenir les atteintes qu'elle est susceptible de porter à l'environnement ou, à défaut, en limiter les conséquences » (art. 3), « doit contribuer à la réparation des

---

[4] Ch. Sanson, « La genèse de la loi », *RFDA*, 1996, n° 2, p. 203

[5] Loi n° 95-101 du 2 février 1995 relative au renforcement de l'environnement.

[6] Cf. not. loi n° 86-2 du 3 janvier 1986 relative à l'aménagement, la protection et la mise en valeur du littoral.

[7] Pour la déclaration complète cf. lien :
https://www.elysee.fr/front/pdf/elysee-module-10034-fr.pdf.

[8] Rapports disponibles sur le lien suivant
https://www.ecologie.gouv.fr/publication-du-6e-rapport-synthese-du-giec.

[9] Loi constitutionnelle n° 2005-205 du 1er mars 2005 relative à la Charte de l'environnement.

dommages qu'elle cause à l'environnement » (art. 4)[10]... Les collectivités territoriales sont ainsi évidemment destinataires des droits et obligations introduits par la Charte.

Elles se voient conférer un rôle de plus en plus déterminant dans la protection de l'environnement. Elles mènent des politiques locales ambitieuses leur permettant de s'affirmer comme acteurs essentiels et incontournables de la protection de l'environnement car l'ensemble des politiques publiques est susceptible d'avoir des incidences sur l'environnement. Les compétences en matière d'urbanisme, de transports, ou de développement économique en constituent des exemples topiques.

Les collectivités territoriales se veulent également forces de propositions. Comme en témoignent la mise en place par certaines d'entre elles de conventions citoyennes pour le climat, ou la participation de certaines d'entre elles à des groupes de travail et d'influence, tels que l'Association européenne des autorités locales en transition énergétique (*Energy Cities*).

De surcroît, la part de leur budget consacrée à la protection de l'environnement est en constante augmentation depuis plusieurs années selon les rapports annuels de l'Observatoire des finances et de la gestion publique locale[11].

Conjointement, le législateur a, plus nettement, consolidé leur rôle en la matière. La loi dite MAPTAM (loi de modernisation de l'action publique territoriale et d'affirmation des métropoles) du 27 janvier 2014[12] a, par exemple, confié la compétence de gestion des milieux aquatiques et de prévention des inondations au bloc communal. Cette même loi a érigé la région en collectivité chef de file pour l'exercice des compétences relatives « à l'aménagement et au développement durable du territoire, à la protection de la biodiversité, au climat, à la qualité de l'air et à l'énergie »[13].

---

[10] Des dispositions plus spécifiques concernent les autorités publiques (art. 5) ou les politiques publiques (art. 6).

[11] Rapports accessibles à partir du lien suivant : https://www.collectivites-locales.gouv.fr/rapports-lobservatoire-des-finances-et-gestion-publique-locales-ofgl.

[12] Loi n° 2014-58 du 27 janvier 2014 de modernisation de l'action publique territoriale et d'affirmation des métropoles.

[13] À ce titre, elles ont compétence pour l'élaboration du schéma régional d'aménagement, de développement durable et d'égalité des territoires (SRADDET). Cf. *infra*.

La crise environnementale, sans précédent et d'une ampleur inédite, invite donc à réinterroger les relations entre État et collectivités territoriales en ce domaine.

Au-delà des compétences spécifiques respectives de l'État et des collectivités territoriales, la compétence environnementale *stricto sensu* apparaît comme une forme spécifique de compétence partagée, qu'il paraît plus conforme à la réalité juridique de qualifier de compétence éclatée[14], générant des relations renouvelées entre État et collectivités territoriales.

Même si des éléments de permanence perturbent encore l'identification de l'émergence du rôle des collectivités locales, celles-ci tendent à prendre une place de plus en plus déterminante.

Corrélativement, l'action de l'État est de plus en plus contestée non seulement par la société civile, mais également par les élus locaux usant de différents outils parmi lesquels le recours juridictionnel pour mettre en jeu la responsabilité de l'État. Le juge apparaît alors comme un nouvel acteur de régulation des relations entre l'État et les collectivités territoriales dans la continuité de la mutation du contrôle opérée par la loi de 1982 substituant le contrôle juridictionnel a posteriori au pouvoir de tutelle.

Après avoir établi le constat du partage des compétences ainsi opéré (I), il conviendra de prendre la mesure des revendications complémentaires de compétences mises en œuvre par les collectivités territoriales (II).

I. Une compétence environnementale éclatée

Eu égard à l'éclatement de compétences entre l'État et les collectivités, différents outils ont été mis en place afin d'assurer un exercice cohérent et équilibré. Si certains de ces outils correspondent à des solutions classiques, d'autres apparaissent plus novateurs.

[14] Article L 1111-4 du CGCT n'en a pas fait une compétence partagée.

A. Les solutions institutionnelles pour un exercice harmonisé

L'environnement paraît constituer depuis les réformes de décentralisation de 1982-1983[15] une responsabilité partagée mais la suppression de la clause générale de compétence en 2015 n'en a pas fait au sens de l'article L 1111-4 du CGCT une *compétence partagée*, il s'agit donc d'un éclatement de la compétence entre plusieurs volets répartis entre État et collectivités. La mise en cohérence de cet éclatement de responsabilité a été un temps contrarié.

Depuis quelques années, plusieurs institutions ont été créées afin d'assurer un exercice harmonisé de celle-ci. Outre les instances à vocation générale, telles que les conférences territoriales de l'action publique ou la conférence nationale des territoires, des instances plus spécifiques concernent la protection de l'environnement.

La loi pour la reconquête de la biodiversité, de la nature et des paysages, dite loi biodiversité, du 8 août 2016,[16] en constitue une illustration éclairante.

Elle a dupliqué la formule de l'établissement public de coopération culturelle (EPCC) en matière environnementale. Les établissements publics de coopération environnementale visent à permettre aux collectivités territoriales, à leurs groupements, à l'État et aux établissements publics nationaux de se regrouper. Ils peuvent prendre la forme d'un établissement public administratif ou d'un établissement public industriel et commercial selon l'objet de l'activité et les besoins de gestion qui en résultent. Leur création repose sur le constat de l'évolution des compétences institutionnelles exigeant – selon l'étude d'impact de ladite loi – d'offrir des « possibilités d'associer statutairement et de manière pérenne des ressources humaines et financières provenant à la fois de l'État et des collectivités territoriales ».

Le cas des conservatoires botaniques nationaux, et plus particulièrement l'observatoire écologique de Guyane, impliquant à la fois l'État et les collectivités territoriales, ont servi d'illustration de ce besoin. Le recours à des formules classiques telles que l'association ou le

---

[15] Loi n° 82-2013 du 2 mars 1982 relative aux droits et libertés des communes, des départements et des régions ; loi n° 83-8 du 7 janvier 1983 relative à la répartition de compétences entre les communes, les départements, les régions et l'État.

[16] Loi n° 2016-1087 du 8 août 2016 pour la reconquête de la biodiversité, de la nature et des paysages.

groupement d'intérêt général n'était pas en mesure de répondre à ce besoin[17].

L'article L 1431-1 du Code général des collectivités territoriales précise la vocation de ces établissements. Ils sont « chargés d'accroître et d'améliorer les connaissances sur l'environnement, leur diffusion et la sensibilisation et l'information du public, d'apporter un concours scientifique et technique aux pouvoirs publics et d'assurer la conservation d'espèces ou la mise en place d'actions visant à préserver la biodiversité et à restaurer les milieux naturels. Sont toutefois exclus les services qui, par leur nature ou par la loi, ne peuvent être assurés que par la collectivité territoriale elle-même ». Les missions ainsi assignées à l'établissement public de coopération culturelle font écho aux principes consacrés par la Charte de l'environnement.

Cette même loi du 8 août 2016 a, par ailleurs, procédé à la création du comité national pour la biodiversité avant que le décret du 21 mars 2017[18], en application de cette même loi, ne crée les comités régionaux pour la biodiversité. Ce comité est placé auprès du président du conseil régional et du préfet de région. Il « constitue le lieu privilégié d'information, d'échange, de concertation et de consultation sur toute question relative à la biodiversité au sein de la région ». Ses compétences et son organisation témoignent d'une nouvelle modalité de gouvernance. Parmi ses missions, il veille à ce que le SRADDET et le schéma régional de cohérence écologique prennent bien en compte les orientations nationales pour la préservation et la remise en bon état des continuités écologiques ainsi que les éléments pertinents du schéma directeur d'aménagement et de gestion des eaux. Le président du conseil régional et le préfet de région peuvent, chacun en ce qui le concerne et dans le cadre de leurs compétences respectives, consulter le comité régional de la biodiversité sur toute mesure réglementaire, tout document de planification ou projet ayant trait à la biodiversité au sein de la région (art D134-34).

La création de ces différentes institutions témoigne non seulement d'une volonté de préservation de l'environnement mais également de la nécessité de disposer d'espaces de concertation, de coordination, de

---

[17] Le Conseil d'État déconseille le recours aux associations pour la réalisation des missions de service public. De même, qu'il recommandait d'éviter la formule du Groupement d'intérêt public pour des missions de service public pérennes.

[18] Décret n° 2017-370 du 21 mars 2017 relatif aux comités régionaux de la biodiversité.

coopération entre l'État et les collectivités territoriales dans l'exercice de leurs compétences en ce domaine.

La création de ces institutions ne constitue certes nullement une révolution juridique, et elle peut paraître classique en matière de coopération entre les diverses collectivités publiques. C'est la spécialisation de ces institutions et leur multiplication qui donnent à voir la place croissante des collectivités territoriales en ce domaine et l'enjeu que représente la compétence environnementale, à la fois pour l'État et pour les collectivités.

Outre ces réponses institutionnelles, le partage de la compétence environnement a entrainé un renouveau de certains outils fondés sur le principe de subsidiarité, en termes d'expérimentation et de planification.

B. Le principe de subsidiarité au service d'une meilleure articulation des compétences

La place consolidée des collectivités territoriales appelle une articulation renouvelée entre elles et l'État, fondée sur le principe de subsidiarité. À cet égard, le rapport du groupe de travail du Sénat « Pour le plein exercice des libertés locales », du 2 juillet 2020[19], préconisait de « donner toute sa mesure au principe de subsidiarité en matière de transition énergétique » et plus largement dans le domaine environnemental. La planification et l'expérimentation, mobilisées au cours de ces dernières années en ce domaine, font ainsi écho à cette préconisation.

Le rôle des collectivités territoriales dans la gestion de la compétence environnementale prend forme de manière topique à partir des outils de planification. Certes, la loi dite Grenelle avait constitué une première étape en la matière mais ce sont la loi de modernisation de l'action publique territoriale et d'affirmation des métropoles précitée et la loi portant Nouvelle organisation territoriale de la République[20] qui ont approfondi considérablement le processus. À ce titre, elles ont confié aux régions et aux EPCI-FP compétence dans l'élaboration du schéma régional d'aménagement, de développement durable et d'égalité des territoires précité (SRADDET).

---

[19] Groupe de travail présidé par G. Larcher, *Pour le plein exercice des libertés locales : 50 propositions du Sénat pour une nouvelle génération de la décentralisation,* Sénat, 2 juillet 2020.

[20] Loi n° 2015-991 du 7 août 2015 portant nouvelle organisation territoriale de la République.

Dans un objectif de simplification, ce schéma est venu fusionner un ensemble de schémas régionaux antérieurs[21]. Les EPCI-FP de plus de 20 000 habitants ont, quant à eux, compétence pour l'élaboration d'un programme d'action énergétique.

Plus récemment, les vertus de la planification ont particulièrement été valorisées. Selon le gouvernement, la planification écologique serait de nature à permettre à la fois de réduire les émissions de gaz à effet de serre, de protéger la biodiversité et d'œuvrer pour une économie circulaire. La Première ministre Elisabeth Borne – dans son discours aux préfets en date du 8 septembre 2023 – affirmait ainsi que ce mode d'action suppose d'engager « un tour de France pour déployer la planification écologique dans les territoires en lien avec les élus » afin de « construire des solutions locales adaptées ». Selon ces propos, la planification ne peut être exclusivement nationale et la planification nationale ne peut elle-même être conçue sans prise en compte des collectivités territoriales. La planification ne peut être exclusivement nationale qu'il s'agisse de son élaboration ou de sa mise en œuvre.

Néanmoins, la planification étatique engendre des relations variables entre l'État et les collectivités territoriales.

S'agissant de l'élaboration des plans nationaux, les collectivités territoriales peuvent être directement associées aux plans élaborés par l'État. Tel est notamment le cas du plan de prévention des risques naturels prévisibles, qui, élaboré et mis en œuvre par l'État, associe les collectivités territoriales et les EPCI-FP concernés[22]. Ce mode d'élaboration témoigne de l'imbrication des compétences étatiques et des compétences locales : l'État ayant compétence en matière de planification des risques tandis que les communes ou EPCI-FP ont compétence en matière d'élaboration des documents d'urbanisme.

Cet enchevêtrement de compétences rend nécessaire l'association des collectivités territoriales lors de l'élaboration de ce plan mais également la concertation avec celles-ci en amont de la procédure d'élaboration[23]. Il en est de même du plan national de prévention des

---

[21] Tels que le schéma régional d'aménagement et de développement du territoire, le schéma régional des infrastructures et des transports, le schéma régional de l'intermodalité, le schéma régional du climat, de l'air et de l'énergie et du plan régional de prévention et de gestion des déchets.

[22] Art. L 562-1 CGCT.

[23] S. Defix, « La gestion et la prévention des risques naturels », in L. Janicot (dir.), *Les collectivités territoriales et la protection de l'environnement,* Berger-Levrault, 2021, pp. 63-92.

déchets, qui est établi par le ministre en charge de l'environnement en concertation avec un certain nombre d'acteurs dont les collectivités responsables de la gestion des déchets et de la planification de la prévention. Là encore, le mode d'élaboration s'explique aisément par la compétence historique des collectivités en matière de gestion des déchets, et plus particulièrement celle des communes et intercommunalités[24]. Les exemples pourraient être multipliés[25].

S'agissant de l'élaboration des plans locaux, le renouveau reste plus timide. Si le SRADDET constitue une illustration de la place consolidée des collectivités territoriales en matière de protection de l'environnement, sa portée ne doit pas être surestimée dès lors que le rôle du représentant de l'État dans leur élaboration reste prévalent[26].

Concernant l'articulation des outils de planification, elle revêt également des dimensions variables. C'est ainsi que les plans régionaux de prévention et de gestion des déchets doivent être compatibles avec les mesures du plan national de prévention des déchets qui visent à prévenir et à réduire l'incidence de certains produits en plastique sur l'environnement. Pour le reste, les plans régionaux de prévention et de gestions des déchets doivent simplement concourir aux objectifs nationaux définis par la politique nationale de prévention et de gestion des déchets.

S'agissant du SRADDET, il demeure subordonné aux objectifs fixés par les différents plans nationaux. Par ailleurs, ce schéma revêt une dimension très éclectique pouvant affecter sa portée et peut se heurter notamment aux compétences confiées aux métropoles et, plus largement, aux EPCI-FP, avec le plan climat-air-énergie territorial des métropoles[27].

---

[24] M. Bouzac, « Compétence des collectivités territoriales en matière de gestion des déchets », in L. Janicot (dir.), *Les collectivités territoriales et la protection de l'environnement, op. cit.*, pp. 79-92.

[25] Dans le même sens : élaboration du schéma directeur d'aménagement et de gestion des eaux et le schéma d'aménagement et de gestion des eaux.

[26] L'on observe une forme de résurrection de la tutelle de l'État par ses pouvoirs d'approbation et de modification.

[27] Dans le cadre de l'exercice de leurs compétences, les EPCI-FP participent à la mise en œuvre de celui-ci auquel ils sont associés lors de l'élaboration. Cette complémentarité souhaitée par le législateur peut néanmoins se traduire par une forme de concurrence. Par exemple, l'exigence d'une simple prise en compte du schéma régional pour l'élaboration, par les EPCI-FP, du plan climat air énergie territorial ne semble pas de nature à assurer une parfaite cohérence territoriale

Pour reprendre le cas du plan de prévention des risques naturels prévisibles, élaboré par l'État, les documents locaux d'urbanisme doivent permettre d'atteindre les objectifs qu'il fixe. Selon la nature des documents en cause, le rapport normatif oscille entre la simple prise en compte et l'exigence de compatibilité.

La planification apparaît comme un outil particulièrement mobilisé qui a même pu être qualifié de « foisonnement d'outils de planification qui révèlent une forme de surenchère planificatrice »[28]. Ce foisonnement témoigne, en tous cas, de la place croissante des collectivités territoriales en matière environnementale invitant à renouveler les formes de ses relations avec l'État.

Outre la planification, l'expérimentation est également davantage mobilisée, participant ainsi au renouvellement de ces relations entre l'État et les collectivités territoriales.

Pour s'en tenir à la loi dite Climat, loi du 22 août 2021 portant lutte contre le dérèglement climatique et renforcement de la résilience face à ses effets[29], plusieurs dispositions ont été adoptées en ce sens. Les collectivités territoriales et leurs groupements, ayant défini un programme local de prévention des déchets ménagers et assimilés, sont invités à mettre en place, à titre expérimental, et pour une durée de trois ans, un dispositif consistant à interdire la distribution à domicile d'imprimés en plastique, en papier ou cartonnés à visée commerciale non adressés, lorsque l'autorisation de les recevoir ne fait pas l'objet d'une mention expresse et visible sur la boîte aux lettres[30].

De la même manière, cette loi prévoit, encore à titre expérimental et pour une durée de 18 mois, dans les communes ou groupements de collectivités territoriales définis par voie réglementaire qu'il peut être fait obligation aux établissements de restauration commerciale, aux débits de boissons et aux plateformes facilitant, par l'utilisation d'une interface électronique, la vente à distance de repas ou de denrées alimentaires de proposer au consommateur final la livraison dans un contenant réutilisable et consigné.

---

[28] J.-F. Brisson, « Les schémas locaux de protection de l'environnement », in L. Janicot (dir.), *Les collectivités territoriales et la protection de l'environnement, op. cit.*, pp. 33-50 ; C. Regourd, *Les métropoles au prisme du modèle territorial français*, Dalloz, p. 200-211.

[29] Loi n° 2021-1104 du 22 août 2021 portant lutte contre le dérèglement climatique et renforcement de la résilience face à ses effets.

[30] Art. 21.

Une autre expérimentation concerne la restauration collective. Plus précisément, la loi prévoit que « Sous réserve des conditions fixées par voie réglementaire destinées à garantir l'équilibre nutritionnel des repas servis et du respect d'exigences adaptées aux besoins des usagers, notamment à l'âge des enfants pour la restauration scolaire, et à titre expérimental, les collectivités territoriales volontaires proposent quotidiennement le choix d'un menu végétarien dans les services de restauration collective dont elles ont la charge ».

La compétence environnementale implique ainsi une gouvernance renouvelée fondée sur le principe de subsidiarité. Malgré les différents outils mobilisés pour un exercice pacifié de cette compétence, celle-ci suscite un contentieux important entre l'État et les collectivités territoriales. Le juge apparaît alors comme figure régulatrice.

II. Une compétence environnementale revendiquée

Malgré l'enrichissement des compétences des collectivités territoriales en matière de protection de l'environnement, celles-ci se heurtent à des limites particulièrement topiques dans l'exercice du pouvoir de police, générant des tensions dans les relations entretenues avec l'État. Ces tensions se manifestent également sur le terrain de l'action de l'État considérée comme insuffisante. Le juge est alors sollicité et apparaît comme un modérateur, intervenant aussi bien dans le domaine classique de l'articulation des pouvoirs de police (A) que dans la contestation directe de décisions de l'État (B).

A. La multiplication des polices administratives spéciales centralisées

Les pouvoirs de police constituent un outil particulièrement utile à la préservation de l'environnement. Au titre de son pouvoir de police administrative générale, le maire peut intervenir pour prévenir toute atteinte à l'ordre public[31].

Cependant, la préoccupation environnementale s'est accompagnée d'une multiplication de polices administratives spéciales. Le juge paraît avoir conclu à l'exclusivité de la police administrative spéciale[32].

---

[31] Art. L 2212-2 du CGCT.

[32] En présence d'une police administrative spéciale, l'autorité de police administrative générale ne peut intervenir dès lors que l'une et l'autre ont les mêmes finalités et

L'articulation opérée entre les polices générales et spéciales s'avère évidemment préjudiciable pour les maires dépossédés d'un outil efficace de protection de l'environnement.

L'appréciation qui a pu être retenue de la solution adoptée par le juge administratif est intéressante en ce qu'elle laisse transparaitre la méfiance à l'égard des collectivités territoriales : « les pouvoirs de police administrative générale dont disposent les maires (...) ont souvent fait l'objet d'une instrumentalisation politique »[33], les dangers de laisser les collectivités « arbitrer entre les appréciations scientifiques divergentes »[34] ont pu être invoqués au soutien de cette méfiance.

---

s'appliquent dans sur un périmètre territorial et matériel identique. Les exemples sont nombreux. Il est possible d'en retenir trois relativement récents : celui de la police des antennes relais (CE Ass. 26 octobre 2011 n° 326492 Commune de Saint-Denis), celui de la police des organismes génétiquement modifiés (CE 24 septembre 2012 n° 342990 Commune de Valence) ou encore celui de la police des compteurs électroniques Linky (CE 11 juillet 2019 n° 426060 Commune de Bovel). Selon le Conseil d'État, le principe de précaution ne saurait justifier l'intervention de la police administrative générale. Pour reprendre ses termes, « le principe de précaution, s'il s'impose à toute autorité publique dans ses domaines d'attribution, n'a ni pour objet ni pour effet de permettre à une autorité publique d'excéder son champ de compétence », « il appartient aux seules autorités nationales [bénéficiant de la police spéciale] de veiller au respect du principe de précaution » (CE 24 septembre 2012 Commune de Valence précit.). Cette jurisprudence est évidemment décevante dès lors que le juge administratif avait pu admettre – par le passé – le concours des polices spéciales et générales en cas de « circonstances locales particulières » pouvant entrainer des « troubles sérieux » à l'ordre public (CE Sect. 1959 n° 36385 36428 Société les films Lutétia). Plus encore, il a pu écarter l'exclusivité de la police administrative spéciale en cas de « péril imminent », de « circonstances exceptionnelles », de « raisons impérieuses » ou de « menaces imminentes et graves » (CE Ord. 17 avril 2020 n° 440057 Commune de Sceaux, CE Sect. Travaux publics Avis n° 381725 29 juillet 2008) justifiant donc une intervention « urgente ». Si cette exigence de nécessité apparaît classique dans le régime juridique de la police administrative, elle s'avère en toute hypothèse problématique au regard du droit de l'environnement. Tel qu'interprété par le juge, ce critère d'urgence d'un « *péril grave et imminent* » s'avère incompatible avec le principe de précaution. Tandis que le principe de précaution vise à prévenir la survenance d'un dommage potentiel, l'urgence de la survenance d'un péril suppose non seulement que celui-ci soit certain mais également qu'il soit « imminent », sa réalisation ne doit laisser aucun doute. Le maire ne peut intervenir que pour assurer une bonne application des mesures de police administrative spéciale.

[33] E. Untermaier, « L'interdiction des règlements municipaux "anti-OGM" par le Conseil d'État », *AJDA*, 2012, n° 38, p. 2122.

[34] Y. Jégouzo, « Note TA Poitiers 22 octobre 2002 », *AJDA*, 2002, p. 1351

Outre que le périmètre d'intervention du maire au titre de son pouvoir de police est circonscrit, les polices administratives sont essentiellement « centralisées ». On observe « le phénomène de centralisation des polices administratives environnementales, toutes détenues par des autorités étatiques, et corrélativement l'éviction de l'autorité décentralisée qu'est le maire »[35].

Si la jurisprudence en matière de police administrative s'avère donc décevante, dans d'autres domaines la jurisprudence peut être plus favorable aux collectivités territoriales.

B. La contestation de l'action de l'État par les collectivités

Face à la crise écologique, les élus locaux n'ont pas hésité à soulever la question de la responsabilité de l'État devant le juge administratif. Des affaires récentes en témoignent.

La première désormais célèbre dite Commune de Grande-Synthe est certes portée par la société civile mais également par le recours d'un maire. Le maire de cette commune avait demandé au juge d'annuler le refus du gouvernement de prendre des mesures supplémentaires pour atteindre les objectifs de réduction des gaz à effet de serre, résultant notamment des Accords de Paris. Cette affaire s'avère doublement intéressante. D'une part, elle pose la question de l'intérêt à agir du maire et, d'autre part, elle interroge la question de la responsabilité de l'État quant au respect d'engagement pris.

Sur le premier point, le juge reconnaît l'intérêt à agir du maire, au nom de la commune, dès lors qu'« en raison de sa proximité immédiate avec le littoral et des caractéristiques physiques de son territoire, elle est exposée à moyenne échéance à des risques accrus et élevés d'inondations, à une amplification des épisodes de fortes sécheresses avec pour incidence non seulement une diminution et une dégradation de la ressource en eau douce mais aussi des dégâts significatifs sur les espaces bâtis compte tenu des caractéristiques géologiques du sol ».

Même si ces effets du changement climatique ne sont susceptibles de se produire qu'à l'horizon 2030 ou 2040, « leur caractère inéluctable, en l'absence de mesures efficaces prises rapidement pour en prévenir les causes et eu égard à l'horizon d'action des politiques publiques en la matière, est de nature à justifier la nécessité d'agir sans délai à cette fin » et justifie la qualité pour agir du maire au nom de la commune. Le

[35] A. Van Lang, « L'exclusivité de la police spéciale des ondes électromagnétiques : la compétence prime le fond », *RI*, 2012, n° 3, p. 153

changement climatique a une « incidence directe et certaine sur sa situation et les intérêts propres dont elle a la charge ».

Un raisonnement similaire est retenu s'agissant des villes de Paris et de Grenoble : « la région parisienne comme l'agglomération grenobloise sont identifiées par l'Observatoire national sur les effets du réchauffement climatique comme relevant d'un indice d'exposition aux risques climatiques qualifié de très fort (...) Dans ces conditions, ces deux collectivités justifient d'un intérêt suffisant à intervenir au soutien de la demande d'annulation des décisions attaquées ».

Il est à cet égard intéressant de souligner la distinction opérée par le juge entre l'action introduite par le maire et celle introduite en qualité d'habitant de la commune et de citoyen. « M. A. qui se borne, d'une part, à soutenir que sa résidence actuelle se trouve dans une zone susceptible d'être soumise à des inondations à l'horizon de 2040, d'autre part, à se prévaloir de sa qualité de citoyen, ne justifie pas d'un tel intérêt. »

Sur le fond, le Conseil d'État a jugé le 19 novembre 2020[36] que les objectifs de réduction de ces gaz fixés par l'État n'avaient pas été atteints sur la période 2015-2018 et il avait ordonné un supplément d'instruction. Le raisonnement retenu est audacieux en ce que les engagements internationaux, dépourvus d'effet direct – tel que la Convention-cadre des Nations Unies sur les changements climatiques et les accords de Paris – sont pris en compte dans l'interprétation des dispositions de droit interne relatives à la stratégie bas carbone et aux budgets carbone qui s'y réfèrent et qui visent à les mettre en œuvre. Le juge apprécie la trajectoire de réduction de gaz à effet de serre au regard de l'objectif fixé. C'est au regard de ce « décalage » que le juge a ordonné un supplément d'instruction.

Quelques mois plus tard, le 1er juillet 2021, la haute juridiction administrative a enjoint au Premier ministre de prendre toutes les mesures utiles pour infléchir la courbe des émissions de gaz à effet de serre. Le 10 mai 2023, constatant à nouveau l'insuffisance de ces mesures, le Conseil d'État a enjoint au gouvernement de prendre toutes les mesures supplémentaires utiles d'ici le 30 juin 2024 et de transmettre un bilan d'étape au 31 décembre afin d'apprécier la nature et l'efficacité de ces mesures.

Il apparaît ainsi que les collectivités territoriales bénéficient des outils juridictionnels de nature à permettre de contrôler la légalité des

---

[36] CE 19 novembre 2020 n° 427307.

mesures prises par le gouvernement et d'exercer une influence dans les politiques menées.

Une deuxième affaire peut être citée. Elle concerne le recours de l'Association des maires de France contre les dispositions du décret de l'application de la loi Climat et plus précisément des dispositions relatives à l'objectif de zéro artificialisation nette des sols à l'horizon 2050. Le Conseil d'État a censuré partiellement les dispositions de ce décret le 4 octobre 2023 dès lors qu'il appartenait à ses auteurs de définir « l'échelle à laquelle l'artificialisation des sols [devait] être appréciée dans les documents de planification et d'urbanisme ». Si cette solution n'a pas satisfait l'AMF qui sollicitait l'annulation du décret[37], elle est révélatrice de la mise en tension des relations entre l'État et les collectivités territoriales.

Une autre affaire peut être évoquée en conclusion. Elle concerne le recours plus récent du maire de Grenoble. Un recours a été déposé devant le tribunal administratif de Grenoble pour faire annuler le plan de protection de l'atmosphère adopté par la préfecture de l'Isère jugé insuffisant pour atteindre les objectifs fixés. Ce recours déposé en février 2023 est toujours en cours d'instruction témoignant de l'acuité de la problématique des relations entre l'État et les collectivités territoriales.

---

[37] Le Conseil d'État a jugé conforme à la loi du 22 août 2021 la fixation des objectifs de réduction de l'artificialisation à un niveau régional, dans le cadre des schémas régionaux. CE 4 octobre 2023 n° 465341.

Les compétences partagées avec l'État : la politique de transition énergétique

Maylis Douence,

Maître de conférences en Droit public,
UMR TREE (UPPA CNRS 6031),
Université de Pau et des Pays de l'Adour

Autant le dire d'emblée : les questions énergétiques sont plutôt traitées au niveau de l'Union européenne et de l'État qu'à l'échelle des collectivités territoriales. Ce sont bien les États au niveau européen et l'État au niveau français qui définissent les objectifs de la politique énergétique et qui se sont plus particulièrement engagés ces dernières années dans une politique en faveur de la transition énergétique, dans une logique plus large de développement durable et lutte contre le dérèglement climatique.

Deux facteurs, cependant, jouent en faveur d'une incursion de plus en plus marquée des collectivités dans ce domaine. Tout d'abord, les collectivités ont des compétences historiques en matière énergétique. Ainsi, ce sont les communes, généralement rassemblées en syndicats d'énergie, qui sont les autorités concédantes de la distribution d'énergie. Avec le soutien des départements, elles ont mené les campagnes d'électrification du territoire national et poursuivent désormais au sein des intercommunalités et avec les régions cette œuvre d'aménagement du territoire par « l'entrée énergétique ». Le législateur a d'ailleurs renforcé ce rôle ces dernières années en incluant dans les documents de planification transversaux (SRADDET par exemple) ou sectoriels (documents d'urbanisme, SCoT et PLUi) la question des réseaux d'énergie et de l'implantation des infrastructures de production, transport, distribution. Ensuite, beaucoup plus récemment, c'est-à-dire depuis les années 2010 et plus fortement depuis 2015, l'État français s'est engagé dans une politique plus nettement affirmée de transition d'un système fondé sur les énergies fossiles et une consommation non maîtrisée de l'énergie vers un système plus sobre, moins émetteur de gaz à effet de serre, et davantage tourné vers les énergies de source renouvelable. Or, pour conduire de manière positive et efficace cette transition énergétique, l'État a fait le constat qu'il ne pouvait pas y arriver seul et il a, en conséquence, parié sur l'association à sa politique de toutes les forces vives, qu'il s'agisse des entreprises, des associations, des citoyens mais aussi des collectivités territoriales et de leurs groupements.

En conséquence de ces deux mouvements favorables aux compétences des collectivités en matière énergétique (des compétences historiques qui montent en puissance et une association à la politique de transition énergétique), les collectivités territoriales, et leurs groupements, se retrouvent aujourd'hui dotées, aux côtés de l'État, d'attributions qui leur donnent vocation à prendre part à la politique énergétique nationale et, plus précisément, à la conduite de la transition énergétique.

Il est ici difficile de faire une classification de ces attributions locales en termes de compétences exclusives ou partagées. Chaque échelon intervient dans la conduite de la transition énergétique à un titre différent et il est possible de « ratisser » très large le champ des compétences locales contribuant à la transition énergétique si on y inclut, par exemple, tout ce qui participe à la maîtrise voire à la sobriété énergétique. En effet, en la matière, toutes les attributions locales relatives à la mobilité, au logement et à l'habitat, à l'encadrement de l'usage des sols et des constructions, etc. sont susceptibles d'y contribuer.

Aussi, nous n'aborderons pas l'intégralité de ces attributions mais nous en tiendrons à celles qui permettent aux collectivités territoriales, ou à leurs groupements, de définir des objectifs et de planifier des actions directement relatives à la transition énergétique.

En termes de planification énergétique, donc, on ne peut pas envisager, à strictement parler, qu'il s'agisse d'une compétence partagée, encore une fois. Chaque échelon intervient au titre d'une compétence qui lui est propre – et que l'on pourrait alors considérer comme exclusive – :

- La région adopte le schéma régional d'aménagement, de développement durable et d'agilité des territoires (le SRADDET) qui intègre obligatoirement un volet climat-air-énergie, anciennement le schéma régional climat air énergie (SRCAE) ;
- Les établissements publics de coopération intercommunale à fiscalité propre (de plus de 20 000 habitants) en tant que coordinateurs de la transition énergétique adoptent obligatoirement un plan climat-air-énergie territorial (PCAET) ;

- et depuis la loi d'accélération des énergies renouvelables de mars 2023[1], les communes définissent des zones d'accélération des énergies renouvelables (ZAER).

Pour chacune de ces attributions, chaque échelon a une compétence exclusive (seule la région adopte un SRADDET ; depuis la loi relative à la transition énergétique pour la croissance verte[2], seules les intercommunalités adoptent un PCAET…). Mais l'ensemble de ces attributions doit permettre de conduire la transition énergétique pour l'ensemble du territoire français.

La question qui se pose alors n'est pas celle du classement de ces attributions locales entre compétences exclusives ou partagées mais de l'emprise que l'État exerce ou non sur leur exercice. Ainsi, par exemple, en la matière il est plus souvent question de « territorialisation » que de « décentralisation » et, d'ailleurs, plus souvent de « territoires » que de « collectivités territoriales ».

Ainsi, en ce qui concerne les attributions locales relatives à la planification de la transition énergétique, les collectivités territoriales - et leurs groupements - sont-elles en charge de décliner territorialement, localement, une politique de l'État ? Sont-elles « des courroies de transmission, voire d'exécution, d'actions publiques déterminées en dehors d'elles » ?

Cette question délicate est au cœur de questions contemporaines très sensibles dans la relation entre États et entre État et collectivités, telles que celle de l'indépendance ou de la souveraineté énergétique. Pour tenter d'y répondre néanmoins, il conviendra de s'interroger d'abord sur le premier pan de celle-ci : **les collectivités territoriales sont-elles des « courroies de transmission » de la politique énergétique de l'État ?** Et ensuite, sur le sous-entendu second de la question : **cette politique est-elle déterminée « en dehors » des collectivités ou y participent-elles ?**

---

[1] L. n° 2023-175 du 10 mars 2023 relative à l'accélération de la production d'énergies renouvelables, *JORF* 11 mars. Ci-après Loi APER.

[2] L. n° 2015-992, 17 août 2015, relative à la transition énergétique pour la croissance verte, *JORF* 18 août 2015. Ci-après Loi TEPCV.

I. Les collectivités territoriales sont-elles les « courroies de transmission » de la politique énergétique de l'État ?

Les principaux instruments de planification de la transition énergétique à l'échelle locale ont été évoqués. Il s'agit du SRADDET, dans son volet climat-air-énergie, pour la région, du PCAET pour les intercommunalités et, désormais, de la définition des zones d'accélération des énergies renouvelables au niveau des communes. **Sont-ils des instruments de la territorialisation de la politique énergétique de l'État ?**

Pour savoir si ces instruments sont un peu, beaucoup ou pas du tout une déclinaison territoriale de la politique énergétique de l'État, on peut vérifier la place que l'État prend dans leur élaboration et leur adoption et le degré de conformité que l'État attend de ces documents – ou leur impose – avec ses propres documents de planification énergétique.

A. Le niveau d'association de l'État à l'élaboration et l'adoption des documents locaux de planification énergétique

La question de l'association de l'État, via son représentant, à l'élaboration et l'adoption des documents locaux de planification énergétique se pose essentiellement pour le SRADDET. L'influence de l'État concernant le PCAET est plus réduite. On en dira simplement quelques mots en terminant. Concernant le SRADDET, la réflexion sur la place de l'État est générale, elle n'est pas propre à la thématique énergie climat.

1. Le rôle de l'État dans l'élaboration du SRADDET (et du PCAET)

L'attribution de compétence à la région, relativement au SRADDET, concerne au sens strict sa seule « élaboration ». Aux termes du Code général des collectivités territoriales, c'est la région qui élabore le SRADDET[3].

Les modalités de cette élaboration sont fixées par une délibération du conseil régional. Mais la procédure d'élaboration du SRADDET est très clairement conduite sous le signe de la concertation, concertation au sein de laquelle l'État joue un rôle très affirmé.

---

[3] CGCT, art. L. 4251-1.

Les modalités d'élaboration prévues par délibération du conseil régional le sont *« à l'issue d'un débat au sein de la conférence territoriale de l'action publique »*[4]. Cela signifie déjà un premier degré de concertation au sein d'une « conférence » des collectivités dont le représentant de l'État doit être informé[5].

La délibération prévoyant la procédure doit obligatoirement fixer *« les modalités d'association des acteurs ainsi que la liste des personnes morales associées sur les différents volets du schéma régional »*[6]. Et parmi ces *« personnes morales associées »* figure en premier lieu *« Le représentant de l'État dans la région »*[7].

Il apparaît donc déjà, de manière générale, que l'État est informé, présent et représenté dans la procédure d'élaboration du SRADDET.

En outre, il a une mission particulière, par rapport aux autres « personnes associées », une mission de « porter à connaissance » du conseil régional par la transmission d'informations en vue du débat à la CTAP et tout au long de la procédure d'élaboration[8]. Ces informations concernant notamment les objectifs énergétiques et environnementaux nationaux, puisque celles-ci peuvent prendre en compte les avis du Haut Conseil pour le climat[9]. C'est donc là l'occasion pour l'État de faire connaître de manière précise à la région quels sont ses objectifs en matière énergétique et environnementale, de manière à ce que ceux-ci soient bien intégrés dans le SRADDET.

---

[4] CGCT, art. L. 4251-4.

[5] CGCT, L. 1111-9-1 : Le représentant de l'État dans la région est informé des séances de la conférence territoriale de l'action publique.

[6] CGCT, art. L. 4251-4.

[7] CGCT, art. L. 4251-5.

[8] CGCT art. L. 4251-5 : Le représentant de l'État dans la région porte à la connaissance de la région toutes les informations nécessaires, dans les conditions prévues à l'article L. 132-2 du Code de l'urbanisme.

Pour la définition des objectifs énergétiques et environnementaux, ces informations peuvent prendre en compte les avis du Haut Conseil pour le climat.

CGCT, art. R. 4251-14 : L'autorité administrative compétente de l'État porte à la connaissance du président du conseil régional, en vue du débat au sein de la CTAP prévue à l'article L. 4251-4 ainsi que tout au long de la procédure d'élaboration, l'ensemble des informations dont elle dispose et qui sont nécessaires à l'exercice de la compétence de la région. Tout retard ou omission dans la transmission de ces informations est sans effet sur les procédures engagées. »

[9] On imagine qu'ici cette « prise en compte » l'est au sens littéraire du terme et non au sens juridique d'un rapport juridique entre les objectifs et les avis du Haut Conseil, qui ne s'imposent pas.

À titre de comparaison, concernant l'élaboration du PCAET, le Code de l'environnement prévoit également une procédure de concertation, qui associe le représentant de l'État. Cependant, celle-ci apparaît moins lourde que pour le SRADDET ou, du moins, moins encadrée par les textes puisque le code pose simplement que *« la collectivité ou l'établissement public qui engage l'élaboration du plan climat-air-énergie territorial en définit les modalités d'élaboration et de concertation. Elle ou il informe de ces modalités le préfet, le préfet de région, le président du conseil départemental et le président du conseil régional »* et *« dans les deux mois à compter de la transmission de cette information, le préfet de région et le président du conseil régional adressent à la collectivité ou à l'établissement public les informations qu'ils estiment utiles à cette élaboration »*[10]. À une moindre échelle, on retrouve la logique d'élaboration concertée du PCAET, sur la base d'informations fournies par l'État.

2. Le rôle de l'État dans l'adoption du SRADDET (et du PCAET)

Le représentant de l'État joue aussi un rôle non négligeable dans l'adoption du schéma ou, plus exactement, dans son approbation. En effet, le SRADDET ne peut entrer en vigueur qu'après plusieurs étapes de « validation » :

- le « projet » de schéma est arrêté par le conseil régional, avant d'être transmis pour avis à l'autorité environnementale c'est-à-dire une autorité de l'État, aux personnes associées, à la CTAP et au CESER ; puis soumis à enquête publique[11] ;
- le schéma est ensuite adopté par délibération du Conseil régional[12] ;
- puis transmis sans délai au préfet de région qui a charge de l'approuver ou de notifier à la région les modifications à y apporter[13].

Le préfet de région peut donc empêcher, en en refusant l'approbation, l'entrée en application d'un schéma pourtant adopté par délibération de l'assemblée régionale. Il est légitime de considérer qu'en subordonnant le caractère exécutoire du schéma à l'approbation du préfet, le législateur lui a ainsi reconnu un authentique pouvoir de tutelle. On peut alors s'interroger sur la signification de ce cette reconnaissance : la région est-elle ici un organe de l'État, agit-elle ici au nom de l'État, quand elle

---

[10] C. envir. art. R 229-53.
[11] CGCT, L. 4251-6.
[12] CGCT, L. 4251-7.
[13] CGCT, R. 4251-16, al. 1 et 2.

élabore et adopte le SRADDET, puisque le contrôle de l'État ne se limite pas ici au contrôle de légalité habituel ?

Au-delà de cette question d'interprétation de la relation État / région au regard des notions classiques du droit administratif, se pose celle plus pragmatique des motifs pour lesquels le préfet peut refuser son approbation.

Le préfet de région doit, aux termes du Code général des collectivités territoriales *« s'assure[r] du respect, par le conseil régional, de la procédure d'élaboration [...], de la prise en compte des informations prévues à l'article L. 4251-5 et de sa conformité aux lois et règlements en vigueur et aux intérêts nationaux »*[14].

En d'autres termes, le préfet de région peut refuser l'approbation si le conseil régional n'a pas tenu compte des informations par lui transmises notamment sur les objectifs énergétiques et environnementaux. De même, s'impose au SRADDET la conformité aux lois et règlements en vigueur dont font par exemple partie les directives territoriales d'aménagement et développement durable[15]. Et la conformité *« aux intérêts nationaux »* ouvre un large champ d'appréciation, de quasi-opportunité, au préfet. Au titre de ces « intérêts nationaux », en matière énergétique, on peut renvoyer aux motifs d'intérêt général dont le Conseil constitutionnel a admis qu'ils pouvaient justifier, pour le législateur, la limitation de la libre administration des collectivités territoriales constituée par l'obligation de concéder la distribution publique de gaz à une entreprise imposée par l'État. Le Conseil constitutionnel, dans sa décision de 2006, estime, en effet, que cette limitation *« trouve sa justification dans la nécessité d'assurer la cohérence du réseau des concessions actuellement géré par Gaz de France et de maintenir la péréquation des tarifs d'utilisation des réseaux publics de distribution »*[16]. Ces exemples de motifs d'intérêt général donnent une idée de ce que le préfet pourrait vérifier et imposer au conseil régional dans le contenu du schéma.

Face au refus d'approbation du schéma, le conseil régional ne peut pas se dérober puisqu'il *« dispose d'un délai de trois mois à compter de la notification pour prendre en compte les modifications demandées »*[17].

---

[14] CGCT, art. L. 4251-7.

[15] C. urb., art. L. 102-4.

[16] Cons. constit., n° 2006-543 DC, 30 nov. 2006, Loi relative au secteur de l'énergie, *JORF* 8 déc., *Rec*. p. 120 ; consid. 28 à 31, voir not. consid. 31.

[17] CGCT, art. L. 4251-7.

En conclusion, lors de l'élaboration et de l'approbation du SRADDET, le représentant de l'État a les moyens d'imposer la prise en compte des objectifs nationaux et régionaux de la politique énergétique de l'État, et particulièrement des objectifs de transition énergétique.
Cela se manifeste tout aussi clairement dans les rapports juridiques établis entre les documents de planification énergétique des collectivités et de l'État.

À titre de comparaison, concernant l'adoption du PACET, le Code de l'environnement prévoit que *« le projet de plan est transmis pour avis au préfet de région et au président du conseil régional »* et *« Le projet de plan, modifié le cas échéant pour tenir compte des avis mentionnés à l'alinéa précédent, est soumis pour adoption à l'organe délibérant de la collectivité territoriale ou de l'établissement public »*[18].

On retrouve ainsi pour le PCAET, la présence de l'État pour l'adoption comme pour le SRADDET. Cependant, les exigences sont nettement allégées notamment en ce que le plan est soumis pour avis seulement et modifié *« le cas échéant »* pour tenir compte des avis du préfet ou du président du conseil régional. Et, par-dessus tout, le PCAET n'a pas à être approuvé par le représentant de l'État qui ne dispose pas ici de ce même pouvoir de tutelle que sur la région avec le SRADDET. Le respect des objectifs de politique énergétique de l'État s'impose au PCAET par un autre biais : par le respect attendu du SRADDET par le PCAET, le SRADDET étant lui-même soumis au respect des documents de planification énergétique de l'État. La détermination de rapports juridiques plus ou moins contraignants entre documents de planification étatiques et territoriaux est donc un autre moyen pour l'État d'imposer aux collectivités territoriales d'être « les courroies de transmission » de sa politique énergétique sur leurs territoires respectifs.

B. Le degré de conformité attendu avec les documents de planification énergétique de l'État

L'examen des rapports juridiques entre documents de planification est essentiel car ceux-ci mettent en lumière l'éventuelle hiérarchisation entre documents voulus par l'État et partant sa volonté, affirmée ou pas, de soumettre les documents régionaux et locaux au respect de la stratégie énergétique nationale.

---

[18] C. envir. art. R. 229-54.

Cependant, l'analyse de ces rapports entre documents de planification peut difficilement être faite en utilisant les notions et règles classiques du droit administratif. En effet, comme le relève Bertrand Faure, si le recours aux schémas *« s'impose par nécessité sur le plan interinstitutionnel »* (parce qu'il permet de faire vivre ensemble les institutions publiques), les rapports entre schémas ne peuvent s'expliquer par la notion de compétence puisque les schémas *« s'imposent de biais à l'ensemble des autorités administratives pour lesquels leurs objectifs conditionnent l'exercice de leur compétence »*[19].

En outre, ces rapports complexes donc entre schémas ont été modifiés à plusieurs reprises par les lois relatives à l'énergie et au climat (par exemple loi NOTRe et loi TEPCV de 2015[20]) ou par des textes relatifs à l'urbanisme (loi ELAN novembre 2018[21], ordonnance du 17 juin 2020 relative à la rationalisation de la hiérarchie des normes applicable aux documents d'urbanisme[22]).

On les interrogera successivement pour le SRADDET et le PCAET.

1. Les rapports juridiques entre SRADDET et documents de planification énergétique de l'État

Le CGCT détaille trois types de rapports juridiques différents concernant le SRADDET.

Ses objectifs (exprimés dans le rapport) et ses règles générales (détaillées dans le fascicule) doivent, tout d'abord, respecter *« les règles générales d'aménagement et d'urbanisme à caractère obligatoire prévues au livre Ier du Code de l'urbanisme »,* c'est-à-dire par exemple les directives territoriales d'aménagement et de développement durable prévues à l'article L. 102-4 du Code de l'urbanisme.

Objectifs et règles générales du SRADDET doivent, ensuite, être compatibles avec *« les objectifs de développement des énergies renouvelables et de récupération, exprimés par filière dans la programmation*

---

[19] B. FAURE, « La planification administrative par schémas », *in* M. DOUENCE, L'exercice des compétences locales, entre rationalisation et créativité, L'Harmattan, 2018.

[20] L. n° 2015-991, 7 août 2015 portant nouvelle organisation territoriale de la République, *JORF* 8 août.
L. n° 2015-992 du 17 août 2015 précitée.

[21] L. n° 2018-1021, 23 nov. 2018 portant évolution du logement, de l'aménagement et du numérique, *JORF* 24 nov. Ci-après Loi ELAN).

[22] Ord. n° 2020-745, 17 juin 2020 relative à la rationalisation de la hiérarchie des normes applicable aux documents d'urbanisme, *JORF* 18 juin.

pluriannuelle de l'énergie, mentionnés à l'article L. 141-3 du Code de l'énergie et les objectifs régionaux mentionnés à l'article L. 141-5-1 du même code ».

Et, enfin, ils doivent prendre en compte, outre les projets d'intérêt général et autres opérations d'intérêt national, la stratégie bas-carbone prévue par l'article L. 222-1-B du Code de l'environnement.

Conformité, compatibilité et prise en compte : tous les rapports juridiques concevables sont là entre le SRADDET et les orientations et objectifs de la politique énergétique de l'État.

L'interrogation peut porter sur l'utilité du recours à ces trois formes différentes de rapports juridiques. Instaurent-elles des rapports de normes plus ou moins contraignants ? Certainement, oui. Mais pourquoi différencier ainsi la force contraignante des documents de l'État ?

- **« Respect »** Le plus contraignant est sans doute le premier qui impose que le SRADDET « respecte » les règles générales d'aménagement et d'urbanisme à caractère obligatoire prévues au livre Ier du Code de l'urbanisme. On dépasse là clairement la seule question de la politique énergétique puisque, dans le livre 1er du Code de l'urbanisme, se trouvent tous les principes généraux de l'urbanisme, les règles applicables sur l'ensemble du territorial national ou déclinées territorialement avec les directives territoriales d'aménagement et de développement durables (DTADD[23]). S'y trouve aussi toute la règlementation sur les espaces boisés, les espaces naturels sensibles, etc. ainsi que la codification des lois Montagne et Littoral. Mais en ce qui concerne plus particulièrement la question de la transition énergétique, les DTADD, adoptées par décret, jouent un rôle particulier puisqu'elles *« peuvent déterminer les objectifs et orientations de l'État en matière […] d'amélioration des performances énergétiques et de réduction des émissions de gaz à effet de serre dans des territoires présentant des enjeux nationaux dans un ou plusieurs de ces domaines ».* Par l'adoption de directives territoriales dont le respect s'imposera à la région lors de l'élaboration du SRADDET, l'État a donc un premier levier fort pour imposer ses orientations.

« Compatibilité » ensuite imposée au SRADDET avec les objectifs nationaux de la PPE[24], elle aussi adoptée par décret, notamment en ce qui concerne le *« développement de l'exploitation des énergies renouvelables et de récupération ».* C'est ce volet de la PPE qui

[23] C. urb., art. L. 102-4.

[24] C. énergie, art. L. 141-1 et s.

« quantifie les gisements d'énergies renouvelables valorisables par filière » avec lequel le SRADDET doit être compatible. Et, c'est une nouveauté de la loi Climat et résilience de 2021[25], il doit également être compatible avec les *« objectifs régionaux de développement des énergies renouvelables »,* également établis par décret, après concertation avec les conseils régionaux concernés[26]. La région doit donc tenir compte dans son schéma d'objectifs de développement des énergies renouvelables, territorialisés, adaptés à son territoire, et à la définition desquels elle devra avoir contribué via une concertation avec l'État[27] !

« Prise en compte », enfin, par le SRADDET de la stratégie bas-carbone de l'État, également fixée par décret[28]. Le Code de l'environnement, sur ce point, appuie les dispositions du CGCT en rappelant à son tour que *« L'État, les collectivités territoriales et leurs établissements publics respectifs prennent en compte la stratégie bas-carbone dans leurs documents de planification et de programmation qui ont des incidences significatives sur les émissions de gaz à effet de serre »*[29]. Le SRADDET ne peut donc pas prévoir une stratégie de développement du territoire régional qui serait émettrice de gaz à effet de serre au-delà de ce que permet/prévoit la « stratégie nationale de développement à faible intensité de carbone » notamment en ce que celle-ci répartit le « budget carbone » de la France par grands secteurs, par secteur d'activité (bâtiments, transports, agriculture, forêts-bois et sols, industrie, production d'énergie, déchets), et par catégorie de gaz à effet de serre ainsi que par période.

Ainsi qu'on peut le lire dans les documents ministériels officiels relatifs à la SNBC, les SRADDET, les SRCAE (Ile-de-France et Corse) et les SAR (schémas régionaux d'aménagement en Outre-Mer), ainsi que les PCAET *« doivent prendre en compte la SNBC et assurent ainsi une territorialisation de ses objectifs et orientations »*[30]. Le PAECT entre aussi dans cette logique de territorialisation en raison de ses « rapports » avec les documents de planification énergétique de l'État et le SRADDET.

---

[25] LOI n° 2021-1104 du 22 août 2021 portant lutte contre le dérèglement climatique et renforcement de la résilience face à ses effets, JORF 24 août.

[26] C. énergie, art. L. 141-5-1.

[27] Sur cette logique ascendante, voir le II.

[28] C. envir., art. L. 222-1 B.

[29] C. envir., art. L. 222-1 B, III.

[30] Voir sur le site du ministère de l'Écologie, *SNBC, synthèse,* mars 2020, p. 11 [consulté le 20/11/2023] : https://www.ecologie.gouv.fr/sites/default/files/SNBC-2%20synthe%CC%80se%20VF.pdf

2. Les rapports juridiques entre PCAET et documents de planification énergétique de l'État, entre PCAET et SRADDET

Concernant les rapports juridiques entre PCAET et documents de planification énergétique de l'État

Le PCAET est prévu par le Code de l'environnement[31] mais celui-ci contient peu de précisions sur les rapports juridiques qu'entretient le PCAET avec les documents de planification étatiques ou régionaux. Le Code de l'environnement pose une règle moins claire « d'articulation des objectifs » des plans et schémas. Ainsi, aux termes de l'article R. 229-51, II, *« Le plan climat-air-énergie territorial décrit les modalités d'articulation de ses objectifs avec :*
1° Ceux du schéma régional du climat, de l'air et de l'énergie prévu à l'article L. 222-1 ;
2° Ceux du schéma d'aménagement régional prévus à l'article L. 4433-7-3 du Code général des collectivités territoriales ;
3° Ceux du schéma régional d'aménagement, de développement durable et d'égalité des territoires prévus à l'article L. 4251-1 du Code général des collectivités territoriales.
Si ces schémas ne prennent pas déjà en compte la stratégie nationale bas-carbone mentionnée à l'article L. 222-1 B, le PCAET décrit également les modalités d'articulation de ses objectifs avec cette stratégie ».
D'autres dispositions du Code de l'environnement sont plus explicites. Par exemple, son article L. 222-1-B, III, pose que *« L'État, les collectivités territoriales et leurs établissements publics respectifs prennent en compte la stratégie bas-carbone dans leurs documents de planification et de programmation qui ont des incidences significatives sur les émissions de gaz à effet de serre ».* Cela vaut donc aussi pour le PCAET qui a en conséquence une obligation de prise en compte de la SNBC (et pas simplement « d'articulation » avec ses objectifs).

Concernant les rapports juridiques entre PCAET et SRADDET

« Ensemblier », « intégrateur », le SRADDET est présenté comme le « schéma des schémas » qui, par voie de conséquence, s'impose aux documents de planification et d'urbanisme des autres acteurs publics locaux.

---

[31] C. envir., art. L. 229-26 et R. 229-51 à R. 229-56.

Ainsi, il s'impose au PCAET comme il s'impose au SCoT ou, à défaut, au PLUi[32].

Aussi, le PCAET doit-il prendre en compte les objectifs du SRADDET et être compatible avec ses règles générales inscrites dans le fascicule.

Le premier rapport, de prise en compte des objectifs, conduit à ce que le PCAET apparaisse comme permettant la déclinaison du SRADDET. Et si lui-même est la déclinaison des objectifs fixés par l'État, nationalement et régionalement, le dessin (dessein ?) devient celui d'une territorialisation descendante progressive.

Le deuxième rapport, de compatibilité du PCAET avec les règles générales du fascicule, induit la non-contrariété avec les règles prescriptives posées par la région. Comme le relève Laura DAYDIE, *« ce lien de compatibilité doit ainsi permettre de favoriser la cohérence des politiques publiques énergétiques tout en privilégiant l'influence de la région »*[33].

À titre d'illustration on peut se référer au SRADDET de la Région Sud (PACA). Celui-ci prévoit une ligne directrice n° 1 « renforcer et pérenniser l'attractivité du territoire régional » c'est-à-dire « renforcer le rayonnement, notamment économique, du territoire, tout en le préservant et en accompagnant la transition environnementale et énergétique.

Dans cette ligne directrice n° 1, son axe 3 est de conforter la transition environnementale et énergétique. Cet axe est lui-même décliné en orientations, la première étant d'aller vers une société « post-carbone » en augmentant la production d'énergie thermique et électrique (objectif 19). Dans ce but, la région choisit, par exemple, *« pour le développement de parcs photovoltaïques, [de] favoriser prioritairement la mobilisation de surfaces disponibles sur du foncier artificialisé, en évitant l'implantation de ces derniers sur des espaces naturels et agricoles ».* PAET, SCoT et PLU devront donc se plier à cette règle, ne pas entrer en contrariété avec elle, en empêchant, par exemple, l'installation de panneaux photovoltaïques sur du foncier artificialisé ou en imposant l'installation sur d'autres types de foncier.

Dans la SNBC, telle qu'arrêtée en mars 2020, l'État fait le constat que, même si *« par le biais des SRADDET, les régions assurent la*

---

[32] CGCT, art. L. 4251-3.

[33] L. Daydie, « Planification territoriale et énergie », in M. Douence, *L'exercice des compétences locales. Entre rationalisation et créativité*, L'Harmattan, 2018.

territorialisation des orientations nationales », l'articulation des objectifs nationaux et régionaux ainsi que la comptabilisation des différentes actions territoriales ne sont pas véritablement réalisées ou même réalisables :

« Le calendrier de révision de la SNBC n'a pas permis la pleine articulation des objectifs climatiques des SRADDET et des PCAET avec ceux de la SNBC du fait de calendriers d'élaboration parallèles dans des contextes de fortes reconfigurations territoriales des collectivités. La comparaison des objectifs des territoires avec les objectifs d'échelle territoriale est difficile du fait de l'hétérogénéité des méthodes pour les définir. Par ailleurs, si ces documents de planification doivent prendre en compte la SNBC, il n'existe actuellement pas de dispositif permettant de s'assurer que la somme des stratégies territoriales est cohérente avec l'ambition nationale. Un groupe de travail "écologie territoriale" est chargé, en lien avec les associations d'élus, de définir une méthode et des indicateurs de suivi permettant de mieux territorialiser les objectifs des stratégies nationales et d'assurer le suivi partagé de leur déploiement »[34].

Au titre de cette volonté de « territorialiser » les objectifs nationaux, les exemples d'orientations « territoriales » de la SNBC sont éloquents :

« Poursuivre le dialogue État – Régions sur l'articulation des objectifs des SRADDET et des PCAET avec la SNBC et veiller à ce que ce dialogue soit également décliné entre les Régions et leurs intercommunalités » ;

« Harmoniser les données et méthodes de travail utilisées pour l'élaboration des documents de planification sur le climat pour faciliter l'articulation des plans entre eux, en particulier pour la définition des objectifs, des indicateurs et des dispositifs de suivi. Conforter les observatoires régionaux du climat pour permettre la production des données territoriales régulières, comparables et additionnables »[35].

Peut-être est-ce ce constat, amer mais réaliste, d'avoir, pour l'instant, échoué à territorialiser sa stratégie bas-carbone qui a conduit l'État à envisager d'associer les collectivités territoriales plus largement à la détermination de la politique énergétique nationale.

---

[34] SNBC, mars 2020, pp. 49-50 [consulté le 21/11/2023] : https://www.ecologie.gouv.fr/sites/default/files/2020-03-25_MTES_SNBC2.pdf

[35] *Ibid.*

II. Les collectivités territoriales participent-elles à la détermination de la politique énergétique de l'État ?

La question ici posée a pourtant de quoi surprendre, même sans trancher celle de savoir si les compétences énergétiques des collectivités territoriales sont des compétences exclusives ou partagées. A-t-on déjà vu un domaine dans lequel les collectivités territoriales prendraient part à la détermination des axes, des objectifs d'une politique nationale ? Plus précisément, ici, on s'interroge pour savoir si les collectivités peuvent participer à la définition des axes ou objectifs *territoriaux* de la politique énergétique de l'État ou si l'État décide seul de la politique à mettre en œuvre sur chaque territoire, quelles qu'en soient les spécificités.

En d'autres termes, la « courroie de transmission » évoquée plus haut peut-elle fonctionner dans les deux sens : celui d'une territorialisation descendante de la politique énergétique de l'État et celui d'une territorialisation ascendante de celle-ci, par l'association des collectivités et de leurs groupements à la définition par l'État d'axes ou d'objectifs territorialisés ?

C'est la voie que le législateur semble avoir ouverte à deux reprises : dans la loi Climat et résilience, en août 2021, avec la création d'objectifs régionaux de développement des énergies renouvelables et l'institution d'un Comité régional de l'énergie et dans la loi d'accélération des énergies renouvelables, en mars 2023, avec la définition de zones communales d'accélération des énergies renouvelables.

A. La participation par la définition d'objectifs régionaux de développement des énergies renouvelables

1. La définition d'objectifs régionaux de développement des énergies renouvelables

La loi dite Climat et résilience, adoptée en août 2021[36], est largement le résultat d'une démarche inédite : la mise en place par tirage au sort d'une Convention citoyenne pour le climat et la reprise (quasi) sans filtre des résultats de ses travaux, conçus dans une logique systémique balayant cinq grandes thématiques : consommer, produire et travailler,

---

[36] L. n° 2021-1104 du 22 août 2021 portant lutte contre le dérèglement climatique et renforcement de la résilience face à ses effets, *JORF* 24 août.

se déplacer, se loger et enfin, se nourrir. C'est ainsi que, dans la thématique « produire et travailler », la Convention citoyenne avait étudié un objectif « Production, stockage et redistribution d'énergie pour et par tous », au sein duquel elle prônait d'améliorer la gouvernance territoriale/régionale car « chaque région ou pilote régional connaît beaucoup mieux ses capacités et ses opportunités en énergies renouvelables »[37]. À ce titre, la convention citoyenne préconisait de *« donner des objectifs de Programmation Pluriannuelle de l'Énergie (PPE) au niveau régional et mettre en place des plans d'action par région »,* ou encore de *« répartir le budget de la PPE sur l'ensemble des régions et les laisser libres d'adapter leur plan d'action pour atteindre leurs objectifs en fonction des spécificités des territoires et des ressources disponibles localement ».*

Le travail de légistique tendant à une « transcription juridique » des propositions de la convention citoyenne a conduit à proposer d'inscrire dans la loi **la définition d'objectifs régionaux de développement des énergies renouvelables au niveau national** dans le cadre de l'élaboration de la PPE ou de la loi de programmation énergie climat.

Traduction dans la loi de ces préoccupations de la convention citoyenne, un chapitre, « Favoriser les énergies renouvelables », pose donc des dispositions innovantes sur la définition d'objectifs régionaux (art. 83) codifiées dans le Code de l'énergie :

Art. L. 141-5-1. – Des objectifs régionaux de développement des énergies renouvelables sont établis par décret pour le territoire métropolitain continental, après concertation avec les conseils régionaux concernés, pour contribuer aux objectifs mentionnés à l'article L. 100-4, dans la loi mentionnée au I de l'article L. 100-1 A ainsi que dans la programmation pluriannuelle de l'énergie mentionnée à l'article L. 141-3. Ces objectifs prennent en compte les potentiels énergétiques, renouvelables et de récupération, régionaux mobilisables.

Une méthode et des indicateurs communs permettant de suivre, de façon partagée entre les régions et l'État ainsi qu'entre les collectivités territoriales d'une même région, le déploiement et la mise en œuvre des objectifs régionaux de développement des énergies renouvelables sont définis selon des modalités fixées par décret.

L'objectif ici est donc clairement une territorialisation (régionalisée) de la politique de l'État en matière de développement des énergies renouvelables : l'État, par décret, établit les objectifs à atteindre par

[37] Convention citoyenne pour le climat, rapport final, p. 141.

région. En outre, pour parer aux critiques et risques détectés à propos de la territorialisation de la SNBC (comme relevé précédemment), sont prévus « une méthode » et « des indicateurs communs » pour suivre le déploiement de ces objectifs. En somme, assurer la production *« des données territoriales régulières, comparables et additionnables »* qui manquent pour l'instant à la territorialisation de la stratégie bas-carbone.

À ce stade, c'est toujours l'État qui décide et détermine les objectifs de sa politique. Cependant, les régions y sont associées. Les objectifs régionaux sont, certes, établis par décret mais « après concertation avec les conseils régionaux concernés ». La forme et les modalités de cette concertation avec les conseils régionaux, néanmoins, ne sont pas précisées… C'est à ce stade, peut-être, qu'intervient le Comité régional de l'énergie.

2. La participation des collectivités à la définition de ces objectifs régionaux : le rôle du Comité régional de l'énergie ?

Le thème abordé par la Convention citoyenne était bien celui d'une « gouvernance » territoriale/régionale et appelait à mettre en place une coordination au niveau national et régional. Le comité légistique, dans son examen de la transcription juridique de cette proposition, relevait dans ses « points d'attention » que cette coordination existe déjà, d'abord, parce que *« les régions sont déjà chargées d'organiser les modalités de l'action commune des collectivités territoriales et de leurs établissements publics sur le climat, l'air et l'énergie »*, ensuite parce que *« ces modalités sont débattues au sein des conférences territoriales de l'action publique (CTAP) qui regroupent la région, les départements ainsi que des représentants des établissements de coopération intercommunale (EPCI) et des communes ».* Le comité légistique considérait, en conséquence, qu'il n'était *« pas nécessaire de créer une instance supplémentaire, les CTAP paraissant pouvoir remplir le rôle correspondant à la proposition du groupe de travail ».* Néanmoins, il formulait quand même une proposition de modalités de création d'une instance régionale dédiée exclusivement à la coordination en matière d'énergie. De là naît le Comité régional de l'énergie.

Envisagé uniquement par décret par le comité légistique, le Comité régional de l'énergie est finalement inscrit dans la loi, codifiée dans le Code de l'énergie, immédiatement après la disposition relative aux objectifs régionaux de développement des énergies renouvelables :

Art. L. 141-5-2. – I. – Dans chaque région située sur le territoire métropolitain continental, le comité régional de l'énergie est chargé de favoriser la concertation, en particulier avec les collectivités territoriales, sur les questions relatives à l'énergie au sein de la région. Il est associé à la fixation ainsi qu'au suivi et à l'évaluation de la mise en œuvre des objectifs de développement des énergies renouvelables et de récupération du schéma régional d'aménagement, de développement durable et d'égalité des territoires prévu à l'article L. 4251-1 du Code général des collectivités territoriales ou, en Île-de-France, du schéma régional du climat, de l'air et de l'énergie et de son schéma régional éolien prévus à l'article L. 222-1 du Code de l'environnement.
« Le comité régional de l'énergie peut débattre et rendre des avis sur tous les sujets relatifs à l'énergie ayant un impact sur la région.

Chargé de favoriser la concertation *« en particulier avec les collectivités territoriales »* sur les questions énergétiques au sein de la région, le Comité régional de l'énergie semble donc être l'instance choisie pour permettre une forme ascendante de définition des objectifs régionaux. Néanmoins, à la lecture des dispositions législatives, le « circuit » prédécisionnel, les étapes de dialogue entre État, région, collectivités, par l'intermédiaire du Comité semblent un peu floues. Il a donc fallu attendre le décret d'application pour en savoir un peu plus.

Daté du 27 janvier 2023[38], le décret reprend quasiment au mot près la disposition législative relative au rôle du comité (il est *« chargé de favoriser la concertation, en particulier avec les collectivités territoriales »*). Son apport porte donc essentiellement sur la composition, très large, du comité : co-présidé par le préfet de région et le président du conseil régional, il est composé au plus de 45 membres, assurant la représentation de l'État et de ses établissements publics, de la région, des départements, des communes, des EPCI, des autorités organisatrices de la distribution d'énergie mais aussi des entreprises du secteur de l'énergie (producteurs d'énergies renouvelables, représentants du personnel, consommateurs, gestionnaires de réseaux publics distribution et transport) et, enfin, d'organisations de la société civile *« actives dans le domaine de l'énergie et du climat »*, d'associations agréées pour la protection de l'environnement et d'associations de consommateurs

---

[38] Décret n° 2023-35, 27 janv. 2023, relatif aux comités régionaux de l'énergie, *JORF* 28 janv.

particuliers et de personnalités qualifiées[39]. Cette composition pléthorique vise évidemment à la concertation la plus large possible mais présente aussi le risque d'entraver le bon fonctionnement du comité. Dans un souci de réalisme, cependant, le décret prévoit que les coprésidents ont voix prépondérante, que s'ils s'abstiennent ou ont des votes opposés, la disposition objet du vote est rejetée. Mais, si le désaccord porte précisément sur la proposition des objectifs régionaux de développement des énergies renouvelables, *« les coprésidents peuvent transmettre au ministre en charge de l'énergie une synthèse des débats sur la proposition »*.

Est-ce donc la concertation annoncée entre l'État et le conseil régional pour fixer les objectifs régionaux de développement des énergies renouvelables ? Probablement…

À l'heure actuelle, les Comités régionaux sont en cours d'installation. Celui des Hauts-de-France a été installé en juillet 2023[40], celui de la « région Sud » (PACA) début octobre 2023[41], celui de Nouvelle-Aquitaine également[42]. Celui de Bretagne est attendu pour novembre 2023. Concernant ces installations, on relèvera simplement que ce sont systématiquement les services de l'État qui en font part.

L'institution est donc encore trop récente pour savoir quelles seront les pratiques, si ces comités seront de réelles courroies de transmission ascendante, vers le ministre, de propositions d'objectifs régionaux ou si, à l'instar des CTAP, ils apparaîtront comme trop lourds, trop formels[43], et que le dialogue véritable se fera en dehors d'eux.

---

[39] CGCT, art. D. 141-2-3.

[40] https://www.prefectures-regions.gouv.fr/hauts-de-france/Actualites/Energie-installation-du-comite-regional-de-l-energie-des-Hauts-de-France

[41] https://www.paca.developpement-durable.gouv.fr/installation-du-comite-regional-de-l-energie-a15350.html

[42] https://www.prefectures-regions.gouv.fr/nouvelle-aquitaine/Actualites/Installation-du-Comite-regional-de-l-energie-de-Nouvelle-Aquitaine

[43] Sur ce sujet, voir not. C. Cukierman, rapporteure de la mission d'information *Compétences des départements dans les régions fusionnées*, rapp. d'information n° 706 (2019-2020), « Rallier les citoyens, relier les territoires : le rôle incontournable des départements », 15 sept. 2020, 3e partie., p. 85 et s.
Disponible en ligne : http://www.senat.fr/rap/r19-706/r19-706.html [consulté le 10/05/2022].

B) La participation par la définition des zones d'accélération des énergies renouvelables

Encore plus récentes que les objectifs régionaux de développement des énergies renouvelables, ce sont les « zones d'accélération des énergies renouvelables » qui ont fait leur apparition dans la loi du 10 mars 2023 relative à l'accélération de la production d'énergies renouvelables justement[44]. Celle-ci ajoute dans le Code de l'énergie un article L. 141-5-3, – immédiatement après les dispositions sur les objectifs régionaux et le comité régional de l'énergie – qui prévoit *« la définition de zones d'accélération pour l'implantation d'installations terrestres de production d'énergies renouvelables ».*

La compétence de délimitation géographique de zones propices à l'implantation d'installation de production d'énergies renouvelables revient en principe aux communes. Cela apparaît donc comme une nouvelle compétence qui leur serait attribuée et qui leur permettrait, ainsi, de prendre part à la définition de la politique énergétique nationale, au moins en ce qui concerne le développement des énergies renouvelables. En ce sens, ce serait une deuxième illustration, après les objectifs régionaux de développement des énergies renouvelables, de cette nouvelle logique de l'État de « territorialisation ascendante » de la politique énergétique.

Cependant, deux bémols voire trois doivent être apportés à cette interprétation.

Tout d'abord, comme pour les objectifs régionaux de développement des énergies renouvelables, cela ne concerne dans l'ensemble de la politique énergétique que la question du développement des énergies renouvelables. Ce n'est sans doute pas encore aujourd'hui, ni même demain, que l'on verra l'État associer les collectivités territoriales à la détermination des zones propices à l'installation de nouvelles centrales nucléaires par exemple.

Ensuite, même s'il est question de définir des zones, ce qui peut faire penser aux zonages retenus dans les plans locaux d'urbanisme par exemple, il ne s'agit justement que d'un zonage, au sens géographique, cartographique, du terme. La loi emploie d'ailleurs le terme même de « cartographie ». Ce faisant, la commune n'a pas réellement les moyens de développer une stratégie de développement, des orientations, bref, de participer à l'élaboration d'une politique. Leur détermination est d'ailleurs soumise par la loi à un nombre impressionnant de contraintes,

---

[44] L. n° 2023-175, 10 mars 2023, préc.

pudiquement baptisées « principes », qui laissent très peu de marge de manœuvre aux communes. Leur citation exhaustive semble éloquente en elle-même.

Art. L. 141-5-3. – I. – La définition des zones [...] répond aux principes suivants :

1° Elles présentent un potentiel permettant d'accélérer la production d'énergies renouvelables au sens de l'article L. 211-2 sur le territoire concerné pour atteindre, à terme, les objectifs mentionnés à l'article L. 100-4, dans la loi mentionnée au I de l'article L. 100-1 A et dans la programmation pluriannuelle de l'énergie mentionnée à l'article L. 141-1 ;

2° Elles contribuent à la solidarité entre les territoires et à la sécurisation de l'approvisionnement défini au 2o de l'article L. 100-1 ;

3° Elles sont définies dans l'objectif de prévenir et de maîtriser les dangers ou les inconvénients qui résulteraient de l'implantation d'installations de production d'énergies mentionnées au présent I pour les intérêts mentionnés aux articles L. 211-1 et L. 511-1 du Code de l'environnement ;

4° Elles sont définies, pour chaque catégorie de sources et de types d'installation de production d'énergies renouvelables, en tenant compte de la nécessaire diversification des énergies renouvelables en fonction des potentiels du territoire concerné et de la puissance d'énergies renouvelables déjà installée ;

5° À l'exception des procédés de production en toiture, elles ne peuvent être comprises dans les parcs nationaux et les réserves naturelles ni, lorsqu'elles concernent le déploiement d'installations utilisant l'énergie mécanique du vent, dans les sites classés dans la catégorie de zone de protection spéciale ou de zone spéciale de conservation des chiroptères au sein du réseau Natura 2000 ;

6° Elles sont identifiées en tenant compte de l'inventaire relatif aux zones d'activité économique prévu à l'article L. 318-8-2 du Code de l'urbanisme, afin de valoriser les zones d'activité économique présentant un potentiel pour le développement des énergies renouvelables.

Enfin, la procédure pour arrêter la délimitation de ces zones est telle qu'elle se fait sous le contrôle et la mainmise totale de l'État, quand bien même c'est au terme d'une concertation très large et très nourrie. À cette occasion, la loi a d'ailleurs créé un nouveau venu, représentant de l'État, dont on ne sait s'il doit être qualifié d'autorité ou pas : le référent préfectoral. Plus exactement, il est « référent à l'instruction des projets de développement des énergies renouvelables et des projets industriels nécessaires à la transition énergétique » et « nommé par le représentant de l'État dans le département, parmi les sous-préfets ». La disposition le concernant est placée dans le Code de l'environnement dans le chapitre relatif aux autorisations environnementales[45]. Son rôle premier est de *« faciliter les démarches administratives des pétitionnaires ».* Mais il lui incombe également *« de fournir un appui aux collectivités territoriales dans leurs démarches de planification de la transition énergétique ».*

Or, si l'État s'engage effectivement à fournir les informations utiles et disponibles relatives au potentiel d'implantation des énergies renouvelables[46], il a surtout confié à ce nouveau « référent » la mission de garantir, avec l'aide du Comité régional de l'énergie, que les zones délimitées par chaque commune seront suffisantes pour atteindre les objectifs posés par l'État.

La procédure est une véritable usine à gaz, d'une très grande lourdeur, avec des délais nombreux et stricts, des procédures de concertation (avec le public, au sein du Comité régional de l'énergie), des avis consultatifs (du Comité régional de l'énergie) et d'autres conformes (des conseils municipaux) et, en définitive, une transmission « pour information » au ministre. De l'avis conforme nécessaire des communes, on déduit que le référent préfectoral a la possibilité de retenir une cartographie différente de celle proposée par la commune et que la commune peut s'y opposer créant ainsi une zone « d'exclusion » mais ce terme n'est à aucun moment employé dans les textes.

En conséquence, la définition de ces zones apparaît bien comme un élément de territorialisation de la politique énergétique de l'État en matière de développement des énergies renouvelables mais en aucun cas comme un instrument de territorialisation ascendante. Pour le dire plus explicitement, ces zones sont un nouvel outil qui permet à l'État de mettre en œuvre sa politique énergétique (et ainsi de respecter ses engagements quantitatifs en termes de développement des énergies renouvelables) de manière plus efficace ou plus réaliste puisqu'il s'appuiera désormais sur le potentiel réel, déterminé au plus près « du terrain ». Ainsi, les communes apparaissent comme des partenaires de terrain, de proximité, pour l'État mais en aucun cas, comme des acteurs autonomes déployant leurs propres orientations.

---

[45] C. envir., art. L. 181-28-10.

[46] C. énergie, art. L. 141-5-3, II.

Conclusion

En matière énergétique, et plus précisément pour la conduite de la transition énergétique, l'État a l'absolue nécessité de s'appuyer sur les collectivités territoriales et leurs groupements car il s'agit là d'une politique qui ne peut pas être conduite sans une implication massive de tous les échelons, au-delà même des acteurs publics d'ailleurs (« notre affaire à tous »…). C'est pourquoi, par la loi, il s'est engagé dans ce processus de dévolution d'attributions larges, et plus particulièrement d'attributions de planification (pas seulement de compétences opérationnelles), aux collectivités territoriales afin qu'elles puissent, à leur échelle, c'est-à-dire à l'échelle de leur territoire, mobiliser efficacement et impliquer tous les acteurs.

Cependant, « en même temps », les enjeux concernés dépassent l'échelle locale. L'État est tenu par des engagements internationaux (COP 21 – Conférence de Paris en 2015), et surtout européens, en matière de lutte contre le dérèglement climatique notamment. Et il veut garder la main sur un secteur d'activité crucial pour la compétitivité de son économie et son indépendance. Il ne peut ou ne veut donc pas s'en remettre aveuglément aux collectivités territoriales et à leurs groupements. Il a seulement besoin de leur appui en raison de leur connaissance du terrain, de leur proximité avec tous les acteurs concernés (acteurs de la filière énergétique mais aussi citoyens, associations) pour définir une politique énergétique réaliste et réalisable selon le potentiel local.

Aussi, ne cherche-t-il pas à leur reprendre d'une main ce qu'il aurait donné de l'autre comme il le peut le faire dans d'autres domaines d'action : en la matière, il a *besoin* de l'action et de l'intervention des collectivités, fût-ce par la planification. Par contre, il veut contrôler leurs décisions, leur choix, leurs orientations, pour qu'elles se conforment aux axes stratégiques qu'il a lui-même définis (dans la limite du cadre européen néanmoins). Il est donc naturellement enclin à s'appuyer sur les collectivités territoriales comme sur autant de circonscriptions d'action régionale ou locale. Faut-il y voir une « re-centralisation » ou plutôt un nouveau mode d'action, de décision déconcentrée de l'État ?

On peut le regretter : les collectivités sont ainsi « ravalées » au rang de « territoires », de « circonscriptions » administratives de l'État et la démocratie locale n'y trouve pas sa place.

On peut s'en féliciter ou, du moins, en prendre acte, avec fatalisme et/ou réalisme. En effet, peut-il en être autrement sur une telle thématique « systémique » dont les enjeux sont mondiaux ? Les collectivités, dont la compétence ne s'étend qu'à leur territoire, pourraient-elles réellement être les maîtresses d'une transition énergétique menée territorialement sans un droit de regard de l'État ? Et inversement, le fait que l'État s'appuie pour territorialiser sa politique énergétique sur les collectivités et non sur ses propres services déconcentrés (alors qu'il pourrait avoir la ressource nécessaire avec les DREAL, les DDTM, etc.), n'est-ce pas une reconnaissance de la plus-value de l'action des collectivités et de la démocratie locale ?

La présence d'élus locaux, et pas seulement de fonctionnaires, d'agents publics, semble cependant nécessaire dans la mesure où ce sont eux qui vont pouvoir exprimer le mieux les besoins, les attentes et les capacités des « territoires ». En faisant des collectivités territoriales les relais de sa politique énergétique, l'État s'appuie sur des élus « de territoire » susceptibles de rallier les citoyens en premier lieu et les acteurs socio-économiques en deuxième lieu et peut-être d'assurer ainsi une plus large adhésion aux objectifs et aux projets et une plus forte résilience collective sur ces sujets vitaux pour la survie de l'espèce humaine à une échéance de plus en plus brève.

Éducation :
les grands principes de répartition des compétences

Bertrand Faure,

Professeur à l'Université de Nantes

La grande décentralisation des années 1980 aura offert à la France une nouvelle répartition de ses compétences éducatives[1]. Toutefois, le réaménagement opéré ne pouvait que demeurer limité en raison de l'obligation constitutionnelle à constituer et maintenir l'enseignement public gratuit et laïc à tous les degrés comme un grand service public national (alinéa 13, Préambule Constitution 1958, art. L.211-1 Code Éducation issu Loi du 13 août 2004). Il était entendu qu'il était impossible d'admettre une évolution de ce service qui aille contre le droit et une pratique traditionnelle profondément ancrés auxquels s'est toujours rattachée l'idée d'une égalité entre tous les Français devant l'Éducation. Les ressorts du fonctionnement de cette activité ne devaient pas non plus se trouver bouleversés qui sont fondés sur un incessant dialogue, souvent mouvementé, entre le personnel enseignant et l'État. Le centralisme ministériel et le corporatisme se sont toujours appelés et corrigés mutuellement.

Mais les évolutions contemporaines n'avaient cessé d'alourdir l'organisation de l'éducation nationale. Pour répondre aux exigences sociales celle-ci avait allongé la durée obligatoire de scolarisation à 16 ans, élargi et diversifié ses missions éducatives (formations techniques, formation continue, apprentissage...). La déconcentration de certains éléments de sa gestion au niveau des rectorats et des inspections d'académie n'avait pas considérablement pu alléger le fonctionnement d'ensemble et l'hypertrophie de cette grande machinerie.

Avant le tournant de la décentralisation, des appels s'étaient fait entendre en faveur d'une plus grande autonomie des établissements

[1] Notre étude prend appui sur l'article de Jean-Claude Douence, « La décentralisation du système éducatif », *in Les nouvelles compétences locales* (F. Moderne dir.), Economica 1985, p. 201 et sur les différents fascicules rédigés, dans le domaine de l'Éducation, par Jacques Fialaire au sein de *l'Encyclopédie Dalloz des collectivités locales*, s'agissant notamment des compétences de ces collectivités (mise à jour périodique).

d'enseignement, sans pour autant que le rôle qu'ont joué les collectivités territoriales ait pu encore être discerné avec précision. Ce rôle reste d'ailleurs encore aujourd'hui largement ambigu par lequel l'État se sera efforcé de transférer vers ces collectivités les charges d'organisation du service sans pour autant les impliquer dans les compétences pédagogiques. À la veille de la décentralisation, les collectivités étaient déjà assez largement impliquées dans les dépenses scolaires, s'agissant essentiellement de participer au financement des bâtiments scolaires, des cantines et des internats, et des transports scolaires. Les communes étaient encore les plus impliquées, le dixième de leur budget pouvant être sollicité en ce sens.

Les lois des années 1980 auront installé une décentralisation du système éducatif confirmant le système antérieur tel qu'il s'était établi. La primauté de l'État concernant les structures pédagogiques ne pouvait être remise en cause sauf à rompre avec l'idée qu'on s'est toujours faite de l'égalité des chances entre les élèves qui n'auraient pas continué à bénéficier des mêmes formations, des mêmes programmes, des mêmes diplômes et de la même pédagogie sur l'ensemble du territoire. Dans le même sens, la gestion du personnel enseignant, sa formation, son recrutement, ses missions devaient demeurer de la seule responsabilité de l'État, quand bien même s'exerce-t-elle dans un cadre déconcentré. Les lois décentralisatrices prennent d'ailleurs plus exactement appui sur les termes de « charges », de « responsabilités » que de compétences. Certains partisans déçus d'une vraie décentralisation avaient pu s'indigner qu'« on décentralise les crayons ».

La décentralisation du système éducatif signale donc particulièrement la méprise assez répandue d'une volonté de décentraliser sans en payer le prix, c'est-à-dire sans en vouloir les conséquences. Les décentralisateurs de l'époque n'entendaient pas rompre avec un statut national de l'enseignant et de l'élève. La méprise est que, sous une revendication de décentralisation, s'exprime, au fond, une aspiration à l'égalité qui est, pour tous les Français, une passion négatrice de la décentralisation. Le contraste est assez saisissant avec bien des États comparables au nôtre et qui ont pu concevoir que l'éducation pouvait devenir, chez eux, une véritable question d'intérêt local, nonobstant des règlementations et des contrôles nationaux.

Le cheminement législatif pour installer cette décentralisation du système éducatif a d'ailleurs été relativement chaotique. Celle-ci fut assez tardivement posée par la loi du 7 janvier 1983 et encore, limitée aux domaines encore neufs de la formation professionnelle et de l'apprentissage. Le cœur du système éducatif sera prudemment traité avec recul par la loi postérieure du 22 juillet 1983. C'est d'ailleurs un processus lent et chaotique que met en place la décentralisation dans le domaine éducatif devant s'achever par la loi du 25 janvier 1985. La loi universitaire du 26 janvier 1984 a eu peu d'impact sur les collectivités territoriales. Les rapports avec l'enseignement privé feront, en revanche, l'objet d'un débat politique agité avec le renoncement au « projet de loi Savary », une proposition de révision constitutionnelle avortée face à la réprobation publique, et l'adoption, après correction du Conseil constitutionnel, de la loi de janvier 1985.

La place des collectivités territoriales dans la réorganisation du système éducatif devait donc demeurer limitée. Elle reste encore ambiguë aujourd'hui. L'État aura recherché et trouvé un relai de moyens dans la décentralisation qui aura donné efficacité à offrir au pays des bâtiments et des structures administratives rénovées. Les réformes ultérieures tenteront, avec des effets limités, de corriger partiellement l'émiettement des compétences en la matière et de décentraliser davantage. Mais les grands principes de répartition demeurent inchangés.

Nous envisagerons successivement d'aborder l'enseignement public primaire et secondaire en premier lieu, la formation professionnelle et l'apprentissage (avec l'enseignement artistique et sportif) en deuxième lieu, et l'enseignement privé en troisième et dernier lieu.

I. La répartition des compétences dans l'enseignement public

Elle est l'œuvre de la loi du 22 juillet 1983. Celle-ci va procéder à l'encontre des principes de départ proclamés par l'État-décentralisateur en 1982 en faveur, sinon de l'acteur exclusif, à tout le moins de l'acteur dominant, une compétence devant se trouver entièrement attribuée à un niveau unique de collectivité territoriale. C'eût été le gage d'une décentralisation plus simple et plus claire. Dans le domaine éducatif, comme ailleurs, la décentralisation pratiquée aura partagé l'exercice de la nouvelle compétence entre tous les niveaux de collectivités. Au surplus, la loi n'est pas complète, ce qui est maintenu dans les compétences de l'État n'ayant pas à figurer dans les articles d'une loi de décentralisation (contenu des formations, statuts des personnels enseignants...).

A) S'agissant des *écoles élémentaires et maternelles*, la longue tradition de collaboration entre l'État et les communes n'a pas été modifiée (lois 30 octobre 1886 et 19 juillet 1889). L'État s'y est toujours réservé la gestion du personnel enseignant, les charges d'entretien et de construction des bâtiments scolaires relevant des communes qui en sont propriétaires. À cet égard, l'apport de la loi de 1983 fut davantage confirmatif que novateur. Les activités péri-scolaires restent en dehors du champ de la loi, ce qui veut dire que les communes continuent de les prendre à leur charge dans des conditions de liberté à peu près inchangées (cantines – voir toutefois loi EGALIM 30 octobre 2018 –, centres aérés et colonies de vacances, garderies). Leur clause générale de compétence constitue le titre sur le fondement duquel celles-ci peuvent ici établir leurs initiatives. Elles en constituent même leurs plus remarquables illustrations.

En l'absence de décentralisation nouvelle, le législateur pouvait se dispenser d'affecter des ressources supplémentaires au profit des communes. Déjà certaines dotations attribuées leur permettaient d'y faire face dans une certaine mesure, comme la célèbre dotation spéciale des instituteurs permettant de les loger que l'État s'est toujours refusé à prendre directement à sa charge. En conséquence, ce financement constitue une dépense obligatoire pour les communes. Les principes de cette dotation n'ont pas été substantiellement modifiés depuis 1986. Pour les écoles maternelles, le maire peut refuser d'y inscrire de nouveaux élèves motif pris de l'insuffisance des capacités d'accueil, ce niveau d'éducation demeurant facultatif (CE 2 mars 1983, *Commune de Saint-Michel sur Ternoise*, req. n° 115343).

La réforme de la décentralisation n'aura pas non plus établi la collaboration entre l'État et les communes sur des bases plus égalitaires et respectueuses du principe de libre administration des collectivités territoriales, l'État continuant à la soumettre à sa réglementation, ses moyens et ses contrôles (par exemple, normes techniques de construction des bâtiments scolaires). Tout se passe comme si les communes continuaient d'être enrôlées dans la gestion d'un service public de l'État, ce qui n'est pas très respectueux des principes du droit constitutionnel qui, sans exclure la pratique des dépenses obligatoires, s'efforcent d'établir une séparation, fût-elle relative, entre les administrations d'État et décentralisées des collectivités.

Une illustration supplémentaire, assez douloureusement ressentie, peut être donnée à propos du « service minimum d'accueil » des élèves dans les écoles que les communes se doivent d'assurer. Ce service consiste à accueillir les élèves des écoles maternelles et élémentaires nonobstant la grève du personnel enseignant en étant contraint d'affecter à cet accueil le personnel nécessaire (Loi 28 juillet 2008).

B) S'agissant de *l'enseignement du second degré*, la loi de juillet 1983 pose des solutions qui n'ont jamais été remises en cause : le département prend la responsabilité des collèges et la région celle des lycées et des établissements d'éducation spécialisés (art. 14). Ces solutions innovent dans la mesure où l'enseignement secondaire semblait progressivement se placer sous la responsabilité unique de l'État, exception faite de l'entretien des bâtiments scolaires assumés par les communes qui en étaient les propriétaires. Mais on se trouve face à un système de répartition superposée des compétences, chaque niveau de collectivité territoriale, de la commune à la région, étant investi d'un niveau d'enseignement. L'État se réserve l'enseignement supérieur (Loi 26 janvier 1984). Au surplus, le législateur prévoira des possibilités de collaboration et de délégation entre ces niveaux qui compliqueront encore la décentralisation éducative.

Ainsi, la collectivité territoriale concernée doit être consultée sur l'implantation d'une université sur son territoire (L.22 juillet 1983, art. 13). Les régions donnent leur avis sur la carte des formations supérieures et de la recherche. Au fil du temps, l'implication des collectivités territoriales dans l'enseignement supérieur ne cessera de se confirmer, l'État ne pouvant pas se dispenser des possibilités de financement que peut offrir chacune d'elles. Les financements des régions sont programmés dans le cadre d'un schéma régional de l'enseignement supérieur, de la recherche et de l'innovation. Les collectivités de niveau inférieur y sont associées (art. 216-11 Code Éducation, issu de la loi du 7 août 2015). Les financements des régions demeurent toutefois ciblés au profit des offres de formation et de recherche, le financement des locaux et du personnel enseignant demeurant de la responsabilité de l'État. Il s'ensuit que la région ne peut être regardée comme une autorité gestionnaire en matière d'enseignement supérieur, mais comme un relai de moyens qu'elles s'intéressent à fournir tant la vie d'une université est importante pour l'environnement économique, social et culturel. Le danger reste corrélativement, dans un contexte de tension budgétaire, le risque de repli financier de l'État à l'égard de son service public universitaire.

Les compétences que la région réunit à l'égard des lycées, des établissements d'enseignement spécialisé et de la formation professionnelle et de l'apprentissage (Loi 7 janvier 1983) vont d'un bloc. Elles font synthèse dans la vocation de cette collectivité de participer à la politique de l'emploi, de prendre en charge son développement économique et l'aménagement de son territoire.

La compétence reçue par les départements concernant les collèges ne s'imposait pas avec la force de l'évidence tant les communes, qui le plus souvent prenaient à leur charge les frais liés aux bâtiments dont elles étaient propriétaires, s'y impliquaient. Mais en milieu rural les communes n'auraient pas été dimensionnées pour recevoir une telle compétence. Le niveau intercommunal aurait sans doute été ressenti comme plus adéquat si l'équipement de la France en établissements publics de coopération intercommunale à fiscalité propre avait été aussi développé qu'aujourd'hui. C'est donc à défaut qu'on a vu le département jouer ce rôle fédérateur des besoins. D'ailleurs, il est possible de préfigurer le transfert de certaines compétences éducatives des départements au profit des établissements publics de coopération intercommunale les plus intégrés. Ainsi, les métropoles peuvent recevoir, après accord avec le département, la responsabilité de la reconstruction, de l'aménagement, de l'entretien et du fonctionnement courant des collèges (art. 90 L.7 août 2015).

Du fait de la loi, les collèges, lycées et établissements d'enseignement spécialisés deviennent des établissements publics locaux (Loi 25 janvier 1985). Pareille qualification légale doit toutefois s'entendre sous réserve des prérogatives de l'État tenu par sa mission constitutionnelle et légale d'assumer l'enseignement public. Les grandes règles de répartition des compétences ne varient donc pas avec les transferts des collèges et lycées : les structures pédagogiques restent à l'État, la décentralisation ne concernant que les moyens logistiques d'exercice de l'enseignement. Mais sur la base de ces principes, des solutions particulières peuvent s'imposer, redessinant les contours des interventions des différents acteurs. La région et le département assument la charge de la construction, de l'extension et des grosses réparations des lycées et collèges dont la propriété leur a été transférée de plein droit de la part de l'État et des communes. Ils assurent, en outre, la maintenance du matériel informatique, l'accueil, la restauration et l'hébergement des élèves (art. L.213-2 Code Éducation modifié par l'art. 26 loi 26 juillet 2019). Leur ont, en outre, été transférés les personnels techniciens, ouvriers et de service (TOS). Toutefois, des conventions de mutualisation peuvent être signées entre le département et sa région dans l'intérêt d'unifier la gestion du personnel TOS auprès de l'une ou l'autre de ces collectivités (art. L.216-2 Code Éducation, L.7 août 2015).

La qualification d'établissement public local n'aura pas, non plus, amené le réformateur à élargir la participation des élus de la collectivité de rattachement au sein du conseil d'administration de l'établissement. Elle eût pourtant suggéré leur participation majoritaire.

L'imbrication des interventions entre les collectivités – et entre elles et l'État – est telle qu'elle conduit à un vaste système d'interdépendance que le législateur ne pouvait se dispenser d'organiser. La carte scolaire est appelée à remplir globalement cette nécessaire fonction coordinatrice (art. L213-1 et s et L.214-1 et s. Code Éducation issus des L.22 juillet 1983 et 13 août 2004). Il est à noter que les écoles élémentaires et maternelles échappent à ce dispositif avec pour conséquence que les communes restent libres de leurs décisions de création et d'implantation d'écoles et de classes nouvelles dans la mesure où elles peuvent faire face aux charges correspondantes. L'État devra néanmoins fournir les moyens pédagogiques correspondants. L'idée de carte scolaire évoque une planification du territoire en établissements scolaires du second degré. Elle offre l'occasion aux conseils départementaux et régionaux d'établir leur programme d'implantation et d'investissement des collèges et lycées, ce qui inclut le pouvoir de situer les nouveaux établissements, de fixer leur capacité d'accueil et d'hébergement des élèves (loi 13 août 2004). Un accord doit être recherché avec les collectivités inférieures concernées par le projet. Corrélativement, le préfet détermine pour chaque projet les emplois d'enseignants qu'il estime pouvoir affecter. Sa décision nécessite l'accord de la commune concernée.

En outre, la région établit son schéma prévisionnel pour les formations des collèges, des lycées et des autres établissements. L'accord du département est requis, sans lequel la région serait suspecte d'exercer sur cette collectivité inférieure une « tutelle » que prohibent le CGCT et l'article 72 de la Constitution. Le respect de cette exigence implique que chaque niveau de collectivité territoriale doit demeurer autocéphale dans l'exercice de ses propres compétences, le schéma prenant l'aspect d'une ligne directrice et non d'une règlementation impérative.

La carte scolaire fait donc figure d'instrument global permettant d'établir une unité de conception et d'action de la politique scolaire dans un contexte où les possibilités d'intervention ont été réparties à tous les niveaux d'administration. L'obligation pour l'État d'en « tenir compte » pour l'affectation des moyens pédagogiques est évocatrice d'une contrainte juridique aussi limitée que possible : il s'agit seulement pour lui de décider après avoir pris connaissance des éléments du schéma dont il peut, s'il le souhaite, s'écarter. L'État dispose également du moyen d'exercer sa tutelle avec la dotation régionale d'équipement scolaire (art. 16 L.1983) qui lui permet de sélectionner les projets régionaux ou départementaux d'extension et de construction auxquels il estime opportun d'apporter son aide. En dépit du fait qu'un collège ou lycée soit un établissement public local, seul un arrêté préfectoral peut en créer un nouveau, après proposition de la collectivité de rattachement toutefois. En clair, L'État est libre d'affecter les moyens qu'on lui propose de consacrer à l'enseignement.

En cas de défaillance d'une collectivité dans la création prévue d'une école ou d'un établissement d'enseignement, l'État se réserve un pouvoir de substitution d'action après mise en demeure d'agir de cette collectivité (art. L.211-3 Code Éducation, issu de la loi du 10 juin 1985). Cette procédure a trouvé application dans un certain nombre de communes de l'ouest de la France à l'égard de communes décidées à ne pas créer d'école publique sur leur territoire.

Toute modification de la carte scolaire ne peut être obtenue que dans les conditions qui ont présidé à son établissement, c'est-à-dire après accord unanime de l'ensemble des administrations concernées. Il est donc impossible d'échapper à un système de fonctionnement lourd et lent, comme pour toutes les compétences décentralisées où le réformateur a trouvé expédient d'en éclater l'exercice à tous les niveaux.

Le principe de rattachement eût commandé de confier la présidence du conseil d'administration de l'établissement scolaire à l'exécutif de la collectivité. Mais les pressions conservatrices auront eu effet de maintenir le chef d'établissement sous l'autorité du ministre de l'Éducation qui le désigne et qui le représente. Il s'intègre ainsi mieux à l'organisation académique.

La gestion des transports scolaires a d'abord été confiée aux départements d'abord (1984). Elle relève à présent des régions (2017). L'État se réserve la réglementation technique de l'activité (contrôle des véhicules par exemple).

II. La décentralisation de la formation professionnelle et de l'apprentissage

Il s'agit d'un véritable transfert plénier de compétence au profit des régions nouvellement promues au statut de collectivité territoriale (art. L.214-12 Code de l'Éducation). À plus d'un titre, leur vocation à agir de la région dans ce domaine s'imposait. D'une part, celle-ci pouvait inscrire ces formations dans le cadre de sa politique générale de planification et de développement économique (Plan régional de développement des formations professionnelles, art. 11, loi 13 août 2004, art. L.214-13 Code Éducation, sauf formation professionnelle initiale en vertu de L.8 juillet 2013). D'autre part, l'exercice de cette compétence supposait davantage une politique d'animation, d'orientation et de financement qu'une prise en charge administrative classique et correspondait mieux à ses possibilités. Chaque région peut donc mener sa propre politique pour programmer des actions de formation qu'elle s'engage à financer par son aide apportée aux différents organismes pouvant proposer de l'apprentissage et de la formation continue (entreprises, organismes de formation...). L'État garde toutefois des possibilités d'action s'exerçant concurremment avec la région, soit parce qu'elles ressortissent à des organismes spécialisés rattachés à certains ministères, soit parce qu'elles ne sauraient relever d'aucune région déterminée (détenus, handicapés...), soit encore, parce qu'elles relèvent de politiques prioritaires qu'il se réserve d'assurer (emploi des jeunes, filière électronique...). La compétence de l'État, devenue l'exception en 1983, ne cesse de s'élargir par le développement de ses actions ponctuelles, notamment au titre de sa politique de l'emploi. L'action avec l'État est aussi conjointe puisque des conventions sont conclues chaque année entre les deux parties fixant les moyens de mise en œuvre du plan régional (financements, actions concrètes...).

La région exerce sa compétence dans le respect d'un cadre législatif et réglementaire plus ou moins contraignant (rémunération des stagiaires, financement des employeurs...).

Ajoutons que la région a reçu compétence pour déterminer un schéma régional de développement des enseignements artistiques (musique, danse et arts dramatiques). Ce schéma a pour but d'accorder les interventions des différents niveaux de collectivité territoriale qui demeurent tous compétents pour intervenir (art. 104, loi 7 août 2015). La région reçoit de l'État les financements que celui-ci accordait antérieurement aux établissements d'enseignement eux-mêmes.

Dans le domaine sportif, la région prend en charge les Centres de ressources, d'expertise et de performance sportive (CREPS) que l'État continue d'organiser (art. 28 et 29, L.7 août 2015).

III. Le financement de l'enseignement privé

La loi du 22 juillet 1983 ne traite pas de l'enseignement privé qui, pourtant, prend une place non négligeable dans le système éducatif français. Un problème de calendrier et les rapports mouvementés entre la nouvelle majorité socialiste et les partisans de l'école privée auront commandé de repousser la réforme du sujet. Les solutions données tardivement par la loi du 25 janvier 1985 ne sont pas allées dans le sens de la décentralisation. Elles se limitent à régir les conditions d'association des établissements d'enseignement privé au service public de l'Éducation. Ces conditions sont financières et visent à assurer le respect de la liberté d'enseignement (au sens donné par la décision du Conseil constitutionnel du 18 janvier 1985, n°84-135 DC) en lui assurant le soutien financier de toutes les parties prenantes. En clair, les départements et les régions doivent subvenir aux dépenses de fonctionnement de ces établissements selon les mêmes critères que ceux applicables pour l'enseignement public (« contrats d'association » – art. L.442-5 et s Code Éducation – et « contrats simples » à l'égard des écoles primaires privées avec un financement facultatif des communes – art. L.442-12 Code Éducation –). L'intervention du Conseil constitutionnel aura contribué à rendre obligatoire, et non facultatif comme voulu par le législateur, le financement de ces collectivités, la liberté d'enseignement triomphant implicitement du principe de libre administration et de leur liberté contractuelle. Ces contrats d'association sont conclus pour une durée indéterminée, sauf résiliation unilatérale du préfet, résiliation qui peut être sollicitée par une collectivité territoriale signataire. On constate que leur application, s'agissant de l'étendue des obligations financières imposées aux collectivités, donne lieu à un contentieux non négligeable.

Toutefois, l'offre en matière d'enseignement privé doit être prise en compte par un document de planification laissé à la maîtrise de la région : le schéma prévisionnel de formation qui doit attester « d'un besoin scolaire reconnu » (art. L.442-5 Code Éducation), largement entendu par le Conseil constitutionnel (demande des familles par exemple, n°84-135 DC préc.). Il s'ensuit que les établissements d'enseignement privés ne sauraient bénéficier d'un « droit au contrat ».

La réforme de la décentralisation n'a pas substantiellement modifié les principes de participation financière des communes au profit des écoles primaires privées sous contrat. Ils suivent un principe de parité avec le financement des établissements publics. Toutefois, l'aide des communes peut être matérielle (prestations, travaux...). Une contribution versée par les communes où résident les élèves non originaires de la commune siège est prévue. L'accord entre les communes, et à défaut la tutelle du préfet, la détermine (art. L.212-8 Code Éducation).

À l'égard de l'enseignement secondaire, les contributions locales (département pour les collèges et région pour les lycées) sont, en effet, calculées forfaitairement selon le coût de revient d'un élève par année pour les classes correspondantes dans l'enseignement public. Les collectivités disposent cependant d'une marge de décision dans la mesure où ce coût de revient est établi en rapport aux dépenses qu'elles déterminent pour leurs propres établissements d'enseignement public. Il n'y a donc pas d'uniformité de la contribution sur l'ensemble du territoire. Des aides supplémentaires consenties par les collectivités de leur propre initiative sont possibles.

En contrepartie, un représentant de la collectivité territoriale financeur participe aux délibérations du conseil d'administration de l'établissement privé. Il n'en est pas membre pour autant, ne possédant pas voix délibérative. Mais celui-ci pourra ainsi informer sa collectivité des choix budgétaires de l'établissement.

La compétence en matière de mineurs étrangers non accompagnés

Laetitia Janicot,

Professeur de droit public de l'Université Panthéon Sorbonne (ISJPS)

Les rapports entre l'État et les collectivités territoriales sous l'angle des compétences, ont été peu étudiés[1], l'attention de la doctrine s'étant principalement portée sur la répartition des compétences entre collectivités territoriales[2].

En matière de compétences, l'État n'est jamais loin. En dehors des compétences régaliennes, dont le champ n'est pas clairement identifié, l'État légifère, réglemente sur le champ et les conditions d'exercice des compétences des collectivités territoriales. L'État décide des transferts des compétences autoritairement ou sur la base du volontariat, à titre définitif ou expérimental. Il peut aussi décider, à l'inverse, de recentraliser une compétence. L'État finance, même s'il ne le fait pas assez, et il apporte également, de plus en plus souvent, son soutien logistique à l'exercice des compétences locales.

Enfin, l'État agit, presque systématiquement, dans le champ des compétences attribuées aux collectivités territoriales. L'article L. 1111-2, alinéa 2 du Code général des collectivités territoriales (CGCT) pose d'ailleurs ce principe de partage des compétences entre l'État et les collectivités. Les collectivités « concourent avec l'État à l'administration et à l'aménagement du territoire, au développement économique, social, sanitaire, culturel et scientifique, à la promotion de la santé, à la lutte contre les discriminations, à la promotion de l'égalité entre les femmes et les hommes ainsi qu'à la protection de l'environnement, à la lutte contre l'effet de serre par la maîtrise et l'utilisation rationnelle de l'énergie, et à l'amélioration du cadre de vie ». À l'image des blocs de

---

[1] V. toutefois, parmi d'autres ouvrages, *Les transferts de compétence de l'État aux collectivités locales*, J.-F. Brisson (dir.), L'Harmattan, 2009 ; Actes du colloque de l'AFDCL 2007 ; *Actes 1 et 2 de la décentralisation. Les transferts de compétences de l'État vers les collectivités territoriales. 40 ans de déplacement des politiques publiques*, O. Dupéron (dir.), L'Harmattan, 2023.

[2] À travers l'étude du principe de subsidiarité, du principe de collectivité chef de file, des délégations de compétences et de la différenciation territoriale.

compétences souhaités par la loi du 2 mars 1982 (CGCT, art. L. 1111-4, al. 1er), l'idée de compétences propres aux collectivités territoriales sur lesquelles l'État n'aurait aucun pouvoir de décision ou d'intervention paraît illusoire.

Dans ce contexte, l'étude de la compétence particulière des départements, en matière de prise en charge des mineurs étrangers non accompagnés (MNA), présente un intérêt particulier.

Cette compétence est, selon les mots de Bertrand Faure, « obligatoire » et « plénière »[3], c'est-à-dire attribuée de manière exclusive aux départements. Leur compétence n'est ni partagée, ni conjointe, ni parallèle, ni concurrente[4]. Malgré son caractère exclusif et obligatoire, l'étude des conditions d'exercice de cette compétence montre qu'elle n'échappe pas, malgré tout, à « l'État administrateur »[5].

La détermination des domaines d'intervention de l'État et des collectivités territoriales est « par définition poreuse et mouvante » et il est très difficile de « démêler ce qui relève de l'intérêt national ou de l'intérêt local dans ses multiples déclinaisons »[6]. Il n'en va pas différemment pour la protection des mineurs isolés étrangers, qui relève certes de l'aide sociale à l'enfance (ASE), compétence des départements, mais aussi de la police des immigrés, de la police sanitaire ou encore de l'hébergement d'urgence, qui relèvent, eux, de la compétence de l'État. La prise en charge de ces mineurs conduit donc « moins à mettre en œuvre des attributions ou des pouvoirs de manière mécanique qu'à articuler entre elles des compétences en fonction des problèmes à traiter »[7].

Or l'articulation entre les compétences des départements et celles de l'État, nécessaire pour mettre en œuvre cette politique publique relative aux mineurs isolés étrangers, ne passe pas par une paisible coopération,

---

[3] *Droit des collectivités territoriales*, Précis Dalloz, 2021, 6e édition, § 676, p. 574.

[4] Pour reprendre la distinction systématisée par V. de Briant, dans « La typologie des transferts de compétences de l'État aux collectivités territoriales », in *Les transferts de compétence de l'État aux collectivités locales*, dir J.-F. Brisson, L'Harmattan, 2009, p. 275 et dans sa thèse : *L'action commune en droit des collectivités territoriales. Contribution à l'étude de l'exercice en commun des compétences*, Thèse Paris II, 2007.

[5] B. Faure, *Droit des collectivités territoriales*, Précis Dalloz, 2021, 6e édition, § 676, p. 574.

[6] J.-F. Brisson, « Clarification des compétences et coordination des acteurs », *AJDA* 2014. 605.

[7] J.-F. Brisson, « Clarification des compétences et coordination des acteurs », *AJDA* 2014. 605.

mais plutôt par le conflit. Au-delà des communiqués de l'Assemblée des départements de France, des déclarations de certains présidents de département annonçant qu'ils n'acceptent plus de prendre en charge de mineurs isolés étrangers[8], ou du refus de se soumettre aux obligations que la loi leur impose, les départements n'hésitent pas à saisir le juge pour qu'il tranche des problèmes de répartition des compétences avec l'État.

Il faut dire que les départements ne peuvent plus faire face à l'afflux de ces mineurs et ne parviennent pas, faute de moyens financiers et humains suffisants, à assurer leurs missions définies par l'article L. 221-1 du CASF[9]. En 2022, 24 300 jeunes auraient bénéficié d'une prise en charge alors qu'ils étaient 1 747 en 2003. Cette situation risque d'ailleurs de s'aggraver, dès lors que la loi n° 2022-140 du 7 février 2022 relative à la protection des enfants[10] met à la charge des départements de nouvelles obligations en matière d'hébergement[11] et d'accompagnement des jeunes à la sortie du dispositif de protection de l'enfance afin d'éviter « les sorties sèches » de l'aide sociale à l'enfance[12].

---

[8] Par exemple, la déclaration d'octobre 2023 du département de Belfort.

[9] « Le service de l'aide sociale à l'enfance est un service non personnalisé du département chargé des missions suivantes : / 1° Apporter un soutien matériel, éducatif et psychologique tant aux mineurs et à leur famille ou à tout détenteur de l'autorité parentale, confrontés à des difficultés risquant de mettre en danger la santé, la sécurité, la moralité de ces mineurs ou de compromettre gravement leur éducation ou leur développement physique, affectif, intellectuel et social, qu'aux mineurs émancipés et majeurs de moins de vingt et un ans confrontés à des difficultés familiales, sociales et éducatives susceptibles de compromettre gravement leur équilibre ; (...) 3° Mener en urgence des actions de protection en faveur des mineurs mentionnés au 1° du présent article (...) ».

[10] Sur l'étude de cette loi, v. notamment D. Burriez, « La loi relative à la protection des enfants et MNA : quelle(s) évolution(s) pour les départements ? », *AJCT* 2022. 137 ; H. Rihal et D. Lecat, « Une nouvelle réforme de l'aide sociale à l'enfance », *AJDA* 2022. 977.

[11] L'article 7 de la loi prévoit que les mineurs ne peuvent être pris en charge en dehors des structures spécialement dédiées à la protection de l'enfance qu'à titre exceptionnel pour répondre à des situations d'urgence ou assurer la mise à l'abri des mineurs et uniquement pour une durée maximale de deux mois.

[12] Il est ainsi prévu l'organisation d'un entretien (CASF, art. L. 222-5-1) et l'accompagnement des jeunes majeurs (CASF, art. L. 112-3 et L. 222-5). H. Rihal et D. Lecat, « Le juge du référé-liberté confronté aux nouvelles exigences en matière d'accueil des jeunes majeurs », note sous CE, ord., 15 nov. 2022, n° 468365, *Département de l'Essonne*, *AJDA* 2023. 663.

Les conflits qui opposent les départements à l'État prennent principalement trois formes. L'État impose, tout d'abord, aux départements de partager leur compétence, pourtant exclusive, en ce qui concerne l'entrée des mineurs dans le dispositif de l'aide sociale à l'enfance (1). Parallèlement, les départements cherchent, en vain, à se soustraire à l'exercice de leurs compétences, liées à la prise en charge des mineurs, en invoquant des compétences de l'État (2). Enfin, pour justifier leur inaction, les départements tentent, mais là encore sans succès, de faire reconnaître la compétence supplétive de l'État en matière de police administrative générale (3).

I. L'obligation pour les départements de partager leur compétence avec l'État

Alors que la compétence des départements est exclusive, l'État est largement présent dans le processus de décision relatif à l'entrée des mineurs dans le dispositif de la protection de l'enfance[13].

Les services départementaux sont en principe seuls chargés de l'évaluation de la minorité et de l'isolement des enfants (art. L. 221-2-4 du CASF). Lorsque le mineur est considéré comme mineur et isolé, son cas est transmis au parquet compétent, à charge pour ce dernier de prendre une ordonnance de placement provisoire, dans l'attente de la décision de l'autorité judiciaire de confier l'enfant au département d'origine ou à un autre département[14].

Si le rôle des départements est premier, l'État n'est pas absent et il est même devenu un acteur incontournable de cette première phase, qui permet à un mineur étranger non accompagné d'intégrer le dispositif de l'aide sociale à l'enfance.

Le législateur a, tout d'abord, créé un fichier AEM (« Appui à l'évaluation de la minorité »), permettant de recueillir les données biométriques et biographiques des jeunes demandeurs (état civil,

[13] Le terme « d'étatisation » a été utilisé par D. Burriez, dans son article « L'étatisation de la protection des mineurs isolés étrangers », *AJDA* 2019. 802.

[14] L'article R. 221-11 du CASF indique : *« IV. Au terme du délai mentionné au I, ou avant l'expiration de ce délai si l'évaluation a été conduite avant son terme, le président du conseil départemental saisit le procureur de la République en vertu du quatrième alinéa de l'article L. 223-2 et du second alinéa de l'article 375-5 du code civil. En ce cas, l'accueil provisoire d'urgence mentionné au I se prolonge tant que n'intervient pas une décision de l'autorité judiciaire ».* V. aussi, CE, ord., 28 juillet 2016, n° 401626.

nationalité, empreintes digitales) et de les confronter aux fichiers relatifs aux demandes de visa (Visabio) et aux titres de séjour (Agdref)[15]. Répondant avant tout à une logique de gestion des flux migratoires, le fichier répertorie tous les mineurs étrangers ayant fait l'objet d'une demande de prise en charge auprès d'un département. Ce fichier permet ainsi de recenser les évaluations déjà réalisées et d'empêcher les évaluations successives et répétitives à l'initiative des demandeurs ou des départements eux-mêmes.

À l'origine, la loi prévoyait une simple faculté pour les départements de demander le concours du préfet. Mais certains départements (15 sur 77) s'étant opposés à la mise en place de ce système[16], un décret n° 2020-768 du 23 juin 2020 avait prévu, à partir de l'année 2021, que le montant du financement de l'État à destination des départements (un forfait de 500 euros par jeune évalué et de 90 euros par jour de mise à l'abri pendant 14 jours maximum, puis 20 euros par jour pendant neuf jours maximum) pouvait être modulé dès lors que ces départements n'avaient pas signé de convention avec l'État visant à l'utilisation de ce fichier dans le cadre de l'évaluation de la minorité et de l'isolement du demandeur[17].

La loi n° 2022-140 du 7 février 2022 s'est montrée encore plus contraignante. Elle a imposé aux départements une double obligation[18].

---

[15] Code de l'entrée et du séjour des étrangers et du droit d'asile, art. L. 611-6-1, issu de la loi 10 septembre 2018 *pour une immigration maîtrisée, un droit d'asile effectif et une intégration réussie* et Cons. Const. 26 juillet 2019, n° 2019-797 QPC, note D. Burriez, « Une curieuse conciliation entre l'intérêt supérieur de l'enfant et la lutte contre l'immigration irrégulière », *AJDA* 2019. 2133 et décret n° 2019-57 du 30 janvier 2019.

[16] Étude d'impact du projet de loi du 7 février 2022.

[17] Ce décret n° 2020-768 du 23 juin 2020 a été jugé légal par le Conseil d'État dans un arrêt du 4 février 2022, n° 443125, note I. Muller-Quoy, *AJDA* 2022. 1401. Il a été complété par un arrêté du 23 octobre 2020 qui a instauré une minoration de la participation de l'État de 400 euros par mineur.

[18] Article 40 de la loi et CASF, art. L. 221-2-4.-I : « Le président du conseil départemental du lieu où se trouve une personne se déclarant mineure et privée temporairement ou définitivement de la protection de sa famille met en place un accueil provisoire d'urgence. « II.- En vue d'évaluer la situation de la personne mentionnée au I et après lui avoir permis de bénéficier d'un temps de répit, le président du conseil départemental procède aux investigations nécessaires au regard notamment des déclarations de cette personne sur son identité, son âge, sa famille d'origine, sa nationalité et son état d'isolement. « L'évaluation est réalisée par les services du département. Dans le cas où le président du conseil départemental délègue la mission d'évaluation à un organisme public ou à une association, les services du département assurent un contrôle régulier des conditions d'évaluation par la structure délégataire.

Ils doivent présenter les mineurs aux services préfectoraux pour qu'ils soient enregistrés sur le fichier AEM et ils doivent également transmettre à ces mêmes services les décisions prises à la suite des évaluations. Ce n'est que si la minorité de l'enfant est manifeste que le département peut procéder à l'évaluation sans recourir aux services de l'État.

La loi assortit cette obligation d'une sanction financière plus sévère. Le versement de la contribution forfaitaire par l'État aux départements pour financer la phase d'évaluation est en effet conditionné au respect de ces obligations[19].

« Sauf lorsque la minorité de la personne est manifeste, le président du conseil départemental, en lien avec le représentant de l'État dans le département, organise la présentation de la personne auprès des services de l'État afin qu'elle communique toute information utile à son identification et au renseignement, par les agents spécialement habilités à cet effet, du traitement automatisé de données à caractère personnel prévu à l'article L. 142-3 du code de l'entrée et du séjour des étrangers et du droit d'asile. Le représentant de l'État dans le département communique au président du conseil départemental les informations permettant d'aider à la détermination de l'identité et de la situation de la personne.

« Le président du conseil départemental peut en outre :

« 1° Solliciter le concours du représentant de l'État dans le département pour vérifier l'authenticité des documents détenus par la personne ;

« 2°Demander à l'autorité judiciaire la mise en œuvre des examens prévus au deuxième alinéa de l'article 388 du code civil selon la procédure définie au même article 388.

« Il statue sur la minorité et la situation d'isolement de la personne, en s'appuyant sur les entretiens réalisés avec celle-ci, sur les informations transmises par le représentant de l'État dans le département ainsi que sur tout autre élément susceptible de l'éclairer.

« La majorité d'une personne se présentant comme mineure et privée temporairement ou définitivement de la protection de sa famille ne peut être déduite de son seul refus opposé au recueil de ses empreintes, ni de la seule constatation qu'elle est déjà enregistrée dans le traitement automatisé mentionné au présent II ou dans le traitement automatisé mentionné à l'article L. 142-1 du code de l'entrée et du séjour des étrangers et du droit d'asile.

« III. -Le président du conseil départemental transmet chaque mois au représentant de l'État dans le département la date et le sens des décisions individuelles prises à l'issue de l'évaluation prévue au II du présent article ».

[19] CASF, art. L. 221-2-4.- « IV.- L'État verse aux départements une contribution forfaitaire pour l'évaluation de la situation et la mise à l'abri des personnes mentionnées au I.

« La contribution n'est pas versée, en totalité ou en partie, lorsque le président du conseil départemental n'organise pas la présentation de la personne prévue au troisième alinéa du II ou ne transmet pas, chaque mois, la date et le sens des décisions mentionnées au III.

L'État intervient également au niveau de la répartition de ces mineurs sur l'ensemble du territoire national[20]. Il revient, en effet, au juge des enfants ou au procureur de la République d'identifier le département qui prendra en charge le mineur, après avoir recueilli l'avis de la cellule nationale d'orientation de la Mission MNA au sein de la sous-direction des missions de protection judiciaire et d'éducation (SDMPJE), de la direction de la protection judiciaire de la jeunesse (DPJJ)[21]. La loi du 14 mars 2016[22], complétée par la loi du 7 février 2022, prévoit en effet une clé de répartition fondée sur un critère démographique, qui prend en compte la population du département, le nombre de mineurs effectivement accueillis, l'éloignement géographique du mineur, la prise en compte de la situation économique et sociale du département et le nombre de jeunes majeurs pris en charge (entre 18 et 21 ans). Si le juge n'est pas lié par cet avis ni par cette clé de répartition et se prononce dans l'intérêt de l'enfant, le choix d'affecter un mineur dans tel ou tel département ne relève en aucun cas

---

« V.- Les modalités d'application du présent article, notamment des dispositions relatives à la durée de l'accueil provisoire d'urgence mentionné au I et au versement de la contribution mentionnée au IV, sont fixées par décret en Conseil d'État. »

[20] À l'origine, la circulaire du 31 mai 2013 visait à organiser une solidarité interdépartementale dans l'accueil des MIE en prévoyant que le choix du département auquel le mineur est confié par décision judiciaire « sera guidé par le principe d'une orientation nationale [qui] s'effectue d'après une clé de répartition correspondant à la part de la population de moins de 19 ans dans chaque département ». Toutefois, saisi par plusieurs départements, le Conseil d'État a jugé dans un arrêt du 30 janvier 2015, n° 371415, qu'en l'absence de disposition législative, le Garde des Sceaux ne pouvait définir ainsi les critères de l'orientation géographique des mineurs concernés et a partiellement annulé la circulaire du 31 mai 2013.

[21] Code civil, Art. 375-5, alinéas 3 et 4 : « Lorsqu'un service de l'aide sociale à l'enfance signale la situation d'un mineur privé temporairement ou définitivement de la protection de sa famille, selon le cas, le procureur de la République ou le juge des enfants demande au ministère de la Justice de lui communiquer, pour chaque département, les informations permettant l'orientation du mineur concerné. Le procureur de la République ou le juge des enfants prend sa décision en stricte considération de l'intérêt de l'enfant, qu'il apprécie notamment à partir des éléments ainsi transmis pour garantir des modalités d'accueil adaptées ».

[22] Complétée par un décret n° 2016-840 du 24 juin 2016 pris en application de l'article L. 221-2-2 du code de l'action sociale et des familles et relatif à l'accueil et aux conditions d'évaluation de la situation des mineurs privés temporairement ou définitivement de la protection de leur famille et un arrêté du 28 juin 2016 pris en application du décret n° 2016-840 du 24 juin 2016 relatif aux modalités de calcul de la clé de répartition des orientations des mineurs privés temporairement ou définitivement de la protection de leur famille. Ces actes ont été jugés légaux par le Conseil d'État dans un arrêt du 14 juin 2017, n° 402890.

d'un pouvoir de décision des départements. La loi du 7 février 2022 interdit aux départements dans lesquels les mineurs ont été orientés de réévaluer la situation de celui-ci[23].

Il est vrai que cette compétence sociale présente au moins deux spécificités qui peuvent expliquer l'immixtion de l'État. D'une part, cette compétence se trouve au carrefour de la politique migratoire. Ces mineurs isolés sont aussi des étrangers et à ce titre, l'État ne peut se désintéresser complètement des décisions portant sur leur prise en charge. D'autre part, les compétences en matière sociale sont plus que toutes autres étroitement soumises au respect du principe d'égalité sur l'ensemble du territoire[24]. Il ne peut notamment y avoir de « ruptures caractérisées d'égalité » dans la prise en charge des mineurs isolés en fonction des départements[25].

De telles exigences posent inévitablement la question de la recentralisation de cette compétence. Dans une résolution adoptée à l'unanimité, le 11 octobre 2023, l'Assemblée des départements de France (ADF) a d'ailleurs demandé à l'État de recentraliser au moins la mise à l'abri[26].

II. L'interdiction pour les départements de se soustraire à l'exercice de leurs compétences au nom de l'indépendance des compétences

Parallèlement, les départements ont cherché à se soustraire à l'exercice de leurs compétences, en matière de prise en charge des mineurs une fois qu'ils sont intégrés dans le dispositif d'aide sociale à l'enfance. Mais le juge leur a toutefois rappelé l'indépendance des compétences.

Certains départements ont, tout d'abord, refusé de prendre en charge des mineurs isolés étrangers au motif que ces derniers devaient être préalablement gérés par des autorités de l'État au titre de la police sanitaire.

Plus précisément, le président du conseil général de la Mayenne avait décidé, en se fondant sur le caractère dangereux et contagieux du

[23] Article 39 de la loi et CASF, art. L. 221-2-5.

[24] Cons. Const. n° 96-387DC du 21 janvier 1997.

[25] Par exemple Cons. Const. n° 03-487 DC du 18 décembre 2003 ; Cons. Const. n° 04-503DC du 12 août 2004.

[26] Déjà, dans un rapport d'information de 2017 déposé au Sénat, Élisabeth Doineau et M. Jean-Pierre Godefroy demandaient l'attribution à l'État de la compétence en matière d'évaluation et de mise à l'abri des mineurs isolés étrangers.

virus Ebola, que « les mineurs étrangers isolés en provenance des États identifiés à risque, ou dont il n'est pas établi de manière certaine qu'ils ne proviennent pas de ces États, ne pouvaient être accueillis par le service de l'aide sociale à l'enfance [...] qu'à l'issue d'une prise en charge préalable par les autorités sanitaires compétentes propre à éviter, compte tenu de la durée maximale d'incubation de la maladie, tout risque de contamination ».

Le Conseil d'État a toutefois considéré que le département avait méconnu sa compétence dans une ordonnance du 3 décembre 2018, *Ligue de défense des droits de l'homme,* n°409667**.** Il a en effet jugé qu'« il appartient au président du conseil général, comme à tout chef de service, de prendre les mesures nécessaires au bon fonctionnement du service de l'aide sociale à l'enfance placé sous son autorité, et, à cet effet, d'organiser les moyens nécessaires à l'accueil et à l'hébergement de ces mineurs et de déterminer les conditions de leur prise en charge au regard notamment d'un risque sanitaire avéré, le cas échéant en coopération avec les autorités sanitaires compétentes. En revanche, il ne saurait subordonner l'accueil de certains mineurs par le service de l'aide sociale à l'enfance du département à une prise en charge préalable par d'autres autorités ».

Les départements ne peuvent donc écarter leur compétence en matière d'aide sociale à l'enfance au motif que l'État détient une compétence en matière sanitaire. La compétence des départements ne peut être conditionnée à l'intervention préalable de l'État. Ces compétences sont indépendantes les unes des autres.

Dans un autre arrêt du 27 décembre 2017, *Département de Seine-et-Marne*, n° 415436, le Conseil d'État a également jugé qu'un département ne pouvait refuser à un mineur le bénéfice de l'aide sociale à l'enfance au motif qu'il faisait l'objet d'une obligation de quitter le territoire. Dans cette affaire, le département avait devancé, alors qu'il ne le pouvait pas, la décision de l'État. Tant que le juge des enfants n'a pas prononcé une mainlevée, le département ne peut en effet refuser de le mettre à l'abri et de prendre en charge ses besoins élémentaires en ce qui concerne l'hébergement et l'alimentation. Il revient au juge des enfants et à lui seul d'exclure un mineur isolé étranger du bénéfice de l'aide sociale à l'enfance. De la même manière, il revient au seul juge des enfants de décider du placement définitif d'un mineur isolé étranger. Un département ne peut mettre fin à la prise en charge d'un mineur isolé au motif de l'arrivée à son terme du délai mentionné dans la décision ordonnant le placement provisoire de ce mineur. Il doit poursuivre sa prise en charge tant que le juge des enfants n'a pas statué définitivement sur l'admission de l'enfant au titre de l'aide sociale à l'enfance[27].

Dans toutes ces hypothèses, le Conseil d'État a opposé aux départements récalcitrants l'indépendance des compétences.

III. La recherche vaine par les départements d'une compétence supplétive de l'État

Sans remettre en cause le principe même de leur compétence, les départements ont cherché, à justifier leur inaction, leur défaillance en opposant, mais en vain, la compétence supplétive de l'État en matière de police administrative générale.

Il appartient, en effet, aux autorités de l'État, titulaires du pouvoir de police générale, garantes du respect du principe constitutionnel de sauvegarde de la dignité humaine, de veiller, notamment, à ce que le droit de toute personne à ne pas être soumise à des traitements inhumains ou dégradants soit garanti. À ce titre, l'État est compétent pour assurer un hébergement d'urgence à tous ceux qui en ont besoin.

Mais les difficultés que les départements rencontrent dans l'exercice de leurs compétences, aussi importantes soient-elles, ne suffisent pas à justifier la compétence supplétive de l'État. Le Conseil d'État a, en effet, jugé dans un arrêt du 8 novembre 2017, *GISTI*[28], relatif au démantèlement du site de la Lande à Calais, que l'État ne pouvait pallier la défaillance des départements. Plusieurs raisons ont conduit le Conseil d'État à refuser de reconnaître la compétence supplétive de l'État[29]. D'une part, il existe des dispositions législatives expresses qui consacrent la compétence des départements en matière d'aide sociale à l'enfance. D'autre part, les actions de l'État et du département n'ont pas été jugées « équivalentes » : « la prise en charge par l'ASE implique en théorie un accompagnement adapté à l'enfant que l'hébergement d'urgence ne propose pas ». Enfin, le Conseil d'État ne souhaite pas reconnaître « une compétence supplétive générale de l'État qui devrait toujours intervenir, même sans texte exprès, en cas de défaillance d'une autorité

[27] CE ordonnance du 15 décembre 2022, n° 469352, Note Th. Coussens-Barre, *AJDA* 2023. 892.
[28] N° 406256.
[29] Conclusions J. Lessi sur CE 13 juillet 2016, *Département de Seine-Saint-Denis*, n° 388317.

publique ». La reconnaissance d'un tel pouvoir de substitution de l'État n'est possible que si la loi le prévoit[30], ce qui n'est pas le cas pour les mineurs isolés étrangers.

Il ressort de l'arrêt *GISTI* que la compétence de l'État a en réalité « un objet distinct » de celle des départements[31]. L'intervention de l'État doit être « nécessaire » ; « elle n'est possible que lorsqu'il apparaît que, du fait notamment de l'ampleur et de l'urgence des mesures à prendre, le département est manifestement dans l'impossibilité d'exercer sa mission de protection des mineurs ». Les autorités de l'État n'interviennent donc que dans l'hypothèse où « les mesures de sauvegarde à prendre excéderaient les capacités d'action d'un département.

Tel était le cas pour le site de la Lande à Calais, dans lequel la prise en charge des mineurs excédait manifestement les capacités d'accueil du service de l'aide sociale à l'enfance du département du Pas-de-Calais. « Compte tenu des finalités poursuivies, de l'ampleur des moyens qu'il convenait de déployer et du contexte d'urgence dans lequel les mineurs non accompagnés devaient être pris en charge, le Gouvernement a pu légalement mettre en place, dans l'intérêt de l'enfant, des centres d'accueil, sans méconnaître les compétences du département ».

En dehors de ces cas exceptionnels, pour lesquels l'État est compétent, il revient aux seuls départements de prendre en charge les mineurs isolés étrangers confiés au service de l'aide sociale à l'enfance. Eux seuls peuvent se voir contraints, par le juge du référé liberté, de respecter leurs obligations particulières[32].

Aussi justifié soit-il, le refus du Conseil d'État d'admettre une compétence supplétive de l'État en cas de carence des départements à gérer des mineurs étrangers non accompagnés doit être mis en parallèle avec l'admission, à l'inverse, de la compétence supplétive, seconde et provisoire des départements en cas de carence de l'État en matière d'hébergement d'urgence des familles avec enfants[33]. Dans deux arrêts

---

[30] Cons. Const. n° 2013-309 QPC du 26 avril 2013, cons. 3 à 6, à propos du pouvoir de substitution du préfet en matière de droit de préemption des communes.

[31] J. Lessi, conclusions sur CE 8 novembre 2017, *GISTI*.

[32] CE ord. 27 juillet 2016, n° 400055, *Département du Nord* à propos du jardin public des Olieux à Lille.

[33] CASF, art. L. 121-7 dont le 8° met à la charge de l'État les mesures d'aide sociale en matière de logement, d'hébergement et de réinsertion. La Cour européenne des droits de l'homme a condamné la Grèce pour traitements inhumains ou dégradants à l'égard d'un mineur non accompagné resté sans abri pendant près de six mois sans

du 30 mars 2016, *Département de la Seine-Saint-Denis*, n° 382437 et du 13 juillet 2016, *Département de Seine-Saint-Denis*, n° 388317[34], le Conseil d'État a en effet jugé que la compétence de l'État en matière d'hébergement d'urgence n'excluait pas « l'intervention supplétive du département lorsque la santé des enfants, leur sécurité, leur entretien ou leur éducation l'exigent, par des aides financières versées en application de l'article L. 222-3 précité du code de l'action sociale et des familles ». Ainsi les départements ne peuvent refuser d'aider ces familles au motif qu'il appartient en principe à l'État de pourvoir à leur hébergement, à charge pour ces derniers de rechercher la responsabilité de l'État en cas de carence avérée et prolongée[35].

Alors que les départements doivent pallier la carence de l'État, en matière d'hébergement d'urgence des familles, l'État lui ne se voit imposer aucune compétence supplétive en cas de défaillance des départements dans la prise en charge des mineurs isolés étrangers. Si les décisions de 2016 rendues au sujet de l'hébergement d'urgence des adultes ou des familles ont été justifiées par l'idée que les prestations peuvent être de même nature – la prise en charge de nuitées hôtelières – et que l'État et les départements sont donc, dans une certaine mesure, substituables[36], elles révèlent une fois encore que le Conseil d'État n'est pas un arbitre complètement neutre dans la résolution des conflits qui opposent les collectivités territoriales à l'État.

⁂

« L'élaboration et la mise en œuvre d'une politique publique supposent […] le plus souvent l'exercice en commun de compétences » qu'il est nécessaire de coordonner « le mieux possible »[37].

Ces efforts de coordination institutionnelle existent bien en matière d'aide sociale à l'enfance. Si le département reste le chef de file opérationnel en matière d'ASE, l'État est très largement associé à la

---

accès aux biens de première nécessité et sans tuteur légal désigné par les autorités (CEDH 23 janvier 2024, O.R.C : Grèce n° 24650/19).

[34] V. aussi CE 13 juillet 2016, *Département du Puy-de-Dôme*, n° 399829, n° 399834, n° 399836 ; n° 400074.

[35] V. sur la responsabilité de l'État, CE 22 décembre 2022, n° 458724, note M. Long et H. Rihal, *AJDA* 2023. 1018.

[36] Conclusions J. Lessi sur CE 13 juillet 2016, *Département de Seine-Saint-Denis*, n° 388317.

[37] J.-F. Brisson, « Clarification des compétences et coordination des acteurs », *AJDA* 2014. 605.

mise en œuvre de ces politiques. Ainsi, l'article 37 de la loi du 7 février 2022 a confié au préfet la coprésidence avec le président du conseil départemental des comités départementaux pour la protection de l'enfance, créés à titre expérimental pour cinq ans, comités dont la charge est d'assurer la coordination des politiques publiques mises en œuvre dans le département en matière de protection de l'enfance[38]. L'article 36 de la même loi a également créé le Conseil national de la protection de l'enfance au sein duquel sont représentés de manière égalitaire l'État et les départements[39].

La coordination institutionnelle, aussi développée soit-elle, ne met pas fin à l'imbrication des compétences, à laquelle le législateur n'est pas totalement étranger. Les attributions respectives de l'État et des départements restent mal délimitées, comme le montre la prise en charge des mineurs étrangers non accompagnés et la résolution des « litiges de voisinage »[40], qui en résultent, relève finalement en dernier ressort du Conseil d'État, qui ne se prononce pas toujours dans un sens favorable aux collectivités territoriales.

---

[38] Le décret n° 2022-1730 du 30 décembre 2022 relatif à l'expérimentation du comité départemental pour la protection de l'enfance prévoit en outre la vice-présidence par le procureur de la République et la présence de plusieurs services de l'État (protection judiciaire de la jeunesse, direction des services départementaux de l'éducation nationale, direction départementale de l'économie, de l'emploi, du travail et de la solidarité et même direction départementale de la sécurité publique et groupement de gendarmerie départementale, sans oublier, bien sûr, l'agence régionale de santé [ARS] L'expérimentation aura lieu dans dix départements dont les Bouches-du-Rhône, le Nord et le Pas-de-Calais (Décret n° 2023-207 du 28 mars 2023 fixant la liste des départements participant à l'expérimentation de la mise en place d'un comité départemental pour la protection de l'enfance).

[39] Article 36 de la loi et décret n° 2022-1729 du 30 déc. 2022 ; CASF, art. D. 147-35.

[40] Pour reprendre les termes de J. Lessi dans ses conclusions sur CE 30 mars 2016, précité.

L'ENCADREMENT PAR L'ÉTAT DE L'ACTION DES COLLECTIVITÉS TERRITORIALES

Les moyens mis à disposition par l'État

L’encadrement des dépenses locales par l’État : une alternance entre objectifs généraux et contractualisation léonine

Benoît Jean-Antoine,

Maître de conférences en droit public,
Université de Rouen Normandie
CUREJ UR 4703, F-76000 Rouen

En 2023, ce sont 315,6 Mds d’euros de dépenses qui sont affectées aux administrations publiques locales (APUL) si l’on inclut les organismes divers d’administration locale (ODAL) soit 19,6 % des dépenses publiques (contre 19,2 % en 2022)[1]. Pour comparaison, les dépenses du budget de l’État avoisinent les 600 Mds d’euros en 2023[2].

La dette des APUL représente environ 9,3 % du PIB en 2022. Néanmoins cette dette, assez stable, n’atteignait en 2021 que 8,7 % de l’endettement public contre 18,6 % en 1994[3] (la part de la dette étatique ayant fortement augmenté depuis).

Malgré ce volume d’endettement finalement assez faible, l’État a, depuis une dizaine d’années, multiplié les encadrements législatifs limitant la capacité de dépenser de ces collectivités territoriales ; l’argument principal avancé est qu’elles doivent contribuer à la baisse due à l’effort de redressement des finances publiques[4] au nom des engagements financiers de la France portés devant l’Union européenne.

---

[1] Direction générale des collectivités locales (DGCL), *Les collectivités locales en chiffres 2024*, rapport, sept. 2024, p. 32.

[2] *Idem*, p. 34.

[3] C. comptes, *La décentralisation 40 ans après*, Rapport public annuel, mars 2023, p. 138 ; v, pour plus de détails, Chiffres *in* DGCL, *Les collectivités locales en chiffres 2022*, rapport, p. 41 et s. ; Observatoire des finances et de la gestion publique locales (OFGL), *Les finances des collectivités locales en 2023*, rapport, 11 juill. 2023, p. 7 et s.

[4] Art. 11 de la loi de programmation des finances publiques pour les années 2014 à 2019.

Les dépenses des administrations publiques locales parmi les dépenses publiques
(en milliards d'euros)

	2019	2020	2021	2022	2023
État	483,8	562,8	567,7	609,3	598,1
Organismes divers d'administration centrale	112,3	119,5	130,0	133,0	137,3
Administrations publiques locales	**268,7**	**266,3**	**279,5**	**294,9**	**315,6**
dont collectivités locales	***234,1***	***243,2***	***253,4***	***267,7***	***286,7***
Administrations de sécurité sociale	623,5	661,8	685,9	707,3	735,3
Ensemble des administrations publiques[a]	**1 346,2**	**1 430,4**	**1 491,4**	**1 550,7**	**1 608,5**

Source : DGCL. Données : Insee, Comptes nationaux - Base 2020.
(a) Les transferts au sein d'un même secteur sont consolidés ; ainsi la somme des dépenses des sous-secteurs est supérieure à celles des APU dans leur ensemble.

Source : Rapport DGCL, *Les collectivités locales en chiffres 2024*, sept. 2024

Le phénomène n'est pas nouveau et, de 1996 jusqu'en 2017, plus qu'une limitation directe de leurs dépenses locales, la « *contribution des collectivités à la maîtrise des finances publiques avait pris la forme d'une baisse des concours financiers de l'État* »[5].

En 1996, fut ainsi mis en place un « pacte de stabilité financière » imposant l'indexation de l'enveloppe normée (soit un ensemble de ressources étatiques dont la dotation globale de fonctionnement, DGF) sur l'indice prévisionnel des prix à la consommation[6]. De 1999 à 2007, un « contrat de croissance et de solidarité » prévoyait une indexation similaire sur l'inflation, majorée d'une fraction de hausse du PIB de l'année en cours (20 % en 1999, 25 % en 2000, 33 % à partir de 2001)[7]. En 2008, un « contrat de stabilité »[8] envisageait une compensation de l'évolution des dotations aux taux de croissance supérieurs à l'inflation, par la baisse de certaines dotations, dites « variables d'ajustement »[9].

La loi de programmation des finances publiques pour 2011 à 2014 prévit la stabilisation de l'« enveloppe normée », à savoir les concours de l'État, hors fonds de compensation pour la TVA (FCTVA) et dotations de compensation de la réforme de la taxe professionnelle[10]. Celle pour 2014 à 2019 reprit enfin un « pacte de confiance et de responsabilité » conclu entre l'État et les collectivités le 16 juillet 2013[11] et une baisse des concours financiers de l'État, essentiellement la DGF, dans les lois de finances initiales, de 11 Mds à l'horizon 2017[12].

Certains dispositifs plus spécifiques ont pu remonter aux débuts de la décentralisation. Ainsi, le législateur (comme le laisse envisager, depuis 2003, l'article 72-2 de la Constitution) ne s'est pas privé d'imposer aux collectivités locales de nombreuses obligations concernant

---

[5] Projet de loi de finances (PLF) pour 2024, *Rapport sur la situation des finances publiques locales*, rapport annexe, oct. 2023, p. 31.

[6] J. Martin, « Les faux-semblants des contrats de maîtrise de la dépense publique », *AJDA*, n° 6, 21 fév. 2022, p. 340 et s.

[7] PLF 2024, *Rapport sur la situation des finances publiques locales*, *op. cit.*, p. 31 ; M. Bouvier, « Maîtrise des finances locales : du pacte au contrat ? », *RFFP*, n° 150, mai 2020, p. 155 et s.

[8] E. Douat, « La contractualisation entre l'État et les collectivités territoriales : disparition ou évolution ? », *RFDA*, 2020, p. 989 ; M. Bouvier, *art. préc.*, p. 155 et s.

[9] PLF 2024, *Rapport sur la situation des finances publiques locales*, *op. cit.*, p. 31.

[10] M. Bouvier, *art. préc.*, p. 155 et s.

[11] Le texte contenait le principe d'une contribution au redressement des finances publiques (CRFP), PLF 2024, *Rapport sur la situation des finances publiques locales*, *op. cit.*, p. 31-32.

[12] V., pour plus de détails, J. Martin, *art. préc.*, p. 340 et s. ; PLF 2024, *Rapport sur la situation des finances publiques locales*, *op. cit.*, p. 31-32.

les dépenses locales : règle d'équilibre budgétaire strict ou « réel » (art. 1612-4 du CGCT), clause de compétence générale supprimée depuis la loi Notre du 7 août 2015 pour les départements et les régions[13], distinction entre dépenses obligatoires et non obligatoires, contrats de plan État-région (CPER) – relevant plus d'une recherche de cohérence, de « *multilatéralité* »[14] entre l'État et les collectivités territoriales que d'une volonté réelle de limitation des dépenses publiques – et, « pactes financiers et fiscaux de solidarité » passés entre les communes et les intercommunalités sans intervention de l'État[15].

Il s'agira, toutefois, ici, de se pencher sur l'étude des dispositifs généraux nationaux d'encadrement des dépenses locales, fortement remis en question ces dernières années. Ces dispositifs se montrèrent d'abord assez contraignants, justifiant une volonté étatique de recentralisation budgétaire (I) mais, critiqués, revinrent à la formule d'objectifs plus généraux (II).

I. La tentation récurrente d'une recentralisation budgétaire par des dispositifs nationaux contraignants

Deux dispositifs ont été globalement très mal vécus par les élus locaux, déjà limités par un ODEDEL : le « contrat de Cahors » (A) et le « contrat de confiance » (B), symboles d'une mainmise de plus en plus prégnante de l'État sur la liberté budgétaire des collectivités territoriales

A. Le passage de l'objectif au « contrat de Cahors »

À l'image de l'objectif national de dépenses d'assurance maladie (ONDAM) existant au sein des lois de financement de la sécurité sociale (LFSS), un *objectif d'évolution de la dépense locale* (ODEDEL), non contraignant (car sinon contraire au principe de libre administration des collectivités territoriales)[16], a d'abord été créé afin de limiter une augmentation trop importante des dépenses locales ; cet ODEDEL est issu de la loi de programmation *des finances publiques pour les années*

[13] C. Comptes, *Les Finances publiques locales 2023*, rapport, fasc. 2, oct. 2023, p. 69.
[14] *Idem*, p. 143 et s.
[15] E. Douat, « Un pacte financier et fiscal de solidarité est contraignant », *AJDA*, n° 38, 8 nov. 2021, p. 2212.
[16] J.-F. Husson, *Projet de loi de programmation des finances publiques (LPFP) pour les années 2023 à 2027*, rapport n° 86, Sénat, 27 oct. 2022, p. 144.

2014 à 2019 (LPFP) du 29 décembre 2014 et « *pensé comme la conséquence, de la baisse de 11 milliards d'euros des concours financiers de l'État programmée par la même loi de programmation sur la période* »[17] ; il se déclinait ainsi :

- un objectif d'évolution de la dépense totale des collectivités locales (fonctionnement et investissement)
- et un sous-objectif d'évolution des seules dépenses de fonctionnement.

L'objectif, portant sur les dépenses totales, a été respecté de 2014 à 2016 et dépassé en 2017 (augmentation des dépenses totales de + 2,7 %, contre un objectif fixé à + 2 %)[18].

Cet ODEDEL a évolué dans la loi de programmation suivante pour les années 2018 à 2022. Afin de développer la part de dépenses d'investissement local[19], l'article 13 de la loi de programmation pour les années 2018-2022 de janvier 2018, soumettait plus spécifiquement les dépenses réelles de fonctionnement (DRF) locales, à un objectif national d'évolution de 1,2 % par an au maximum, appliqué aux budgets principaux et annexes, en valeur et à périmètre constant[20]. Le même article 13 a aussi fixé un objectif de réduction annuelle du besoin de financement, soit l'excédent des dépenses d'investissement sur les ressources d'investissement, financé par l'emprunt, de 2,6 Mds d'euros par an, soit une réduction de 13 Mds d'euros sur la période[21].

---

[17] *Ibidem.*

[18] PLF 2024, *Rapport sur la situation des finances publiques locales*, *op. cit.*, p. 29.

[19] J.-R. Cazeneuve, *Loi de programmation des finances publiques (LPFP) pour les années 2023 à 2027*, rapport n° 282, Assemblée nationale, 4 oct. 2022, p. 154.

[20] L'objectif de 1,2 % est comparable à la croissance annuelle moyenne de ce type de dépenses constatée entre 2013 et 2017, C. Comptes, *Les finances publiques locales*, rapport, sept. 2018, p. 91 ; Projet de loi de finances pour 2019, *Transferts financiers de l'État aux collectivités territoriales*, jaune budgétaire, p. 39 et s.

[21] J.-R. Cazeneuve, *LPFP pour les années 2023 à 2027*, *op. cit.*, p. 155. « *Si la cible annuelle a été pratiquement atteinte en 2021 (-2,5 Md), elle a en revanche été dépassée en 2018, 2019, 2020 et, donc, 2022. Sur l'ensemble de la période, le besoin de financement des collectivités a ainsi progressé de 1,9 Md, contre un objectif de diminution de 13 Md.* », PLF 2024, *Rapport sur la situation des finances publiques locales*, *op. cit.*, p. 29.

ODEDEL DE LA LPFP 2014-2019 FIXÉ ET EXÉCUTÉ

Année	2014	2015	2016	2017
ODEDEL (dépenses totales hors remboursement de la dette, budgets principaux)	1,2 %	0,5 %	1,9 %	2,0 %
Exécution	-0,1 %	-0,7 %	-0,6 %	2,7 %

Source : Bilan de l'exécution de l'ODEDEL présenté au Comité des finances locales le 6 septembre 2022, direction du budget.

L'objectif n'a été respecté qu'en 2018 (+ 0,4 % par rapport à 2017) et 2020 (+ 0,1 % par rapport à 2019) et, en moyenne, entre 2017 et 2021 (+ 1,2 %)[22]. Le contexte inflationniste a entrainé un dépassement en 2022 (+ 9,8 % par rapport à 2017 contre un objectif de + 6,2 %)[23]. Cet ODEDEL sera remanié dans la toute dernière loi de programmation (v. *infra*).

Le contrat dit « de Cahors » (car initié lors de la conférence nationale des territoires tenue en cette ville en 2017), mis en place sur 3 ans, permettait une modulation de l'objectif de 1,2 % (dans la limite de 0,15 point par critère). Celui-ci pouvait être au cas par cas minoré (avec un plancher à 0,75 %) ou dépassé (avec un plafond à 1,65 %) en fonction de caractéristiques de la collectivité signataire comme la croissance démographique, le taux de pauvreté et la maîtrise des dépenses entre 2014 et 2016[24]. C'est ce critère démographique en hausse qui n'aurait pas été pris en compte, à tort, par le préfet de la Gironde, pour fixer une reprise financière au département tablée sur un niveau maximal annuel de dépenses réelles de fonctionnement de 1,20 % au lieu de 1,35 %[25], la Gironde pouvant ainsi espérer récupérer entre 6,1 millions et 13,8 millions d'euros[26].

---

[22] J.-R. Cazeneuve, *LPFP pour les années 2023 à 2027*, *op. cit.*, p. 154.

[23] PLF 2024, *Rapport sur la situation des finances publiques locales*, *op. cit.*, p. 29.

[24] Cf. décret n° 2018-309 du 27 avril 2018.

[25] TA Bordeaux, 21 déc. 2020, n° 1805138, *Dpt de la Gironde*, *AJDA*, 2021, p. 53. ; *AJCT* 2021, p. 149, obs. J.-D. Dreyfus ; E. Douat, « Questions et dialogues », *RFFP*, n° 161, fév. 2023, p. 63 et s.

[26] J.-L. Dreyfus, « Contractualisation financière État-collectivités territoriales : état des lieux », *AJCT*, n° 2, fév. 2022, p. 77 et s.

DRF (base 100 en 2017)	2018	2019	2020	2021	2022
ODEDEL	101,2	102,4	103,6	104,9	106,2
Exécution	100,4	102,0	102,1	104,8	109,8
Variation annuelle	+0,4 %	+1,5 %	+0,2 %	+2,6 %	+4,8 %

Figure 22 : Suivi de l'exécution de l'ODEDEL (2018-2022)

Source : Direction du Budget

Source : PLF 2024, *Rapport sur la situation des finances publiques locales*, oct.

Selon le professeur Étienne Douat : « *Sur les collectivités concernées par la contractualisation, 68 % ont bénéficié d'un taux allant au-delà de 1,2 % et au maximum à 1,65 % alors que 32 % d'entre elles ont dû strictement respecter le taux de 1,2 % car aucun critère de la modulation ne leur était applicable ; plusieurs collectivités ont pu ainsi bénéficier du taux maximal de 1,65 % mais aucune n'a été contrainte par le taux minimal de 0,75 %* »[27].

À défaut de respect des dispositions contractées, elles s'exposaient à une reprise financière correspondant à 75 % de l'écart constaté entre le montant de dépenses de fonctionnement au cours de chaque exercice et l'objectif contractuel fixé. La reprise de 100 % de l'écart constaté était appliquée pour les collectivités territoriales non-signataires. Étonnante libre administration que celle imposée par la contrainte aux collectivités territoriales en faveur d'un régime de sanction plus faible pour les signataires... Dans les deux hypothèses, le montant de la reprise financière ne pouvait excéder 2 % des recettes réelles de fonctionnement du budget de la collectivité territoriale, et devait être effectué sur les douzièmes versés par Bercy aux collectivités[28]. La contrepartie de ces contrats pour les collectivités signataires était, ici, la stabilisation des concours financiers étatiques[29], à savoir la fin des baisses des dotations de l'État et, plus spécifiquement, une majoration du taux de subvention des opérations financées par la dotation de soutien à l'investissement local (DSIL).

Il peut être déconcertant qu'une procédure contractuelle, censée marquer un accord de volonté, se voie ainsi imposée à différentes collectivités territoriales, par un amendement gouvernemental de dernière minute non censuré, un article presque illisible de complexité, et un régime plus d'adhésion préétablie que de négociation (précisée par circulaire interministérielle du 16 mars 2018) sans possibilité réelle de négocier, pour ces dernières, le contenu de ces contrats[30]. Au total, 229 des 321 collectivités ont pourtant signé[31] (surtout des communes et intercommunalités mais seulement la moitié des régions, un peu moins

---

[27] E. Douat, « La contractualisation entre l'État et les collectivités territoriales : disparition ou évolution ? », *RFDA*, 2020, p. 989.

[28] A. Ramel / S. Flocco, *art. préc.*, p. 39.

[29] J.-F. Husson, *Projet de LPFP pour les années 2023 à 2027*, *op. cit.*, p. 145.

[30] J. Martin, *art. préc.*, p. 340 et s.

[31] 122 communes sur 145, 54 intercommunalités sur 62, 44 départements et 9 régions, « Le bilan contrasté de la contractualisation entre l'État et les collectivités territoriales », *Le Monde*, 18 sept. 2019.

des départements dont les associations se sont montrées plus rétives)[32] et 17 collectivités supplémentaires se sont engagées volontairement.

Dans sa décision du 18 janvier 2018, le Conseil constitutionnel a validé finalement « *l'esprit gestionnaire* » de la mesure au détriment de la protection constitutionnelle de la libre-administration[33]. Il a estimé qu'en instituant des mécanismes contraignants d'encadrement des dépenses réelles de fonctionnement de certaines collectivités territoriales, le législateur a entendu mettre en œuvre « *l'objectif d'équilibre des comptes des administrations publiques* », figurant à l'avant-dernier alinéa de l'article 34 de la Constitution ; l'adaptation du taux national aux circonstances concrètes des différentes collectivités n'a pas, selon lui, porté à la libre administration des collectivités territoriales une atteinte d'« *une gravité telle* » que seraient méconnus les articles 72 et 72-2 de la Constitution[34].

On reste donc concernant les dépenses dans la même logique que pour la suppression des recettes locales (taxe professionnelle, taxe d'habitation)[35] face à une jurisprudence très protectrice des encadrements étatiques[36].

B. La tentative inaboutie du « contrat de confiance »

Toutes collectivités confondues, la progression des dépenses de fonctionnement a été contenue à + 0,3 % en 2018. En 2019, les objectifs ont encore été respectés puisque les dépenses de fonctionnement des budgets principaux des 321 collectivités progressèrent de 0,8 %. Seules 14 collectivités des 229 n'ont pas atteint leurs objectifs cette année-là.

À qui en attribuer le mérite ? Si le Gouvernement attribuait cette réussite aux contrats, l'Assemblée des Départements de France (ADF) estimait que les collectivités n'avaient « *pas attendu le gouvernement*

---

[32] *Ibidem.*

[33] F. Waserman, « Contractualisation financière et libre administration des collectivités territoriales », *Constitutions*, n° 2, 2018, p. 271 ; X. Cabannes, « L'autonomie financière des collectivités territoriales après les récentes lois financières », *AJDA*, n° 13, 9 avr. 2018, p. 720.

[34] Décision n° 2017-760 DC du 18 janvier 2018, *Loi de programmation des finances publiques pour les années 2018 à 2022* ; J.-L. Dreyfus, *art. préc.*, p. 77 et s. ; M. Collet, *Finances publiques*, LGDJ, 7e éd., 2022, p. 93.

[35] Décision n° 2009-599 DC du 29 décembre 2009 ; décision n° 2017-758 DC du 28 décembre 2017.

[36] X. Cabannes, *art. préc.*, p. 720.

pour maîtriser [les] dépenses »[37]. Ce sont les dépenses réelles de fonctionnement (DRF) des groupements à fiscalité propre (GFP) qui ont le plus augmenté entre 2017 et 2021, les communes, des départements et des régions étant restées en deçà de la trajectoire de référence[38].

Selon le député Jean-René Cazeneuve, rapporteur général du budget à l'Assemblée nationale : « *La modération de la hausse des dépenses de fonctionnement combinée au maintien des dotations de l'État a permis aux collectivités de renforcer leur capacité d'autofinancement* » ; l'épargne brute des 321 collectivités concernées étant passée de 18,7 milliards d'euros en 2017 à 22,3 milliards d'euros en 2019 : « *Les marges financières ainsi dégagées ont contribué à ce que les collectivités entrent dans la crise sanitaire fortes d'une situation financière solide.* »[39]

Ce dispositif de contractualisation financière a été néanmoins suspendu en 2020 dans le contexte de lutte contre l'épidémie et de dépenses urgentes à mettre en œuvre (ex : achat de millions de masques par certaines collectivités territoriales, aide des régions au fond de soutien pour les artisans, commerçants et petites entreprises), par l'article 12 de la loi du 23 mars 2020 *d'urgence pour faire face à l'épidémie de covid-19*[40]. Ainsi, les dépenses réelles de fonctionnement de l'année 2020 n'ont pas été examinées en 2021 par les représentants de l'État ni entraîné de reprise financière ; seule l'analyse des dépenses de fonctionnement de 2019 a clôturé la mise en œuvre de la contractualisation triennale[41].

Après l'abandon des « contrats de Cahors », et après la pandémie, un dispositif de remplacement fut temporairement envisagé : les « contrats de confiance ». Selon la première version du projet de loi de programmation des finances publiques 2023 à 2027 – article 23 rejeté puis, repris ensuite, temporairement, dans son contenu et en catimini dans le projet de loi de finances pour 2023[42], ce qui au passage interrogeait sur la constitutionnalité de l'article au regard du principe

[37] « Le bilan contrasté de la contractualisation entre l'État et les collectivités territoriales », *art. préc.*

[38] J.-R. Cazeneuve, *LPFP pour les années 2023 à 2027*, *op. cit.*, p. 154.

[39] *Idem*, p. 195.

[40] « La loi Covid-19 chamboule les finances locales », *Gaz. Cnes*, 23 mars 2020.

[41] C. comptes, *Les finances publiques locales 2020*, fasc. 1, 2020, p. 145 ; M. Lanna, « L'impact de la crise sanitaire sur les contrats financiers entre l'État et les collectivités », *AJDA*, n° 12, 29 mars 2021, p. 674 et s.

[42] « Avec le 49.3, l'encadrement des dépenses locales entre dans le PLF 2023 », *Banque des territoires*, 3 nov. 2022.

d'annualité – ces contrats s'appuyaient cette fois sur un ODEDEL évolutif (et non plus un taux fixe annuel à 1,2 %)[43] prévoyant que les dépenses réelles de fonctionnement des collectivités territoriales ne devaient pas plus augmenter que l'inflation prévisionnelle diminuée de 0,5 %.

Par exemple, avec un taux d'inflation prévisionnel en 2023 estimé à 4,3 %, les dépenses réelles de fonctionnement ne pouvaient augmenter de plus de 3,8 % (soit 4,3 % - 0,5 %). Le projet de loi prévoyait ainsi les taux d'évolution maximaux à respecter jusqu'en 2027. L'ODEDEL évolutif sera finalement conservé dans la loi de programmation pour les années 2023 à 2027, les taux ayant été, depuis, revus à la hausse (v. *infra*).

La principale nouveauté de ce type de contrat était la suivante : l'objectif de maîtrise des dépenses de fonctionnement des collectivités devait être atteint par catégorie de collectivités et non plus individuellement. Celles-ci étaient définies au I de l'article 23 du projet de loi de programmation et ce furent, au total, environ 500 grandes collectivités qui devaient être concernées (celles dont les DRF en 2022 étaient supérieures à 40 millions d'euros)[44], soit 150 de plus qu'avec les contrats de Cahors. Deux situations étaient prévues :

- Si l'ensemble des collectivités d'une même catégorie respectait l'objectif de maîtrise de leurs dépenses de fonctionnement, aucune sanction financière ne devait être imposée à celles qui, à titre individuel, n'avaient pas respecté l'objectif[45].

- En revanche, si l'ensemble des collectivités d'une même catégorie dépassait l'objectif de maîtrise, seules les collectivités de cette catégorie qui, à titre individuel, n'avaient pas respecté l'objectif se seraient vues sanctionnées individuellement (avec néanmoins une absence de mesure contraignante pour la première année de programmation)[46].

---

[43] J.-R. Cazeneuve, *LPFP pour les années 2023 à 2027*, *op. cit.*, p. 156 ; Michel Klopfer, « Projet de loi de programmation des Finances publiques : de la contractualisation 2018-2020 à la contractualisation 2023-2027 », *JCP A*, n° 47, 28 nov. 2022, act. 706.

[44] J.-R. Cazeneuve, *LPFP pour les années 2023 à 2027*, *op. cit.*, p. 196.

[45] Maintien des dotations de soutien à l'investissement local – DSIL, dotation politique de la ville – DPV, dotation de soutien à l'investissement départemental – DSID et « fonds de transition écologique » créé par la loi de finances pour 2023, *idem*, p. 197.

[46] J.-F. Husson, *Projet de LPFP pour les années 2023 à 2027*, *op. cit.*, p. 197.

La catégorisation préalable avant le respect obligatoire d'objectifs individualisés devait paraître moins agressive et le processus en deux étapes aurait laissé le temps aux collectivités de s'adapter[47]. Un « aléa moral » était toutefois présent, l'attitude de la catégorie conditionnant ou non l'engagement de sanctions individuelles ; des collectivités dépensières auraient ainsi pu passer à travers les mailles du filet dans une catégorie vertueuse[48].

	en M€	2018	2019
Reprises financières effectuées	Nombre de collectivités	12	14
	Montant du dépassement	28	83
	Montant des reprises	25	76

Tableau I-F-3-3 : Nombre des reprises financières effectuées en 2018 et 2019

Source : PLF 2024, Rapport sur la situation des finances publiques locales. oct. 2023

Les sanctions devaient rester proches des contrats de Cahors : nécessaire conclusion avec le préfet d'un accord de retour à la trajectoire des dépenses de fonctionnement jusqu'à l'exercice 2027 et exclusion (en cas de non-respect de ce dernier) des subventions d'investissement de l'État[49]. Si l'objectif en matière de maîtrise des dépenses de fonctionnement n'était pas tenu, l'État devait appliquer une reprise financière égale à 75 % de l'écart constaté, ne pouvant excéder 2 % des recettes réelles de fonctionnement de la collectivité. Notons également que si une collectivité avait décidé de ne pas signer d'accord, la reprise financière aurait pu atteindre 100 % de l'écart[50].

Avec les contrats de confiance, là encore, et contrairement au titre de ces derniers, la confiance a pu - comme l'ont relevé beaucoup d'élus au regard de l'ensemble de ces dispositifs contraignants - se transformer en méfiance[51] et ces dispositifs ont pu être qualifiés par André Laignel,

[47] J.-R. Cazeneuve, *LPFP pour les années 2023 à 2027*, *op. cit.*, p. 200.

[48] J.-F. Husson, *Projet de LPFP pour les années 2023 à 2027*, *op. cit.*, p. 198.

[49] *Idem*, p. 199.

[50] Notons que la concertation entre les préfets et les collectivités territoriales, en cas de non-respect de l'objectif global, aurait été privilégiée, selon Gabriel Attal, alors ministre délégué aux comptes publics, *cf.* J.-R. Cazeneuve, *LPFP pour les années 2023 à 2027*, *op. cit.*, p. 207.

[51] *Cf.* J.-R. Cazeneuve, *LPFP pour les années 2023 à 2027*, *op. cit.*, p. 162.

Vice-Président de l'Association des Maires de France (AMF), de « *contrats de Cahors en pire* »[52].

Après le rejet, le 25 octobre 2022, du projet de loi de programmation en première lecture devant l'Assemblée nationale (le texte ne sera finalement adopté qu'en novembre 2023), et un gouvernement confronté à l'utilisation récurrente nouvelle de l'article 49 alinéa 3, l'annonce avait été faite, le jeudi 24 novembre 2022, de la fin des contrats de Cahors à la clôture du Congrès de l'AMF, par la Première ministre Élisabeth Borne : « *Notre intention n'est pas de maintenir un mécanisme de sanction. Nous ne voulons pas de nouveaux contrats de Cahors* », reconnaissant que ce dispositif avait pu apparaître « *comme vexatoire, voire inutile* ». En revanche un objectif devrait toujours être « *inscrit dans la loi, c'est une obligation pour répondre aux attentes européennes* »[53].

II. Le retour à des objectifs généraux traduisant une plus grande libre administration

Après de nombreuses discussions et une dernière tentative de contractualisation financière (A), le Gouvernement est revenu au seul respect souhaitable de l'ODEDEL (B) : paradoxe d'un processus concertatif nouveau ne portant plus le nom de « contrat ».

A. L'ultime tentative d'une « charte d'engagement réciproque »

L'hypothèse d'une nouvelle « charte d'engagement réciproque » sera l'initiative de trop qui provoquera la colère des élus ; elle ne viendra plus de Matignon, mais, cette fois, de Bercy uniquement.

Les « Assises des finances publiques », réunion d'acteurs politiques et institutionnels ayant eu lieu à Bercy en juin 2023 (et clôturé par Élisabeth Borne) sur le thème du « désendettement de la France » fut le cadre de cet affrontement. Lors de la préparation de l'évènement, Bruno Le Maire avait émis le souhait d'une nouvelle « charte d'engagement réciproque ». Le dispositif aurait permis la garantie par Bercy de

[52] E. Maupin / M.-Ch. de Montecler, « Congrès des maires : l'exécutif fait salon », *AJDA*, 2022, p. 2269.

[53] « Finances locales : 'Notre intention n'est pas de maintenir un mécanisme de sanction', annonce Élisabeth Borne au Congrès des maires », *Public Sénat*, 24 nov. 2022.

la « stabilité » du panier de recettes des collectivités jusqu'en 2026 (avec un périmètre des impôts locaux maintenu) en échange d'un engagement des collectivités sur un niveau de désendettement (participation à l'effort de réduction de la dette publique)[54].

Ainsi, lors de cette réunion de préparation, c'est une demande de réduction de 0,5 % des dépenses de fonctionnement des collectivités en dessous de l'inflation jusqu'en 2027[55] qui avait été faite (la même qui figurait déjà dans le programme de stabilité transmis à Bruxelles au mois d'avril 2023)[56]. Le gouvernement avait également évoqué l'idée d'un mécanisme d'« auto-assurance » ou de « mise en réserve » soit un fonds alimenté par un prélèvement sur les recettes des collectivités lorsque la dynamique de leurs recettes devait excéder le niveau de l'inflation, fonds mobilisable uniquement « *en cas de perte importante de recettes pour les collectivités* »[57]. Il a pu être dit, dans les associations d'élus, que « *Ce mécanisme est même plus efficace qu'un pacte de Cahors [...]. Il toise les recettes et donc il capte les dépenses de fonctionnement* »[58]. Ce mécanisme a finalement vu le jour dans la loi, du 14 février 2025, de finances pour 2025 (art. 186), appelé DILICO (pour Dispositif de lissage conjoncturel des recettes fiscales des collectivités territoriales) et devant ponctionner près de 2 100 collectivités ou intercommunalités parmi les plus aisées, pour une somme totale d'1 Md d'euros. Celle-ci leur sera reversée, sous forme d'un lissage par tiers, pendant trois ans. Il s'agit d'une « mise en réserve » contribuant au redressement des comptes, pour les uns, d'une mesure « d'épargne forcée » bloquant les projets locaux engagés ou augmentant le recours à l'emprunt, pour les autres[59].

---

[54] « Les principales associations d'élus boycottent les Assises des finances publiques », *Acteurs publics*, 15 juin 2023.

[55] « Les élus locaux boycottent les Assises des finances publiques », *Gaz. cnes*, 14 juin 2023.

[56] « La méfiance des collectivités face à la main tendue par Bercy », *Gaz. cnes*, 20 juin 2023 ; « Programme de stabilité : vers un nouveau tour de vis pour les collectivités », *Gaz. cnes*, 28 avr. 2023.

[57] « Élisabeth Borne fait son mea culpa, Bruno Le Maire 'tend la main' aux collectivités », *Gaz. cnes*, 19 juin 2023.

[58] « Les principales associations d'élus boycottent les Assises des finances publiques », *art. préc.* ; « La méfiance des collectivités face à la main tendue par Bercy », *Gaz. cnes*, 20 juin 2023.

[59] « Prélèvements sur les collectivités : la liste des 2 065 communes et EPCI qui contribueront au 'Dilico' désormais connue », *Maire info*, 11 avril 2025.

Estimant que l'idée d'encadrer les dépenses locales n'était pas abandonnée par Bercy, contrairement aux engagements d'Élisabeth Borne[60], l'événement des « Assises des finances publiques » a été boycotté par les élus locaux. Les présidents des associations locales déploraient ainsi la volonté du Gouvernement d'encadrer à nouveau les dépenses des collectivités territoriales mais aussi d'augmenter, sans concertation, le point d'indice de la fonction publique (augmentation qui venait d'être annoncée et devant grever fortement leurs dépenses de personnel)[61] : « *Le lundi, le ministre de la Fonction publique crée des dépenses supplémentaires et le mardi, celui de l'Économie et des Finances invite les élus locaux à être vertueux...* » dira un communiqué de l'ADF[62]. C'est donc fort justement que le professeur Mathieu Conan pouvait estimer, pour sa part, que : « *Les dispositifs ainsi présentés se caractérisent tous au final par leur brutalité, de nature à légitimement générer une hostilité de la part des collectivités territoriales à leur égard* »[63].

B. Le haut Conseil des finances publiques locales et le retour à l'ODEDEL

L'exécutif a depuis compris que la contrainte budgétaire contrôlée *a posteriori* ne fonctionnerait pas[64]. Dès lors, un nouveau Haut Conseil des finances publiques locales (HCFPL) a été créé et réuni le 22 septembre 2023 (nouvelle instance composée des membres du Gouvernement, du Premier président de la Cour des comptes, des présidents des commissions des finances du Parlement, des rapporteurs généraux du Budget au Parlement, les présidents des associations locales et du Comité des finances locales). Parmi les missions qui lui sont confiées, figurent les revues de dépenses des administrations publiques locales et le suivi de la mise en œuvre annuelle des objectifs financiers[65]. Le HCFPL devait être « *une enceinte d'échanges d'égal à égal entre l'État*

---

[60] « Les élus locaux boycottent les Assises des finances publiques », *art. préc.*

[61] « Les principales associations d'élus boycottent les Assises des finances publiques », *art. préc.*

[62] Cité par *ibidem.*

[63] M. Conan, « La programmation financière des collectivités territoriales par l'État », *GFP*, n° 2, 2023, p. 36. ; M. Conan, « Les finances locales et la décentralisation, destins liés ou croisés ? », *RFFP*, n° 161, fév. 2023, p. 3 et s.

[64] « Budget : l'État tend la main aux collectivités locales pour la maîtrise des dépenses publiques », *Les Échos*, 20 sept. 2023.

[65] C. Comptes, *Les Finances publiques locales 2023*, *op. cit.*, fasc. 2, p. 87.

et les collectivités locales sur la stratégie de maîtrise des finances publiques face à l'impératif de désendettement, sans remise en cause de la libre administration des collectivités » selon l'ancien ministre Bruno Le Maire[66].

Ainsi, ce dernier avait pu affirmer, en son sein, que la nouvelle version du projet de loi de programmation des finances publiques ne devait contenir aucune mesure comparable aux contrats de Cahors (l'article 23 avait déjà été rejeté par le Parlement), l'effort pesant plus sur l'État que sur les collectivités territoriales, conformément aux souhaits du Sénat et des associations d'élus locaux[67]. De même, la fiscalité des collectivités territoriales ne devait pas être modifiée, un excédent de 15 Mds étant même attendu pour 2027 grâce au dynamisme de la TVA[68].

Il n'y a désormais plus – contrairement à la première version de la loi (art. 23) – de dispositif contraignant pour les collectivités[69] dans la loi de programmation des finances publiques pour les années 2023 à 2027, du 18 décembre 2023 : ni contrat, ni mécanisme d'auto-assurance. En revanche, le caractère incitatif du texte est maintenu avec l'ODEDEL, à l'image de l'ONDAM pour les partenaires sociaux. L'ODEDEL a également été révisé dans sa trajectoire (par l'Assemblée nationale), par rapport à une nouvelle réévaluation d'inflation à compter de 2024[70].

---

[66] Ministère de l'Économie, des Finances et de la souveraineté industrielle et numérique, « Lancement du Haut Conseil des finances publiques locales (HCFPL) », communiqué de presse, n° 1152, 22 sept. 2023 ; « Première session pour le Haut Conseil des Finances Publiques Locales (HCFPL) », *RCL*, 29 sept. 2023.

[67] *Ibidem*.

[68] *Ibid.* ; La Première ministre Élisabeth Borne a ainsi rappelé que : « *La TVA a ainsi progressé de près de 10 % en 2022, bien davantage que les impôts locaux ou que les dotations dont elle est venue compenser la suppression* », telles la taxe d'habitation sur les résidences principales et la CVAE affectée aux régions, C. comptes, *La décentralisation 40 ans après*, *op. cit.*, p. 152-153, 175. ; C. comptes, *Les finances publiques locales 2023*, fasc. 1, synthèse, p. 11.

[69] « Loi de programmation : 'Il n'y aura pas de mesure contraignante pour les collectivités' », *Gaz. cnes*, 14 sept. 2023.

[70] J.-F. Husson, *Projet de LPFP pour les années 2023 à 2027*, *op. cit.*, p. 64.

	2023	2024	2025	2026	2027
Dépenses de fonctionnement	**4,8**	**2,0**	**1,5**	**1,3**	**1,3**

Source : art. 17 de la loi de programmation des finances publiques pour les années 2023 à 2027

Thomas Cazenave, alors ministre des comptes publics, précisait, optimiste, que : « *les dépenses d'investissement progresseront plus fortement que l'inflation. Et au global, l'effort pour les collectivités sera bien moins important que celui demandé à l'État* »[71]. Le sénateur Jean-François Husson devait aller dans le même sens selon une analyse plus nuancée : « *Il convient de noter que [...] l'effort en dépenses escompté, exprimé en volume, est bien supérieur à celui prévu par les précédentes programmations [...] et surtout, nettement inférieur à celui qui est proposé par l'État* »[72]. En raison de l'explosion inattendue du déficit public en 2024 (*in fine* - 5,8 % du PIB au lieu des - 4,4 % prévus), la loi de programmation constitue désormais, et ce malgré sa promulgation récente, une « *référence dépassée* », selon le Haut Conseil des finances publiques (HCFP)[73].

⁂

Se pose désormais la question : cette contractualisation est-elle encore nécessaire ? Plusieurs arguments – essentiellement gouvernementaux – ont pu être avancés en faveur de ces contrats :

---

71 « Loi de programmation des finances publiques : les débats reprennent à l'Assemblée », *Gaz. Cnes*, 25 sept. 2023.

72 J.-F. Husson, *Projet de LPFP pour les années 2023 à 2027*, *op. cit.*, p. 63.

73 Haut Conseil des finances publiques (HCFP), *Avis n°2024-3 relatif aux projets de loi de finances et de financement de la sécurité sociale pour l'année 2025*, 8 oct. 2024, p. 3.

- Ils auraient contribué à la modération de la progression des dépenses locales, et auraient permis aux collectivités d'entrer dans la crise sanitaire « *dans une meilleure situation financière que lors de la crise de 2009* »[74] sur un plan macro-budgétaire[75].

- La limitation des dépenses de fonctionnement augmente la capacité d'autofinancement des collectivités[76] et donc leurs possibilités d'investissement : « *Ainsi, les contrats de Cahors ont effectivement permis de faire progresser les dépenses de fonctionnement un peu moins vite que l'inflation, et l'impact a été tout à fait positif puisque les investissements des collectivités ont augmenté de façon significative* »[77], selon Jean-René Cazeneuve. La Cour des comptes voit quant à elle une épargne brute ayant progressé de 5,1 Mds entre 2018 et 2019[78]. Cette maîtrise de la progression des dépenses de fonctionnement, associée à des recettes non impactées, permettrait donc à celles-ci de pouvoir investir dans les années à venir dans la transition écologique[79].

- Enfin, il a bien été rappelé qu'il s'agit d'une démarche encadrant l'augmentation des dépenses locales et non d'une diminution de celles-ci ; elles sont supposées augmenter de 31 Mds jusqu'en 2027[80].

En revanche, plusieurs arguments s'y opposent :

- Demander aux collectivités territoriales de baisser leurs dépenses de fonctionnement (comme les frais d'électricité ou de chauffage notamment) en pleine crise énergétique peut sembler illogique[81]. Il en est de même concernant les dépenses de personnel déjà impactées par l'augmentation du point d'indice en réponse à l'inflation ou bien les

---

[74] PLF 2024, *Rapport sur la situation des finances publiques locales*, *op. cit.*, p. 33.

[75] A. Hastings / L. Janicot, « Penser la différenciation territoriale et financière », n° 162, mai 2023, p. 23 et s.

[76] En 2022, les collectivités territoriales présentent une capacité de financement de 1,7 Md, et ce « *pour la première fois depuis 2018* », PLF 2024, *Rapport sur la situation des finances publiques locales*, *op. cit.*, p. 22-23. En revanche, le solde est redevenu négatif en 2023, le besoin de financement étant passé à - 5,5 Md, PLF 2025, *Rapport sur la situation des finances publiques locales*, oct. 2025, p. 22-23.

[77] J.-R. Cazeneuve, *LPFP pour les années 2023 à 2027*, *op. cit.*, p. 158.

[78] C. comptes, *Les finances publiques locales 2020*, fasc. 1, *op. cit.*, p. 43.

[79] J.-R. Cazeneuve, *LPFP pour les années 2023 à 2027*, *op. cit.*, p. 159.

[80] *Id.*, p. 206.

[81] *Id.*, p. 157. « *S'agissant des dépenses de fonctionnement, l'inflation [en 2022] a entraîné une forte hausse des dépenses de combustibles et de carburants (+ 30,7 %), d'eau, d'énergie et de chauffage (+ 22,7 %) et d'aliments (+ 11,9 %)* », C. comptes, *La décentralisation 40 ans après*, *op. cit.*, p. 175.

allocations individuelles de solidarité - AIS (RSA, APA, PCH, dépenses au titre de l'aide sociale à l'enfance)[82] qui peuvent représenter une grande partie des dépenses de fonctionnement des départements[83] : « *lorsqu'il faut attendre de l'État qu'il desserre son étau financier pour pouvoir faire face à un accroissement des besoins, la contractualisation rend les conseils départementaux plus que jamais tributaires des dotations de l'État* »[84]. Finalement, les AIS ont été exclues du périmètre de l'ODEDEL par un amendement sénatorial soutenu par le Gouvernement[85].

- Les collectivités territoriales ne sont que peu responsables du déficit public en raison de la règle d'équilibre réel, contrairement à l'État non contraint pas une telle discipline budgétaire[86]. Au contraire leur capacité d'autofinancement (et donc de désendettement) a augmenté sur la période (v. *supra*). Ainsi, pour Jean-François Husson, rapporteur général de la Commission des finances du Sénat : « *Les collectivités territoriales sont pleinement conscientes de l'urgence du rétablissement de nos finances publiques et sont prêtes à y prendre leur part, sans qu'il soit besoin de les placer sous la tutelle de l'État, dont la gestion financière propre ne saurait être érigée en exemple* »[87]. Le caractère infantilisant de ces dispositifs a d'ailleurs mainte fois été mentionné, tant dans la presse qu'au Parlement.

Est-il enfin nécessaire de rétablir de tels mécanismes contraignants sachant qu'ils ne sont plus appliqués depuis 2019 ? Malheureusement, l'État étant devenu grâce à ses transferts financiers, le premier contributeur local (que ce soit par dotations ou via des parts d'impôts nationaux transférés), la tentation semblera toujours forte pour ses représentants de réduire ces transferts en cas de dérive des finances publiques. Finalement, c'est sans doute la règle d'équilibre réel, obligeant les collectivités territoriales à voter leurs budgets en équilibre strict, qui aujourd'hui sécurise le plus ces affectations de recettes. Il

[82] M. Long, « La loi 3DS : la fin du département-providence ? », *RDSS*, n° 3, 30 juin 2022, p. 412 et s.
[83] J.-R. Cazeneuve, *LPFP pour les années 2023 à 2027*, *op. cit.*, p. 157, 202.
[84] L. Levoyer, « Le département a-t-il les moyens financiers d'être un acteur de la gestion d'une crise sanitaire », *RDSS*, n° 3, 30 juin 2022, p. 451 et s.
[85] J.-R. Cazeneuve, *LPFP pour les années 2023 à 2027*, *op. cit.*, p. 203.
[86] *Idem*, p. 160, 199 ; « Les principales associations d'élus boycottent les Assises des finances publiques », *art. préc.*
[87] J.-F. Husson, *Projet de LPFP pour les années 2023 à 2027*, *op. cit.*, p. 201.

n'est pourtant pas inenvisageable que le temps des « contrats » d'encadrement des dépenses locales – avec tous les guillemets nécessaires – ne puisse un jour revenir[88].

[88] À l'aune d'une prochaine conférence financière des territoires, en vue de la préparation du projet de loi de finances pour 2026, une « *nouvelle séquence de contractualisation* » pour les collectivités (dans le cadre d'un effort global de 8 MDS d'euros) a ainsi été annoncée par le ministre de l'Aménagement du territoire et de la Décentralisation, François Rebsamen, « Réduction du déficit : vers un retour de la 'contractualisation' pour les collectivités ? », *Maire info*, 28 mars 2025. La ministre des Comptes publics, Amélie de Montchalin, a, pour sa part, évoqué devant l'Assemblée nationale « *une forme de contrat* » à venir entre l'État et les collectivités, qui ne serait pas pour autant une « *contractualisation* », « Budget 2026 : les collectivités territoriales à nouveau sur le gril de Bercy », *Public Sénat*, 14 avril 2025.

Les contrôles réalisés par l'État

Vers un transfert de responsabilité vers les collectivités par le régime de responsabilité unifiée des gestionnaires publics

Franck Waserman,

Professeur de Droit public, Université Littoral Côte d'Opale, LARJ (EA 3603)

La réforme issue de l'ordonnance du 23 mars 2022[1], entrée en vigueur le 1er janvier 2023, suscite une curieuse interrogation dans un colloque de droit des collectivités territoriales, car elle ne concerne pas spécialement les finances locales, et encore moins le droit généralement applicable aux collectivités territoriales, leurs compétences ou les conditions d'exercice de celles-ci. Il s'agit d'une réforme de finances publiques opérée en catimini, dont les effets d'ampleur ne sont pas encore pleinement mesurables.

Auparavant, la responsabilité personnelle pécuniaire (RPP) des comptables publics constituait un régime spécifique qui remontait aux origines du droit comptable public contemporain. On retrouve le principe d'une telle responsabilité dès l'ordonnance Villèle du 14 septembre 1822, puis dans tous les grands textes de codification de la comptabilité publique[2]. La RPP était donc un mécanisme de responsabilité particulièrement ancré et stable, qui assurait la protection des deniers publics par la mise en débet des comptables.

Pour les ordonnateurs – et plus largement les agents, qu'on peut appeler gestionnaires, qui travaillent sous leur autorité, le paysage juridique était bien différent : leur responsabilité n'était pas systématique, et même, à bien des égards, plutôt évanescente ; depuis 1948, la Cour de discipline budgétaire et financière (CDBF)[3] pouvait leur

---

[1] Ordonnance n° 2022-408 du 23 mars 2022 relative au régime de responsabilité financière des gestionnaires publics.

[2] Ordonnance du 31 mai 1838 portant règlement général de la comptabilité publique ; Décret impérial du 31 mai 1862 portant règlement général de la comptabilité publique ; Décret n°62-1587 du 29 décembre 1962 portant règlement général de la comptabilité publique ; Décret n°2012-1246 du 7 novembre 2012 relatif à la gestion budgétaire et comptable publique.

[3] LOI n° 48-1484 du 25 septembre 1948 tendant à sanctionner les fautes de gestion commises à l'égard de l'État et de diverses collectivités et portant création d'une cour de discipline budgétaire.

infliger des amendes à raison de comportements incriminés dont leur gestion aurait été le cadre. L'activité de la Cour était faible[4], et sa juridiction souffrait de beaucoup (trop) d'exclusions pour être intimidante : notamment les ministres et exécutifs locaux n'en étaient pas justiciables, sauf hypothèse de réquisition de comptable ; les justiciables de la CDBF pouvaient aussi se protéger par une lettre de couverture, écrite par leur supérieur. La responsabilité des ordonnateurs apparaissait donc notoirement comme un angle mort de la responsabilité financière[5].

Si on résume : nous avions deux mécaniques de responsabilité très différentes, répondant à des logiques juridiques différentes. La responsabilité des ordonnateurs suivait une logique répressive, en sanctionnant des fautes de gestion ; les comptables, eux, répondaient d'une responsabilité réparatrice en comblant, par le paiement des débets, les manques en caisse. La responsabilité des ordonnateurs était d'essence répressive, ponctuelle par construction, quand la RPP avait, dans sa formule réparatrice originelle, vocation à être systématique. Cette architecture reposait sur la distinction, quasi totémique[6], entre ordonnateur et comptable, qui constituait l'ossature de ces deux régimes de responsabilité fortement différenciés.

Selon les mots célèbres du Commissaire du gouvernement Romieu sur l'arrêt *Nicolle* du Conseil d'État du 12 juillet 1907[7], le juge des comptes était « juge des comptes des comptables publics et non des comptables publics eux-mêmes ». Mais la belle architecture du « contrôle objectif » qui permettait d'engager la RPP des comptables

---

[4] 264 arrêts auront été rendus par la CDBF pendant toute son existence, dont 10 en 2022 – dernière année de fonctionnement. Même si la moyenne glissante sur 10 ans des arrêts rendus, qui est passée de 4,8 en 2013 à 7,7 en 2022, est en progression de 60 %, on reste sur un volume d'activité particulièrement réduit. Voir le rapport d'activité annuel 2023 – et ultime – de la CDBF.

[5] Notamment : S. Thébault, « L'impérieuse réforme de la Cour de discipline budgétaire et financière », in *Revue française de finances publiques*, 2002, n° 78 ; S. Thébault, *L'ordonnateur en droit public financier*, Paris, LGDJ, 2007 ; L. Peyen, « Pour une véritable éthique financière : le renforcement de la Cour de discipline budgétaire et financière », in *Gestion & Finances publiques*, 2017, 6, p. 25.

[6] M. Bouvier, « Un modèle de gouvernance financière publique inachevé », in *Revue française de finances publiques*, 2024, n° 165.

[7] CE, Ass., 12 juillet 1907, *ministre des finances c/ Nicolle*, n° 23933, p. 670 ; *Les grands arrêts de la jurisprudence financière*, A. Froment-Meurice, J.-Y. Bertucci, N. Hauptmann et Ch. Michaut (dir.), 7e éd., 2019, n° 29.

s'était déjà trouvée écornée par les réformes de 2006-2012[8], qui avaient conduit à une subjectivation du contrôle des comptes, notamment par la prise en compte de la force majeure ou par la recherche d'un préjudice financier. Le système réformé se caractérisait alors, d'abord, par la possibilité pour le juge de prendre en compte la force majeure comme cause exonératoire de responsabilité – corrélativement le ministre des Finances perdait son droit de décharger la responsabilité du comptable, ainsi que celui de remise gracieuse totale, mais conservait, contre toute logique, la possibilité de remiser partiellement les débets, avec reste à charge minimum obligatoire ; ensuite par une procédure réformée, abandonnant la technique du double arrêt, pour permettre au comptable de se justifier dès la phase d'instruction ; enfin par une restriction des mises en débet aux cas où existe un préjudice financier pour la collectivité – à défaut, le juge pouvait désormais condamner le comptable à une somme sui generis non remisable mais plafonnée. Cette somme, qui n'était donc absolument pas une amende ni un débet, est l'expression de la récente extension de l'office du juge qui pouvait désormais tenir compte des circonstances et du comportement du comptable ; elle avait clairement une finalité répressive pour sanctionner leurs manquements quand bien même ils n'auraient pas entrainé de préjudice.

Deux remarques doivent être formulées à ce stade : cette coloration répressive, qui était le modèle pour la responsabilité des ordonnateurs, est alors nouvelle pour les comptables ; la réforme opérée alors n'était fondamentalement ni logique ni cohérente, puisqu'elle maintenait le pouvoir de remise gracieuse partielle du ministre après un débet juridictionnel – et ce alors même que l'extension de l'office du juge des comptes faisait que le juge et le ministre étaient amenés à apprécier les mêmes éléments pour déterminer la situation du comptable. De manière manifeste, la situation issue de ce train de réformes était bancale et, à certains égards, d'une qualité juridique moindre par rapport au régime de responsabilité antécédent. Une nouvelle réforme était nécessaire et donc attendue. L'ordonnance de mars 2022 créant un régime unifié de responsabilité s'inscrit dans ce contexte de réforme (très) attendue. C'est peut-être ce qui explique qu'une bonne partie des magistrats

[8] Loi n° 2006-1771 du 30 décembre 2006 de finances rectificative pour 2006 [prise en compte de la force majeure, restriction des remises gracieuses] ; loi n° 2008-1091 du 28 octobre 2008 relative à la Cour des comptes et aux CRC [suppression du double arrêt, nouvelle procédure devant les juridictions financières] ; loi n° 2011-197 de finances rectificative du 28 décembre pour 2011 [restriction des débets aux manquements comptables ayant entraîné un préjudice financier].

financiers[9] et de la doctrine en approuve le sens, quitte à reconnaître que la réforme, si elle n'est pas parfaite, est malgré tout un moindre mal[10]. On ne se sentira pas obligé de communier dans cet élan d'enthousiasme face à la vague de la nouveauté[11].

Le régime de responsabilité unifiée opère en réalité une recomposition des logiques juridiques, tout en charriant un sous-jacent gestionnaire qui n'est peut-être pas là où on pense le voir de prime abord. Or, c'est précisément dans cette discrépance entre les enjeux gestionnaires évidents et ceux, sous-jacents que les collectivités (mais aussi les établissements publics) sont tout particulièrement concernées.

I. Les enjeux de la réforme et le sens de la responsabilité

Pour les promoteurs de la réforme, l'enjeu juridique n'est pas une fin en soi : la bascule entre deux logiques de responsabilité juridique, de la réparation vers la répression, est seulement un effet. Le véritable enjeu est gestionnaire, car dans la démarche de performance, on cherche à alléger les contraintes formelles sur l'action publique et à donner, ce faisant, davantage d'autonomie aux gestionnaires, en échange d'une responsabilité sur résultats. Il s'agit d'aligner les responsabilités publiques sur un modèle entrepreneurial dans la lignée de la LOLF de 2001, étant supposé que dans le monde privé, les managers sont *évalués* selon leurs résultats mais que leur *responsabilité* n'est engagée qu'en cas d'écart significatif avec des règles de fonctionnement considérées comme particulièrement importantes.

---

[9] Notamment : C. Hirsch, « La responsabilité des gestionnaires publics », in *Archives de philosophie du droit*, 2022, n° 63, p. 165.

[10] Voir par exemple X. Vandendriessche, « La "responsabilité unifiée des gestionnaires publics" : une révolution ? », in *Bulletin juridique des collectivités locales*, 2023, 7-8, p. 509 ; X. Vandendriessche, « Responsabilité financière des gestionnaires publics », in *Gestion & Finances publiques*, 2024, 6, p. 19. La production sur cette réforme est relativement abondante ; mais on notera avec intérêt que ces deux contributions du même auteur, qu'un an et demi sépare, se terminent par la même interrogation – pas secondaire du tout – sur le devenir de l'obligation de se vider les mains qui existait dans la procédure antérieure : la question, et à plus forte raison sa persistance, est très révélatrice du sous-jacent idéologique de la réforme.

[11] F. Waserman, « Existe-t-il un modèle français de contrôle des comptes publics ? », in *Gestion & Finances publiques*, 2021, 6, p. 14 ; F. Waserman, « De l'Échiquier de Normandie à la création de la Cour des comptes : héritage ou rupture ? », in *Bulletin juridique des collectivités locales*, 2023, 7-8, p. 488.

A. Le passage d'une responsabilité réparatrice à une responsabilité répressive

La réforme de 2022 marque la fin de la RPP et du débet, ainsi que la suppression de la CDBF ainsi que de la mission contentieuse des Chambres régionales des comptes (CRC). Tout le contentieux est donc concentré au sein de la nouvelle septième chambre de la Cour des comptes[12] et de la nouvelle Cour d'appel financière[13]. Sans trop vouloir paraître inutilement critique, on notera qu'une fois de plus le jurislateur s'est assez peu soucié de la cohérence de sa démarche : alors que la création de la chambre du contentieux visait à remettre la rue Cambon dans le modèle d'hybridation des fonctions administrative et juridictionnelle tel qu'il se pratique au Palais royal, la procédure d'appel devant la nouvelle juridiction est suspensive de droit, à l'encontre des pratiques contentieuses ordinaires de l'ordre administratif !

La procédure contentieuse ne vise plus à rétablir la ligne de compte si le contrôle fait apparaître des irrégularités ou des inexactitudes, mais, désormais, à sanctionner les gestionnaires publics qui ont enfreint les règles afférentes aux recettes et aux dépenses publiques. Le code des juridictions financières (CJF) liste une dizaine d'infractions entrainant une possible condamnation du gestionnaire, tant ordonnateur que comptable, à une amende.

Les infractions définies à l'article L.131-13 du code exposent leurs auteurs à une amende d'un montant maximal d'un mois de rémunération. Il s'agit du non-respect du non-respect des règles du contrôle budgétaire, de l'engagement de dépenses sans en avoir le pouvoir et du défaut de production des comptes (que seul le comptable est susceptible de commettre). Les autres infractions, listées aux articles L.131-9 à L.131-15 du JF, peuvent entraîner des amendes allant jusqu'à six mois de rémunération.

La liste des infractions comprend :

- la violation des règles en matière de recettes, de dépenses et de gestion de biens, entrainant, via ma commission d'une faute grave, un préjudice financier significatif (L.131-9) ;

---

[12] Décret 2001-604 du 18 mai 2021 modifiant la partie réglementaire du code des juridictions financières.

[13] Créée par l'ordonnance du 23 mars 2022.

- la faute grave de gestion dans une entreprise publique ou dans un organisme du secteur public ayant entraîné un préjudice financier significatif (L.131-10) ;
- les agissements ayant pour effet de faire échec à un mandatement d'office (L.131-11) ;
- l'octroi d'un intérêt injustifié par intérêt personnel ou direct (L.131-12) ;
- les agissements entrainant la condamnation d'une personne publique ou privée gérant un service public à une astreinte pour inexécution d'une décision de justice (L.131-14) ;
- la gestion de fait (L.131-15).

Il est peu commun en droit d'exiger à la fois une faute grave et un préjudice financier significatif pour engager une responsabilité. Si la faute grave peut, peut-être, faire écho à la faute lourde qu'on connaît en responsabilité administrative, l'exclusion du périmètre de la responsabilité des préjudices simples est assez peu justifiable, et rajoute à la difficulté de caractériser le préjudice celle d'établir son importance significative.

Cette double conditionnalité, de gravité et de signifiance, renforce l'idée d'une sanction réservée aux situations les plus sérieuses. Toutefois, il est important de noter que, dans ce cadre, peu importe que le préjudice soit véniel ou significatif, la réparation du préjudice n'est pas prévue par la réforme. Ainsi, la volonté de dissuasion et de sanction semble primer sur la réparation effective du dommage subi.

Il faut aussi relever que la faute grave n'entrainant qu'un préjudice de petite importance ne donne pas lieu à sanction. Pour autant, la gravité de la faute – et la qualité professionnelle de l'agent – est-elle moindre – respectivement meilleure – parce que les conséquences sont faibles ? Ainsi la Cour d'appel financière, par exemple, a condamné deux agents (l'adjoint du payeur départemental de l'Eure et le directeur adjoint des finances dudit département) à 2 500 € d'amende chacun pour avoir payé près de 800 000 € à un escroc qui s'était substitué au créancier véritable[14]. Les deux agents (un côté comptable et un côté ordonnateur) ne sont pas parties à la fraude, mais il existe un défaut de contrôle : celui que le comptable est tenu d'exercer, sur la base des états liquidatifs produits par l'ordonnateur, quant au caractère libératoire du paiement des mandats.. Des incohérences existaient qui auraient permis de

[14] Cour d'appel financière, 6 février 2025, CAF-2024-01.

confondre l'affactureur frauduleux. Ne pas les avoir relevées constitue une faute grave, compte tenu en particulier du niveau élevé de responsabilité de l'agent. Leurs diligences professionnelles, et la qualité de leur gestion des deniers publics, auraient-elles été meilleures si les escrocs avaient été moins gourmands ? Assurément non, pourtant c'est bien parce que la juridiction considère que 800 000 € est une somme importante, constitutive d'un préjudice significatif pour le département, qu'elle les condamne, l'un comme l'autre, à l'amende.

B. Le sous-jacent gestionnaire

L'objectif affiché de cette réforme est de sanctionner les mauvais comportements individuels des gestionnaires, sans pénaliser l'agilité de l'action publique par un excès de formalisme et de contrôles. Cette logique, qui était celle de la LOLF, sous-entend une autonomie managériale accrue, mais soulève la question : quelle est la responsabilité pour les mauvais gestionnaires ? La question est triviale dans le secteur privé, mais inextricable dans le public où elle se heurte au statut de la fonction publique, aux notions de faute de service, de faute personnelle non détachable, non dénuée de tout lien… La réforme de 2022 s'inscrit dans cette séquence intellectuelle de la performance managériale et propose une façon de *responsabilité individuelle* permettant de saisir les comportements fautifs dans la gestion.

Mais remplacer une responsabilité *personnelle* et pécuniaire par une responsabilité individuelle pourrait paraître une simple clause de style, si on ignorait le niveau de rupture avec les héritages séculaires que l'ordonnance créant une responsabilité unifiée vient réaliser. Ce n'est pas une clause de style ; et cela invite à regarder de plus près ce qui se joue.

En 2001, on a mis en avant une responsabilité *managériale* qui sanctionnerait les mauvais gestionnaires pour n'avoir pas atteint leurs objectifs, ou, plus généralement, avoir fait de mauvais choix de gestion. Cela se comprenait comme une équation faisant correspondre autonomie étendue, et donc allègement de la contrainte formelle et desserrement de l'encadrement procédural, avec une *accountability* affirmée. En 2022, la chose apparaît très différente. La liste des infractions décrit des comportements plutôt graves, rarement commis par impéritie mais plus volontiers volontairement pour contourner les règles. Elle ne dit rien de la qualité de la gestion ou de la pertinence des choix managériaux, et pas davantage de la satisfaction des objectifs. En 2022, on imagine une responsabilité managériale qui sanctionne les mauvais gestionnaires, soit parce qu'ils se sont crus au-dessus des règles communes, soit parce qu'ils se sont laissé submerger par les règles applicables.

En réalité, ce régime *managérial* sanctionne les gestionnaires qui ont violé des règles de gestion, plutôt que d'évaluer la qualité de leur gestion. Ce n'est pas moins de formalisme ni moins de procédure ; c'est simplement la mise en force d'un autre formalisme procédural ; faire du vieux avec du neuf.

Avec le régime de responsabilité unifiée des gestionnaires, *l'accountability* managériale est un vaste jeu de dupes. Ainsi, le sous-jacent gestionnaire n'est pas là où on l'imagine dans cette réforme, et c'est précisément à travers cet enjeu inavoué que les collectivités (et les établissements publics du reste) sont spécialement impactées. Cela tient à ce qu'on tente d'utiliser l'instrument de la responsabilité *juridique* comme un véhicule du concept (*non-juridique*) de responsabilité managériale, ce qui ne peut pas fonctionner, car il y a une incompatibilité de natures. Si cela fonctionne, c'est que ce qu'on voit, apparent, est un trompe-l'œil, et que le sous-jacent véritable est différent ; cela ne fonctionne pas, sauf à entendre que le véritable effet gestionnaire de la réforme est dans la transformation gestionnaire des structures administratives, ce qui concerne principalement les collectivités et les établissements publics.

II. L'impact spécial de la réforme sur les collectivités territoriales

Deux raisons au moins expliquent pourquoi la réforme aura un effet de levier institutionnel sur les finances des collectivités territoriales : une raison administrative (organique) et un niveau d'expertise (et donc de risque) différent de l'État ; ce contexte crée un appel d'air qui va rendre nécessaire, tenir compte de la réforme de la responsabilité, le déploiement de stratégies de contrôles internes.

Il n'est pas inintéressant, avant toute chose, de remarquer que, de ce point de vue, 2022 est parfaitement en cohérence avec les orientations stratégiques de 2001. La LOLF a été pensée dès l'origine pour être un levier de réforme de l'État[15], l'idée étant de passer, grâce à la budgétisation par programmes, d'une administration en silos, caractérisée par le traditionnel principe hiérarchique vertical et descendant, à

[15] Voir notamment, A. Lambert et D. Migaud », La loi organique relative aux lois de finances (LOLF) : levier de la réforme de l'État », in Revue française d'administration publique 2006/1, n° 117, p. 11.

une administration en réseau, plus agile et davantage décentralisée. Assez rapidement[16], on se rend compte que la nouvelle architecture gestionnaire au sein des ministères (RFFIM, RProg, RBop, Ruo) ne se substitue pas à l'ancienne structure administrative (disons, Ministre et cabinet, Directeur général, Sous-directeur, Chef de service, Chef de bureau) mais a tendance à se couler dans ses formes.

Or c'est précisément ce qui s'annonce, dans les collectivités et les établissements, pour s'adapter à la responsabilité régime 2022 : une transformation du cadre administratif classique, animé par le pouvoir vertical d'une autorité dépositaire de l'Intérêt général, vers un mode gestionnaire de pilotage, incarné par des structures internes de contrôle et d'audit dépositaires d'une expertise gestionnaire prudentielle. Ce qui n'a pas abouti par la LOLF pour l'État lui-même est en passe d'avenir pour les entités décentralisées par la réforme de la responsabilité.

A. Les raisons de l'effet de levier sur le fonctionnement des collectivités

La réforme de 2022 aura un impact plus grand (et différent) sur les collectivités et les établissements publics que sur l'État du fait, en premier lieu, d'une raison organique : la responsabilité des comptables représentait un filet de sécurité pour les collectivités – les comptables engageaient leur responsabilité personnelle et exerçaient un certain nombre de contrôles sur lesquels les services ordonnateurs des collectivités et des établissements publics pouvaient, au moins informellement, un peu se décharger. Or, le comptable est un agent de l'État, si bien que la question de la responsabilité était en quelque sorte externalisée ; cette question est maintenant rapatriée au sein même des entités décentralisées.

---

[16] Dans leur premier bilan de la mise en œuvre de la LOLF, Alain Lambert et Didier Migaud relèvent la persistance des réflexes et de la culture administrative traditionnels, même s'ils se déclaraient optimistes et toujours convaincus du potentiel de la LOLF comme outil de réforme de l'État : A. Lambert et D. Migaud, *La Mise en œuvre de la loi organique relative aux lois de finances – À l'épreuve de la pratique, insuffler une nouvelle dynamique à la réforme*, Rapport au Gouvernement, octobre 2006 (https://www.vie-publique.fr/files/rapport/pdf/064000807.pdf) ; La LOLF passe au second plan du fait de la profusion de stratégies de réforme de l'État (à l'époque, Révision générale des politiques publiques – RGPP – et Réforme de l'administration territoriale de l'État – RéATE), ce qui brouille ses effets : M. Bouvard, J.-P. Brard, Th. Carcenac et Ch. de Courson, *Articulation entre la LOLF et les réformes de l'organisation de l'État*, Rapport de la MiLOLF, 2010 (https://www.assemblee-nationale.fr/13/rap-info/i2706.asp).

Dans le périmètre étatique, c'est simplement un changement de mode de responsabilité, mais dans le périmètre décentralisé, c'est une problématique neuve qui arrive.

La seconde raison de cet effet de levier sur le fonctionnement des collectivités est technique. Jusque-là, les gestionnaires-ordonnateurs étaient d'une certaine manière protégés par la responsabilité des comptables. Face à une situation complexe, pas totalement maîtrisée, la solution était de s'en remettre au comptable, qui avait tout intérêt à agir avec prudence puisque sa responsabilité, et donc son patrimoine (ou plutôt son assurance), étaient engagés. Face à ces difficultés opérationnelles, le comptable avait un véritable enjeu et, par ailleurs, une expertise affûtée que donnent l'expérience et l'habitude à la prudence.

Face à ces mêmes difficultés, le DGA ou le DGS d'une collectivité lambda n'est sans doute pas toujours aussi bien outillé qu'un directeur général dans un ministère. Or du fait de la réforme, c'est désormais sa propre responsabilité qui est en jeu, et donc indirectement son patrimoine, à travers l'amende (qui pour le coup n'est pas assurable). Comme sous le régime précédent de responsabilité des ordonnateurs, sauf exception (réquisition de comptable et gestion de fait), les ministres et les élus locaux ne sont pas soumis à la responsabilité unifiée ; de fait, c'est bien sur ces agents d'encadrement de haut niveau que s'exerce l'essentiel de la pression induite par la réforme. La logique dans une telle situation, c'est que les services ordonnateurs, notamment ceux des collectivités territoriales ou des établissements publics pour qui la question devient primordiale, cherchent à se prémunir de leurs responsabilités.

Classiquement, par héritage du régime prévalant devant la CDBF, un gestionnaire peut s'exonérer de sa responsabilité par un ordre écrit du supérieur hiérarchique ; et si on remonte ainsi jusqu'au ministre ou à l'exécutif local, la question se trouve purgée. Mais ce n'est évidemment pas une solution satisfaisante pour calmer les inquiétudes du top management local que la réforme a fait naître. La réforme prévoit bien aussi la possibilité de s'abriter derrière une lettre de couverture, c'est-à-dire une décision de l'ordonnateur, prise en application de ses pouvoirs délégués par l'assemblée délibérante et dans la limite de ses fonctions définies par les textes. On comprend que la lettre de couverture doit être circonstanciée (exposé des motifs, faits précis...) et émaner d'un élu dûment informé de l'affaire et habilité à y intervenir. Il ne peut donc pas y avoir de lettre de couverture générique : pour qu'elle offre une exonération aux gestionnaires, les processus décisionnels de la collectivité doivent garantir l'imputabilité des décisions aux personnes habilitées. En somme, la lettre de couverture ne peut fonctionner que si existent des mécanismes qui garantissent sa crédibilité ; elle n'est pas le parapluie miracle pour les gestionnaires pour se prémunir du risque de responsabilité, mais un révélateur du désormais nécessaire besoin de sécurisation des processus décisionnels.

Comment sécurise-t-on des processus décisionnels ? La réponse est simple : en les auditant, et donc en développant des stratégies de contrôle interne au sein de la collectivité territoriale ou de l'établissement public. Autrement dit, la lettre de couverture ne sera utile que si la collectivité met en place du contrôle interne ; autrement dit, la réforme de la responsabilité des gestionnaires est une véritable incitation pour les gestionnaires publics à mettre en place des stratégies de contrôle interne et d'audit au sein de leurs structures. Louis Gautier, qui était Procureur général près la Cour des comptes au moment de la réforme, souligne d'ailleurs explicitement qu'un des intérêts du nouveau régime de responsabilité est de contribuer au renforcement du contrôle interne dans le secteur public[17].

B. L'appel d'air en faveur du déploiement du contrôle interne au sein des collectivités

Le nouveau cadre de responsabilité appelle une véritable stratégie de développement du contrôle interne. Le contrôle interne poursuit deux séries d'enjeux :

- le pilotage des risques de l'action (identification et correction des anomalies, sécurisation des procédures ordonnatrices et comptables…) ; c'est principalement ce levier qui est actionné par la réforme des responsabilités financières ;
- le pilotage des résultats de l'action (contrôle de gestion, efficience, évaluation de l'efficacité…).

Concrètement, le déploiement du contrôle interne nécessite plusieurs étapes ainsi que du *bilantage* et du *retex*. On est ici typiquement sur des démarches managériales et entrepreneuriales, bien éloignées de la classique rationalité juridique qui, depuis des siècles, façonne l'expression du pouvoir politique à ses différents niveaux.

[17] L. Gautier, « Discours d'ouverture », in C. Husson-Rochcongar et S. Kott (dir.), *La responsabilité financière des gestionnaires publics*, Actes du colloque du 8 novembre 2023, INSP-Cour des comptes, DILA, 2024, p. 31.

1. Identifier les élus et agents en charge du pilotage du contrôle interne : il s'agit de permettre leur identification par tous, par exemple en mettant en place un COPIL[18] dédié au contrôle interne et à la maîtrise des risques.
2. Découper l'activité de la collectivité en processus cohérents (gestion de l'actif, marchés publics, chaîne de dépense, gestion des emprunts...) et identifier les services mobilisés : il s'agit d'identifier un pilote qui établira une carte des processus de la collectivité.
3. Découper chaque processus en sous-processus opérationnels et identifier, à chaque étape, les risques potentiels (risque de dépassement du périmètre de compétence, risque de non-rattachement…) : il devient ainsi possible d'établir une cartographie des risques en croisant la probabilité de survenance et la criticité de chacun d'entre eux.
4. Identifier les actions à mettre en œuvre pour y remédier et établir un plan d'action. Ce plan sert, d'une part, à identifier les responsables de chaque processus ; d'autre part, il doit définir les contrôles qui doivent être faits pour, d'abord, s'assurer de l'imputabilité des tâches (celui qui fait est bien celui à qui la tâche est imputable) et, également, s'assurer que celui qui décide n'est pas celui qui contrôle. Tout cela doit permettre d'établir des procédures codifiées et sécurisées au sein de la structure.
5. Prévoir du feedback et des retours d'expérience en évaluant régulièrement l'efficacité des procédures par échantillonnage ; le cas échéant, il faut se tenir prêt à réajuster les procédures ainsi évaluées.

Tout ceci décrit une gestion locale bien éloignée des traditionnelles délibérations politiques sur la meilleure prise en charge de l'intérêt général local. Les collectivités, on commence à le percevoir clairement, sont en effet appelées à devenir des cellules territorialisées de gestion performante, mettant en œuvre des compétences confiées par le pouvoir central. On sait depuis la décision 2016- 565 QPC[19] qu'il faut et qu'il suffit constitutionnellement que les collectivités territoriales gèrent effectivement au moins deux compétences et disposent d'une assemblée délibérante élue. Avec des compétences larges et un conseil élu (pourquoi ?), les collectivités territoriales s'orientent vers une

[18] C'est-à-dire un comité de pilotage, un groupe de personnes chargé de superviser et de diriger le bon déroulement d'un projet au sein d'une entreprise ou d'une organisation.
[19] C. Const., 2016-565 QPC, 16 septembre 2016, *Assemblée des départements de France.*

transformation, ce qui ne manque vraiment pas d'ironie, en des sortes d'agences de territoires.

Si les collectivités territoriales, interprètes politiques de l'intérêt général local, deviennent un simple rouage gestionnaire dans la mise en œuvre des politiques publiques nationales, il n'y a pas de raison pour que le Droit, lui aussi, instrument de l'intérêt général, ne devienne pas l'auxiliaire ancillaire de la performance managériale, et nous disons que c'est grave, parce qu'on nous change notre République[20].

---

[20] On a presque honte de sourcer la paraphrase, dans un tout autre contexte bien évidemment : M. Hauriou, Note sous TC, 9 décembre 1899, *Association syndicale du Canal de Gignac*, in *Recueil Sirey*, 1900, IIIe partie, p. 49.

L'État, générateur d'incertitudes juridiques et facteur d'inaction pour les collectivités locales ?

Olivier Carton,

Maître de conférences en droit public (HDR), ancien directeur du LARJ, maire de la commune de Dannes (62) (2020 – 2026)

« L'État est un être énorme, terrible, débile. Cyclope d'une puissance et d'une maladresse insignes, enfant monstrueux de la force et du droit, qui l'ont engendré de leurs contradictions. Il ne vit que par une foule de petits hommes qui en font mouvoir gauchement les mains et les pieds inertes et son gros œil de verre ne voit que des centimes ou des milliards ». Paul Valéry rompt brutalement avec la vision doctrinale traditionnelle. Ainsi R. Carré de Malberg décrivait-il l'État comme « un être capable de vouloir », comme « le sujet de la volonté de la collectivité ».

De cette mise en perspective plutôt tranchée, quel bilan tirer ? L'État est évidemment un acteur public majeur, central, initiant de vastes chantiers législatifs mais aussi finançant de lourds équipements collectifs en matière de transports, de défense, de culture, chaque président souhaitant laisser son empreinte architecturale dans l'espace républicain : de la bibliothèque François Mitterrand au Musée des arts premiers… La doctrine a ici et parfois le rôle confortable de pouvoir commenter et dénoncer les errements ou les dysfonctionnements administratifs, quitte à apparaître comme des faiseurs de systèmes aussi inféconds que détachés de la réalité. Le juge est d'ailleurs le révélateur – au sens chimique du terme – de ces erreurs voire de ces fautes publiques, des plus banales[1] aux plus graves et les plus médiatiques[2].

Car oui, l'État peut mal faire. Il peut mal agir, par inertie, par maladresse, par imprudence, par négligence… Quelles en sont les conséquences pour les collectivités territoriales ? L'État peut-il nuire à l'action des collectivités et, plus précisément, à l'action communale ?

[1] V. CE, 10 septembre 2023, n° 470807, *B.* relatif à l'annulation d'un refus d'accorder le statut de réfugié.

[2] V. l'annulation récente du décret de dissolution du collectif Soulèvement de la terre.

Et si oui, de quelle manière ? Par quelles pratiques normatives ou quelles attitudes administratives ? Le Conseil d'État s'est récemment interrogé sur la norme comme frein au logement[3]. Qu'en est-il pour l'action locale ? Peut-elle être affectée, altérée voire empêchée par l'État ? Et ce, dans le cadre fondamental du principe constitutionnel de libre administration qui suggère une autonomie d'action et de gestion locale vis-à-vis de l'État. L'importance de ce cadre est rappelée régulièrement par le juge, qu'il s'agisse du Conseil constitutionnel[4] ou du Conseil d'État[5]. Les possibilités d'une opposition entre État et collectivités ne sont donc pas virtuelles : les intérêts publics nationaux et locaux ne coïncident pas d'emblée.

Or, l'État a les moyens de brider et même de briser l'action locale. Il nous sera permis, dans ses lignes, de rajouter une dimension pragmatique à cette analyse. Maire d'une commune de 1 300 habitants, depuis 2020, la pratique vécue par l'édile qu'est devenu l'auteur de ces quelques lignes diffère d'un droit hier enseigné de manière très théorique. Cette mise en œuvre quotidienne a mis en exergue cette capacité de l'État de rendre difficultueuse la gestion communale, par des règles juridiques inadaptées (I.) ou par des manquements étatiques criants (II.).

I. Une action publique locale formellement mise à mal par l'État.

Le phénomène de l'inflation législative ou réglementaire est bien connu de la doctrine comme du Palais Royal, qui, dans son rapport public de 1996, évoquait déjà la « logorrhée » normative de l'État. Cette hypertrophie textuelle se double d'une difformité qualitative (A.). Il faudra ensuite évoquer d'autres insuffisances quant à la protection juridictionnelle des intérêts publics locaux et de l'élu.e (B.).

---

[3] Colloque du 8 novembre 2023.

[4] CC, 20 juillet 2023, *Loi visant à régulariser le PLUI de la Communauté de communes du Bas Chablais.*

[5] CE, 13 octobre 2023, n° 464202, *Association nationale des élus du Littoral et association des maires de France* qui reconnaît littéralement le pouvoir qu'a l'État de « s'opposer à une opération de relocalisation dérogeant aux dispositions du code de l'urbanisme relatives aux zones littorales ».

A. Multiplication et densité contradictoire des règles de droit :

Le Conseil constitutionnel insiste régulièrement sur l'obligation constitutionnelle de clarté ou d'intelligibilité de la loi. Le Conseil d'État renchérit occasionnellement sur ce point en comblant les carences de la loi ou en précisant le sens parfois sibyllin de certaines normes. La surabondance de normes est clairement un frein pour le décideur public alors même qu'il s'agit de s'assurer des besoins primaires de la collectivité, qu'il s'agisse de services alimentaires, techniques, urbanistiques ou cultuels et même civilisationnels. Il convient de développer certains de ces aspects.

La loi Egalim relative aux besoins alimentaires dans les cantines impose aux communes de petite taille le respect de nouvelles obligations vertueuses : une proportion minimale de produits bio, l'interdiction des ustensiles jetables, la réduction du gaspillage… Ces contraintes peuvent impliquer des besoins de financement conséquents. Or, au regard de la rareté de l'argent public, l'État a conditionné, notamment dans le temps, d'éventuelles aides locales, rendant plus difficiles d'éventuelles évolutions locales ultérieures.

Les règles applicables aux demandes locales de permis de construire ou d'aménager sont par essence ardues, récemment complexifiées par des lois ayant été mal reçues par les élus comme la loi Zéro Artificialisation Nette (dite ZAN). En plus d'être inappliquées, elles sont rendues, pour les citoyens mais aussi les élus, inintelligibles par la superposition de certains zonages comme, par exemple, les périmètres de monuments historiques, sauf à solliciter le service coûteux d'architectes ou d'avocats pour purger de tout vice des démarches décidément trop aléatoires.

Les lois de décentralisation des années 2010 menant à d'intenses relations communautaires au sein des EPCI ont provoqué des transferts de compétences tout à fait rationnels afin de mutualiser et d'optimiser la gestion de services ou d'activités essentielles : transports, gestion des déchets, culture… Le traitement des eaux usées fait partie de cette communautarisation efficiente. La haute technicité des compétences nécessaires pour les opérations de récupération et de traitement est un frein quotidien à la maîtrise et à la compréhension, par les instances de contrôle, d'un tel processus. Si, de surcroît, un projet d'implantation d'une nouvelle station d'épuration doit être envisagé sur un territoire communal hier desservi par une station située sur une commune limitrophe n'appartenant pas au même EPCI, comment faire accepter aux riverains et même à l'ensemble de la collectivité les nuisances olfactives et visuelles et les contraintes budgétaires de cet équipement public tout à fait dispensable si les deux EPCI avaient pu trouver un accord pertinent de cofinancement et de cogestion ? La lecture du droit est parfois troublée sinon par les égos tout au moins par les affres de frontières administratives et politiques décidément bien inopportunes. L'implantation spatiale d'une installation classée pour la protection de l'environnement est, par elle-même, juridiquement problématique. L'acquisition du terrain, dès lors que la puissance publique ne dispose pas de l'emprise nécessaire, passe par une proposition amiable ou, à défaut, par une procédure d'expropriation pour cause d'utilité publique. À cette occasion, souhaitant proposer une implantation conforme aux intérêts communaux et étant soumis aux impératifs urbanistiques de la loi Littoral, j'ai remarqué l'existence de l'article L. 121-5 du Code de l'urbanisme permettant de déroger aux rigueurs de la loi et donc d'envisager cette implantation dans une zone forestière attenant à une voirie départementale – facilitant donc l'accès - éloignée des habitations et située en point bas du village – évitant donc le coût et l'entretien de pompes de relevage. Le développement réglementaire de cette disposition semblait conforter cette exception, évoquant « les équipements d'intérêt général nécessaires à la (…) préservation des espaces et des milieux »[6]. Que nenni ! L'État affirme qu'une telle dérogation ne pouvait aboutir qu'après une enquête très lourde remontant au ministère de l'écologie et de l'environnement et que s'il n'existait pas d'autres endroits susceptibles d'accueillir ladite station. Autoriser par exception pour finalement ne pas permettre… le droit montre ses contradictions.

Pénultième exemple plus ordinaire : la gestion des cimetières et, plus particulièrement, la reprise des concessions tombées en état d'abandon manifeste. Tout en se méfiant des règles rappelées en avril dernier par le Tribunal des conflits relatives aux concessions dites perpétuelles[7], la caractérisation de cet état d'abandon indispensable à la récupération d'un espace, par définition communal, destiné à répondre aux demandes légitimes des personnes soucieuses de leur dernière demeure ne suffit pas pour procéder à cette récupération : il faut envisager la construction préalable d'un ossuaire – avec toutes les autorisations d'urbanisme préalables – pour y placer les éventuelles dépouilles retrouvées à l'occasion de la destruction des tombes abandonnées. Informations inscrites sur ces tombes, délais à respecter, reprise éventuelle des

---

[6] Art. R. 121-5 du Code de l'urbanisme.
[7] TC, 17 avril 2023, n° C4268, *Cne de Mont Louis.*

concessions ou prise en compte des remises en l'état assurées par la famille des défunts, contestation contentieuse… le dernier sommeil de certains n'est pas de tout repos pour l'élu.e. Héritage symptomatique de l'imprévision locale, le cimetière de Dannes en 2020 ne contenait que dix concessions disponibles là où plus de dix personnes en moyenne décèdent annuellement. Il a fallu faire aménager un Colombarium dans le respect des règles du Code de la commande publique tout en demandant à l'EPCI un changement de zonage du PLUI car le cimetière est entouré de champs agricoles particulièrement protégés en droit (zone A.).

Et enfin, la crise du Covid a également amené son lot de complications normatives. La loi de mars 2020 et ses déclinaisons législatives ou réglementaires ont bousculé l'état du droit par la multiplication de contraintes de diverses natures, et avec un rythme d'apparition et de modification confinant parfois à l'instantanéité.

Outre d'inévitables acronymes propres à l'action publique : respect des ZEPF, protection des bâtiments publics AB1, le PAPI et la GEMAPI et autres ZNIEFF, la complexité des textes de droit, produits par des instances éloignées géographiquement des situations factuelles vécues par citoyens et élus, décourage.

B. Un recours au juge inefficace ?

« Sans accès au juge, il n'y a ni justice ni droit », affirme la professeur Frison-Roche. Cette assertion s'applique évidemment aux collectivités territoriales. Une commune doit pouvoir défendre ses intérêts en saisissant le juge administratif, comme un élu doit pouvoir se défendre personnellement en s'en remettant à l'autorité judiciaire. Les mises en pratique de ce droit à l'action contentieuse sont pour le moins mitigées. Le passage du *sollen* au *sein* est, en effet, déroutant.

Le lancement, durant l'année préélectorale, d'un projet de rénovation énergétique d'un bâtiment scolaire vieillissant et la passation de marchés publics inhérents à ce projet – incomplet ! – pour un montant de 70 0000 euros ont généré un contentieux aujourd'hui inachevé, ensemble de procédures qui ont révélé certains dysfonctionnements administratifs et certaines qualités systémiques de la justice administrative.

Face à l'état de délabrement avancé voire manifeste du bâtiment, dont certaines fissures laissaient passer la lumière du jour, le maire nouvellement élu a saisi le président du tribunal administratif d'un référé pour obtenir la nomination d'un expert indépendant afin de déterminer, objectivement et contradictoirement, la solidité d'un édifice fort peu entretenu et qui n'avait, par ailleurs, fait l'objet d'aucune étude structurelle de fond alors que de substantielles modifications étaient envisagées. Curieuse conception de la préservation des intérêts patrimoniaux d'une commune…

Au bout de deux années (!), cet expert a mis en exergue les défauts rédhibitoires d'un projet urgemment mis en œuvre pour masquer une inertie publique chronique[8] : incomplétude du projet pourtant subventionné par l'État[9], instabilité du bâtiment nécessitant plus d'un million d'euros pour sa seule pérennité, inadaptation du projet aux règles PMR i.e. au déplacement des personnes handicapées, en l'occurrence l'absence d'un ascenseur permettant d'accéder à l'étage… Il a alors été procédé à la résiliation des marchés publics, et ce pour cause d'intérêt général. Ici, ce déclenchement mécanique par le tribunal d'une expertise a été clairement efficient.

D'autres décisions juridictionnelles interrogent.

Les débuts des travaux de cette rénovation ayant été ordonnés sans autorisation d'urbanisme, le Conseil municipal m'autorisa à déposer une plainte au titre de l'article L. 480-4 et L. 480-4-2 du code de l'urbanisme, permettant de sanctionner ce fait d'amendes conséquentes. Il y eut un classement sans suite, décision peu pédagogique, la pratique des travaux sans autorisation étant, par ailleurs, très fréquente.

Autre manquement constaté : les faits de violence verbale non réprimés. Une loi renforçant la sécurité des élus locaux et la protection des maires est en cours d'adoption. Mais l'autorité judiciaire ne semble

---

[8] À titre universitaire comme à titre majoral, la limitation du nombre des mandats doit être renforcée. Le précédent maire avait accompli six mandats. Une première élection en 1983… à l'aube des lois de décentralisation voulues par François Mitterrand. Aussi, la règle devrait-elle être simple : une personne, un mandat et pas plus de deux mandats consécutifs. La charge est, en effet, si lourde, si chronophage qu'elle épuise, crée une distance et un essoufflement incompatibles avec la poursuite des missions majorales. L'incompatibilité doit surtout concerner le cumul des fonctions de maire et de conseiller départemental ou régional voire de président d'EPCI. L'accomplissement réel des tâches cumulées est matériellement impossible (sauf à s'en remettre à des techniciens mais, dans ce cas, la fonction n'est pas assumée par l'élu.e) et crée, de surcroît, des inégalités cruelles entre les maires à double casquette, capables d'attirer vers les communes les subventions croisées les plus lourdes, et les autres maires soumis ici à un aléa politique ou à un désintérêt confraternel.

[9] Ne pas prévoir, dans un projet de rénovation énergétique, l'isolation et le remplacement de la toiture en tuiles amiantées n'est pas seulement inepte. C'est une mise en danger sur le long terme des usagers de ce bâtiment, enfants et parents d'élèves comme enseignants et personnels techniques.

pas prompte à la défense de l'élu : « menteur », « je vais lui couper la tête » et un « il y aura des représailles » qui a été reporté au procureur de la République. Après un travail de requalification juridique de l'infraction, ce dernier décida de classer pour insuffisance de caractérisation de l'infraction, ces faits s'étant déroulés dans un lieu privé et devant un témoin certes mais lié à l'auteur. Le rappel à la loi ayant été supprimé par le législateur, il en ressort une impression d'indifférence coupable de l'État et d'un défaut de protection propice au découragement et à la démobilisation de l'élu… ou pire, à ce sentiment d'avoir à se faire justice par soi-même c'est-à-dire au retour à l'état rousseauiste de nature majorale.

Le plus inquiétant semble être le manque de célérité et de moyens de la justice administrative. Les jurisprudences administrative[10] et européenne[11] enseignent qu'un retard dans l'application de la justice est fautif et préjudiciable aux intérêts d'un requérant, personne physique comme personne morale. Un autre contentieux local révèle ce travers temporel, l'implantation d'une aire de grand passage pour les gens du voyage. Le choix d'implantation d'une telle structure est par essence politiquement problématique ! La loi impose aux EPCI ces structures dont personne ne veut. Un « Yes » légal mais un « but not in my backyard! » administratif motivé par les contraintes de service public bénéficiant à ces populations nomades mais également et ontologiquement par des tensions liées au mécontentement de populations sédentaires submergées par les poncifs populaires nimbant les gens du voyage. Les structures de grand voyage ne sont, en effet, pas les plus difficultueuses car destinées à un usage limité, cultuel et festif. La Communauté d'agglomération du Boulonnais, EPCI auquel appartient la commune que je dirige, ne respecte pas le droit applicable, son actuelle aire de grand passage n'étant plus aux normes. Elle doit, depuis de longues années, en construire une. Or, un choix d'identification a été fait mais sans mentionner, dans les procès-verbaux de son conseil communautaire, ni le terrain ni la commune concernée[12]. Une demande

---

[10] CE, 31 octobre 2023, n° 464858, *A.* : « il résulte des principes généraux qui gouvernent le fonctionnement des juridictions administratives (…) que les justiciables ont droit à ce que leur cause soit jugée dans un délai raisonnable » (§3).

[11] CEDH, 5 septembre 2023, n° 13630/19, *Van den Kerkhof c. Belgique.*

[12] La commune concernée a été désignée par une majorité de 20 maires sur 22, le maire de ma commune n'étant malencontreusement pas présent le jour de ce choix. Un courriel retrouvé indique sa présence lors d'un déjeuner de travail en sous-préfecture relatif à cette implantation. Seule la commune de Dannes y était conviée.

de renseignement a été formulée. Un médiateur a été nommé mais la démarche fut vaine. La Commission d'accès aux documents administratifs fut même saisie et finalement, voici bientôt deux ans, un recours a été engagé. En novembre, ayant souhaité faire cesser des échanges contradictoires à l'évidence dilatoires, une demande d'inscription au rôle a été formulée. La réponse immédiate fut sans équivoque : « en raison de l'encombrement du rôle, il n'est pas possible de prévoir la date à laquelle l'affaire pourra être appelée à l'audience ». Il est de notoriété publique que l'arriéré du contentieux du Conseil d'État a été historiquement une cause d'évolution des règles contentieuses et même de l'évolution de l'organisation juridictionnelle administrative[13]. Cette carence contemporaine, bien plus modeste, pèse néanmoins sur le principe de libre administration d'une collectivité territoriale soucieuse du respect de la loi[14] et du bien-être des populations culturellement attachées à un mode de vie pluriséculaire.

II. Les dysfonctionnements étatiques constatés : quel impact pour les collectivités ?

La présente approche, aussi empirique que juridique, est restée formelle. Il est temps d'envisager une analyse sur le fond. Deux constats : le manque polyfactoriel de moyens et de cohérence de l'État (A.) et un manque de clairvoyance (B.).

A. Un manque polyfactoriel de moyens et de cohérence étatiques : vers le délaissement des collectivités territoriales ?

Les critiques politiques et ou doctrinales sont parfois acerbes quant à la lourdeur de l'appareil administratif d'État. De la « polysynodie à la française » évoquée par la pr. J. Morand-Deviller au mille-feuilles indigeste de l'ancien président N. Sarkozy, via la création d'établissements publics locaux finalement nombreux[15] et d'EPCI sans suppression des étages communaux inférieurs, cette stratification lourde et complexe est une cause majeure de disparition des deniers publics et donc de

[13] L. Fougères (Dir.-), *Le Conseil d'État. Son histoire à travers les documents d'époque*, 1974, éd. CNRS.

[14] Seules les communes de plus de 5 000 habitants peuvent être désignées… sauf si elles ont donné leur accord.

[15] Comme ceux regroupant des EPCI, atteignant parfois des tailles semi-départementales. V. le site internet du Pôle Métropolitain de la Côte d'Opale (PMCO).

carence de l'action publique locale. L'exemple de la lutte contre l'érosion littorale en offre un exemple topique. Compétence répartie entre l'État, les EPCI à façade littorale, les établissements publics regroupant les EPCI… ou plutôt compétence diluée dans cet entrelacs administratif incapable *in fine* de financer efficacement des ouvrages qualitativement et quantitativement satisfaisants. Le budget de fonctionnement du PMCO d'1,4 million d'euros est une première charge qui n'est pas consacrée à la lutte contre la submersion ; et le résultat des politiques menées ne s'inscrit clairement pas au crédit de cette institution ayant en charge plus de cent kilomètres de façade littorale, la Côte d'Opale[16] : « influence limitée », « mutualisation, une réponse inaboutie à la recherche de cohérence territoriale », « programmation d'études sans orientation stratégique », « organisation du service de défense contre la mer à revoir », « application très partielle de la loi Climat et résilience », « le rôle limité du PMCO dans les réflexions en cours »... autant d'argent dilapidé dans de l'affèterie républicaine et détourné de l'action réelle.

Cet épuisement des ressources budgétaires empêche conséquemment l'État d'accorder des subventions à la hauteur des ambitions locales et génère, depuis de longues années, un contentieux de contestation financière, notamment illustré par l'arrêt du Conseil d'État *Département de Seine-Saint-Denis* de 2009. Et ce manque de moyens de l'État se ressent au niveau du contrôle de légalité. Comment l'État a-t-il pu laisser recruter six secrétaires dans la commune que j'ai l'honneur de diriger ? Et, de manière plus large, de laisser cette commune se doter de plus de vingt agents, là où la moyenne oscille, dans les villages comparables en population, entre 7 et 12 ?

Les circonstances pluvieuses et phréatiques exceptionnelles traversées récemment par le Pas-de-Calais ont levé le voile sur l'insuffisance des moyens locaux et étatiques de lutte contre les inondations et sur la déperdition d'énergie budgétaire et matérielle publique dans de vaines répartitions de compétence. Qui doit assurer le curage du fleuve et du port fluvial, la Région ou la Communauté d'agglomération ? Comment lutter, sur l'instant, contre les débordements pluviaux ? Faire appel à l'État pour se procurer des sacs de sable et constituer une digue ? Informé, le sous-préfet m'a fait rappeler par une cellule de crise qui m'a communiqué une liste de sociétés censées aider sur ce point… mais non réquisitionnées pour cela… un dimanche. Il a donc fallu lui faire part

---

[16] Cf. Rapport CRC des Hauts-de-France, PMCO : la gestion du trait de côte, 2023.

de mon intention d'extraire du sable du domaine public maritime. Passée son opposition formelle, et face aux circonstances, matériels et personnels communaux furent engagés pour ce prélèvement susceptible d'être sanctionné par une amende de 1 500 euros[17].

L'inondation ayant provoqué la destruction partielle d'un ouvrage public de dérivation des eaux, il a fallu improviser une stabilisation provisoire dudit ouvrage public. Le nombre d'acteurs impliqués était conséquent : deux mairies – la commune voisine étant directement connectée au ruisseau concerné – appartenant à deux EPCI différents, deux sous-préfectures, le Conservatoire du Littoral propriétaire de l'ouvrage, le gestionnaire du terrain, autre établissement public départemental appelé EDEN 62, la DDTM et la police de l'eau, l'Office français de la biodiversité, le syndicat mixte gérant les eaux du Boulonnais… et deux citoyens, l'un propriétaire des parcelles jouxtant l'ouvrage et l'autre propriétaire de terrains concernés par la dérivation. Aucun acteur ne prenant de décision et donc ses responsabilités, un accord oral a été obtenu du chef de cabinet du sous-préfet pour faire procéder, sans réelle compétence hydrologique et par des moyens communaux, à des opérations provisoires qui, en temps normal, auraient été punies de lourdes amendes.

Dernier exemple de dénuement étatique vis-à-vis d'un phénomène tout aussi exceptionnel : la gestion du flux des migrants par les communes littorales. Si d'importants moyens de surveillance ont été effectivement mis en œuvre par l'État, les moyens de secours publics à des populations errantes sont insuffisants. Ce sont les communes littorales qui interviennent parfois, à leurs risques et périls contentieux, pour combler ces carences. Et elles le font spontanément puisque l'État refuse de réquisitionner notre aide. Les questionnements juridiques sont importants : relève-t-il réellement et juridiquement des affaires communales d'apporter une quelconque aide matérielle aux migrants ? L'humanité le commande. Le principe de fraternité, constitutionnalisé depuis 2018[18], également. Mais rien n'a été spécifiquement écrit sur ce point. En cas de non-ouverture de locaux, si une hypothermie sévère menait à un trépas, quelle serait la responsabilité pénale du maire resté en retrait ? N'y a-t-il pas mise en danger de la vie d'autrui ? Et si un

[17] Art. L. 321-8 du Code de l'environnement et CAA Paris, 16 mars 2021, *A. c. Polynésie française.*

[18] Cf. la fameuse jurisprudence *Herrou,* dont le contenu a été récemment réitéré, mais sans être opérant, dans la décision du 26 juillet 2023, *Loi visant à protéger les logements contre l'occupation illicite.*

agent communal subissait un préjudice corporel voire perdait la vie du fait d'une rixe, d'une agression ou d'une chute des plus banales, ses ayants droit ne chercheraient-ils pas à engager la responsabilité personnelle du maire pour avoir ordonné à leur proche de s'affairer en dehors des compétences communales traditionnelles ?

On le voit : agir et ne pas agir mènent à des difficultés contentieuses contradictoires et menaçantes.

B. Le constat d'un manque de clairvoyance de l'État ?

L'État se fixe des objectifs de diverses natures et en impose d'autres aux collectivités territoriales, dans le respect théorique du principe de libre administration mais avec des moyens budgétaires de plus en plus restreints. Certains de ses objectifs affectent substantiellement l'action publique locale dans des proportions qui dépassent souvent le seul cadre concerné par l'objectif. L'impact sur les politiques locales est souvent puissant et diffus. Les exemples juridiques sont nombreux, notamment issus du droit de l'environnement.

La loi Zéro Artificialisation Nette (dite loi ZAN) fixe un objectif louable de non-consommation des terres agricoles. Mais sa dureté voire sa radicalité programmée bloquera de nombreux projets locaux essentiels comme le développement économique et industriel, la construction de logements sociaux ou individuels que l'on sait trop rares, la mise en œuvre de projets structurants. Les circonstances climatiques exceptionnelles et les remontées de nappes phréatiques qui frappent le département du Pas-de-Calais depuis novembre 2023 provoqueront la destruction ou l'abandon de nombreuses habitations, déboucheront sur la création de nouveaux zonages d'interdiction et démultiplieront, à terme, les effets de la loi ZAN. L'extrême rareté des biens accessibles ou des terrains constructibles, dans un département particulièrement artificialisé, cristallisera de nombreuses frustrations sociales à travers une inégalité cruelle de moyens entre ceux et celles qui pourront acquérir des biens toujours plus chers et ceux et celles qui s'entasseront dans des immeubles verticaux.

L'augmentation constante de la taxe relative à l'enfouissement des ordures ménagères résiduelles (TEOM) vise à inciter les collectivités à procéder à plus de tri et à l'incinération. Les conséquences budgétaires pour les communes qui disposent d'un centre d'enfouissement sont dramatiques puisqu'elles perdront, à terme, le bénéfice de la taxe sur l'enfouissement. Soit 300 000 euros pour ma commune, soit un peu moins de 20 % d'un budget de fonctionnement à moitié contraint par les charges salariales des 20 agents communaux. Cette orientation stratégique, par la loi, de la gestion locale des déchets peut se comprendre. Elle répond à un intérêt général nouvellement redéfini : incinérer plutôt d'enfouir. Brûler plutôt que d'enterrer. Accentuer le réchauffement climatique plutôt que de polluer les sols. D'un point de vue politique, ces choix sont incontestables. Du point de vue budgétaire, ces choix ne s'accompagnant d'aucun mécanisme de compensation légale ni d'aucune solidarité de l'EPCI mettant en œuvre ces politiques fiscales incitatives, il arrive donc qu'une commune fasse face, seule, à d'implacables changements légaux et communautaires. Les solutions ne sont pas nombreuses : réduire la voilure budgétaire ou augmenter les impôts fonciers. Sombre perspective.

Il est aisé de faire dépenser aux autres un argent public qui n'est pas le vôtre. Et il est aujourd'hui difficile de demander à l'État de consommer, par le biais de subventions, ses propres fonds pour soutenir quelque projet public que ce soit.

Sur le premier point, l'augmentation du point d'indice décidé au titre de la prime inflation a entrainé une augmentation de la masse salariale de 13 000 euros mais également l'obligation de reversement du filet dit de sécurité en application d'un arrêté du 13 octobre 2023 portant attribution de la dotation mentionnée au I de l'article 14 de la loi 2022-1157 de finances rectificative… soit 18 000 euros dans un premier temps réclamés puis, devant l'ire des élus locaux et dans un second temps, laissés en suspens.

Sur le second point, les conditions d'octroi de la DETR – Dotation d'équipement des territoires ruraux – sont sujettes à interrogation. Le conseil municipal de Dannes a décidé la construction d'une école neuve, rendue nécessaire du fait de la vétusté des bâtiments scolaires existants, trop peu entretenus. Après avoir affirmé et écrit qu'il s'agissait d'un projet prioritaire, l'État refusa de subventionner ce projet, alléguant un défaut de maturation du projet puis une problématique purement de calendrier, tout en octroyant par ailleurs, à d'autres communes, des fonds pour de l'éclairage public, de la rénovation de routes ou de la construction d'une salle de concert. Curieuse conception étatique de l'importance de l'école républicaine. Il me faudra écrire à la présidence de la République pour finalement obtenir, en fin d'année, des reliquats à la hauteur des subventions initialement espérées.

L'État n'est pas un acteur infaillible. Il a certes des qualités. C'est indéniable : compétences, moyens même en baisse, énergies individuelles… Mais il a aussi de lourds défauts. Par ses décisions puissantes, par ses choix normatifs ou par ses carences textuelles, par ses contradictions ou son inertie, par son manque d'anticipation, il heurte l'action publique locale. Est-il ce « Janus à double visage » que décrivait Jean Waline pour décrire la figure ministérielle ? Aussi espéré que craint, aussi écrasant que distant, aussi indispensable que castrateur, il laisse parfois perdurer d'insupportables pratiques politiques locales comme la prédation des centres urbains sur les moyens communautaires des EPCI, nuisant fondamentalement aux intérêts publics ruraux. Ce déséquilibre, invisible aux seuls faiseurs de systèmes universitaires ou prétoriens, altère à la fois le principe de libre administration des collectivités territoriales mais également le principe d'égalité devant la loi et devant l'impôt.

Épreuve passionnante mais délabrante, l'expérience majorale jette une lumière crue sur l'institution. Vu de l'*alma mater* comme de la maison commune, Hobbes avait bien raison de voir dans l'État un léviathan. C'est-à-dire une structure littéralement tortueuse.

Rapport de synthèse

Jacques Ferstenbert,

Professeur émérite de l'Université d'Orléans

Étant le dernier à intervenir, je suis le dernier à remercier nos hôtes. Tout a été dit mais, à mon tour, je tiens personnellement à rendre grâce à Madame Karine Baude, pour son efficacité dans la construction d'itinéraires inimaginables qui nous ont permis d'arriver au sec à Boulogne-sur-Mer et pour le temps passé à anticiper et à satisfaire tous nos souhaits, avec une amabilité jamais prise en défaut. Merci aux professeurs Julien Martin, Sophie Moreil, Franck Waserman, pour la qualité de leur organisation et la chaleur amicale de leur accueil, qui ont fait de ces journées une manifestation, scientifique et conviviale, qui marquera dans l'histoire des activités de l'AFDCL et dont nous nous souviendrons avec bonheur.

Le thème choisi, celui des rapports entre l'État et les collectivités territoriales, renvoie à un équilibre, voulu dans le cadre de la décentralisation de 1982-1983, qui reposait globalement sur quatre aspects : une répartition de compétences matérielles entre l'État et les collectivités territoriales ; un cadre financier dans lequel l'État subventionne les collectivités et les habilite à percevoir des ressources fiscales ; une autonomie de gestion pour ces collectivités dont la contrepartie impose des contrôles étatiques – administratif et financier. Je n'évoquerais pas ici l'autonomie de gestion, constitutionnellement consacrée par la notion de libre administration. Celle-ci concerne bien le thème de nos journées, si l'on y voit une protection à l'égard des empiètements de l'État. Mais elle a été largement étudiée ailleurs, notamment lors de nos journées de Strasbourg. Je me contenterais de redire ici qu'à mon sens, ce qu'en a fait le Conseil constitutionnel a considérablement amenuisé la portée que la Constitution semblait lui promettre. Dans les trois autres domaines, l'équilibre instauré en 1982-1983 a évolué principalement de deux manières. En premier lieu, par des adaptations pouvant être considérées comme nécessaires au regard de réalités qui se sont modifiées ; en second lieu, par des remises en cause dues à des volontés politiques changeantes de l'État, aux contraintes financières pesant sur lui, voire à ses carences.

Le tableau contemporain est complexe et contrasté, comme il est apparu au travers des communications des intervenants, lors des séances d'hieret d'aujourd'hui. De nos jours, les compétences sont partagées entre l'État et les personnes publiques locales, selon une répartition asymétrique au profit du premier, justifiée par la prééminence que lui confère la Constitution ou par la nature même de certaines de ces compétences. La répartition actuelle résulte de transferts de compétences vers les collectivités (utilisant les instruments offerts par la Constitution et par la loi : délégation, généralisation d'expérimentations, contractualisation...) et, à l'inverse, d'une recentralisation vers l'État, qui n'a concerné que quelques domaines de compétences mais a été plus conséquente, s'agissant des relations financières. Enfin, une détérioration évidente de la fonction étatique de contrôle a également affecté l'équilibre initial.

Il n'y aurait aucun intérêt et peu de sens, dans notre exercice de synthèse, à reprendre, en les résumant ou même en les exprimant différemment, les riches apports des communications que nous avons entendues pendant ces deux journées. Une telle voie aurait pour effet improductif de simplifier et d'appauvrir des présentations qui ont su montrer la complexité, les nuances, les contradictions, des sujets abordés.

Il me semble préférable (en restant au cœur du thème de nos journées) d'insister sur deux tendances lourdes qui ont, à mon avis plus que d'autres facteurs, contribué à modifier l'équilibre des relations État-collectivités territoriales, imaginé il y a une quarantaine d'années. Je veux parler du mouvement relatif de recentralisation au profit de l'État et de l'abandon partiel de sa mission de contrôle. À l'interventionnisme qui caractérise le premier répond, si l'on peut dire, le désengagement qui singularise le second.

Un *mouvement* de recentralisation

Les élus locaux ne se plaignent pas vraiment des transferts de compétences en faveur de leurs collectivités. Ils accueillent volontiers de nouvelles responsabilités. Ce qu'ils déplorent plutôt, ce sont les désengagements de l'État lorsque les transferts de compétences se font sans une compensation budgétaire intégrale ou lorsque les modes de financement choisis pour accompagner ces transferts sont insuffisamment évolutifs (V. à propos du tout récent transfert des digues domaniales aux communes et aux EPCI à partir du 28 janvier 2024, les craintes exprimées : QE n° 09921, JO Sénat 1er février 2024, p. 331).

Dans le sens inverse, l'accusation de recentralisation est entendue de façon quasi continue. En novembre 1998, Jean-Paul Delevoye, président de l'AMF, affirmait : « il y a aujourd'hui une volonté politique de recentralisation ». En janvier 2010, à l'occasion du projet de loi sur l'avenir des collectivités locales, Pierre Mauroy fustigeait « une recentralisation qui n'ose pas dire son nom ». Devant le congrès de l'AMF de novembre 2017, défendant la contractualisation financière que l'exécutif souhaitait imposer aux plus grandes collectivités, le Premier ministre, Édouard Philippe, a dû se défendre en repoussant tout procès en recentralisation. En avril 2018, dans une tribune du Monde, 15 présidents de régions sur 18 dénonçaient une « politique recentralisatrice sans précédent depuis 1982 ». Dans un article des Échos du 27 août 2021, intitulé « halte à la recentralisation de l'État », François de Mazières, maire de Versailles, accusait la « recentralisation par l'argent ». À l'issue du conseil des ministres du 26 septembre 2022, et de la présentation du projet de loi relatif à l'accélération des énergies renouvelables, les maires dénoncent une décentralisation par l'État et au congrès de l'AMF de 2023, André Laignel, vice-président de la principale association d'élus, affirmait « que la recentralisation et la baisse des moyens se sont aggravées ».

Si la recentralisation concerne, pour les élus locaux, les compétences et les finances, le concept lui-même pose plusieurs problèmes de définition, qui ont été abordés et illustrés par les divers intervenants.

Ainsi, on ne confondra pas la notion de recentralisation avec ce qui appartient aux manifestations de la primauté de l'État, qui est dans son rôle de responsable de l'intérêt national lorsqu'il décide exclusivement pour certaines fonctions (régaliennes), ne laissant aux collectivités qu'une participation aux moyens, ou s'approprie le pouvoir de définir les politiques générales dans des matières partagées mais relevant de services publics nationaux (éducation, santé, emploi, par exemple) ou encore lorsqu'il procède à une répartition spécifique et adaptée dans certains territoires (outre-mer).

À proprement parler, ne relève pas non plus du concept de recentralisation un penchant, observable dans toute l'Europe ces dernières années, consistant à modifier la répartition des compétences en faveur des collectivités les plus importantes (métropoles et régions pour la France).

Comme il a été montré, les modalités de la recentralisation sont variées. En matière de compétences, on a notamment distingué, de manière pertinente, le retour à l'État (attribution à celui-ci d'une compétence qui était assurée par une collectivité locale) et le retour de l'État (accroissement de ses incursions - éventuellement pour corriger des inégalités ou pour imposer des priorités - dans des domaines, parfois politiquement sensibles, conservés par les collectivités). Le secteur sanitaire et social fournit des exemples de ces interventions de l'État. Quant à la première modalité, elle peut être illustrée par la recentralisation du RSA, pour laquelle d'assez nombreux départements, remplissant les critères exigés, se sont portés volontaires. On rappelle toutefois que la Cour des comptes, face à l'accroissement substantiel du nombre d'allocataires, avait préconisé non pas un transfert de compétence mais le transfert de ressources durables, dont la dynamique devrait être en cohérence avec celle de la dépense (rapport sur le RSA du 13 janvier 2022).

Plus spectaculaires sont les formes de la recentralisation dans le domaine financier. Elles visent tant les ressources que les dépenses.

S'agissant des premières, dans le cadre d'un pouvoir local (fiscal et financier) déjà conditionné, elles ont pu consister notamment à supprimer des impôts locaux (après la vignette des véhicules, ce sont principalement la taxe professionnelle, la taxe d'habitation sur les résidences principales, et bientôt la CVAE) ou à les répartir autrement, en remplaçant le plus souvent leur disparition par des dotations dont l'évolution échappe aux collectivités concernées, à encadrer et plafonner le vote des taux, à développer les dispositifs de péréquation...

En ce qui concerne les dépenses (même s'il n'est pas illégitime de faire participer les collectivités territoriales à la maîtrise de la dépense publique), la recentralisation peut prendre la forme d'une obligation générale nouvelle, sans que l'État soit tenu d'assurer son financement (voir par exemple, QE n° 07515, JO Sénat du 28 septembre 2023, p. 5628 : décision d'augmenter la valeur du point d'indice des traitements de tous les agents publics), d'ajouter à la liste des dépenses obligatoires ou de limiter, par les lois de programmation des finances publiques ou par une contractualisation contraignante (cf. les anciens contrats de Cahors pour les plus grosses collectivités) l'augmentation des dépenses locales.

L'abandon partiel de la mission de contrôle

Concernant le contrôle de l'État sur la légalité des actes administratifs et la régularité des actes budgétaires, le constat de la Cour des comptes (rapport du 21 novembre 2022 portant sur la période 2015-2021) est sévère. Malgré les précautions de langage utilisées, il n'est pas exagéré de parler de dégradation de cette mission constitutionnelle de l'État. Les critiques portent sur les aspects quantitatifs, mais aussi qualitatifs.

Depuis la RGPP, initiée en 2007, on assiste à un mouvement continu de « centralisation » des contrôles : des sous-préfectures vers les préfectures de département (éloignant l'opportunité d'un dialogue avec l'élu local avant un déféré préfectoral), voire à un niveau supra-départemental ou régional.

La diminution du nombre des personnels affectés à ces contrôles s'accompagne de la suppression de postes de catégorie A, contribuant à diminuer l'expertise juridique des contrôleurs. De 2008 à 2012, le nombre d'agents mobilisés par le contrôle de légalité est passé de 1350 à 857, tandis que les agents affectés au contrôle budgétaire sont passés de 490 à 292. En 2021, les effectifs ont encore diminué et sont respectivement de 841 ETP (auxquels peuvent toutefois s'ajouter épisodiquement des agents des directions départementales des ministères) et 243 ETP. Dans son rapport, la Cour des comptes conclut à la nécessité de combler un déficit d'au moins 190 ETP.

Et ces chiffres en diminution cachent des disparités entre les préfectures (en 2021, 34 d'entre elles ont moins de 6 ETP consacrés au contrôle de légalité et 37 ont moins de 2 ETP pour le contrôle budgétaire) dues, selon la Cour, à un défaut de pilotage au niveau national.

L'insuffisance quantitative des moyens humains nuit évidemment à l'effectivité et à la qualité des contrôles. La Cour des comptes souligne encore la faible attractivité de ces postes de préfectures, les formations trop sommaires, la mauvaise ergonomie des systèmes d'information (pourtant coûteux) qui accompagnent la montée de la dématérialisation, toutes causes qui contribuent encore à expliquer le caractère superficiel des contrôles, les réticences à déférer au juge administratif ou à saisir les chambres régionales des comptes pour des dossiers qui demanderont des procédures lourdes, la fréquence des cas de manquement des dates limites.

Si le juge administratif donne souvent raison à l'État, les recours contentieux sont très peu nombreux (ceci expliquant peut-être cela !). Par rapport aux millions d'actes transmis aux préfectures, aux centaines de milliers d'actes contrôlés, le nombre de recours au juge administratif est infime : 754 déférés en 2021. Et il en va de même pour les saisines des CRC : 153 saisines seulement sur les cinq premiers mois de 2022.

Le nombre des actes contrôlés diminue, en regard du nombre d'actes transmis, lui-même en forte diminution : 8,3 millions d'actes avaient été transmis en 2004, et 6,1 millions en 2021. En 2010, un tiers des actes reçus ont été contrôlés ; en 2021, le contrôle n'a plus porté que sur 20 % des actes reçus. Également en 2021, sur environ 290 000 actes budgétaires réceptionnés, 57 % ont fait l'objet d'un contrôle préfectoral.

Plutôt que d'agir sur les moyens, l'État a choisi de restreindre la portée de son contrôle, en réduisant le nombre et les catégories des actes à transmettre obligatoirement et en pratiquant une politique de contrôle ciblée sur des actes considérés comme prioritaires (commande publique, urbanisme, fonction publique territoriale, pour le contrôle de légalité). Même ces matières, jugées essentielles, ne sont pas à l'abri des réductions de contrôle : un récent décret (n° 2023-1037 du 10 novembre 2023) a encore réduit les obligations de transmission en matière d'urbanisme.

Le rétablissement d'un véritable contrôle *a posteriori* des actes des collectivités territoriales est une nécessité constitutionnelle. Les causes étant bien identifiées par la Cour des comptes, faisant l'objet de recommandations précises de sa part, qui sont pour l'essentiel de l'ordre des moyens, ce rétablissement pourrait sembler plus facile à assurer que l'objectif rationnel d'une stabilisation dans la durée de la répartition des compétences (en limitant d'éventuelles modifications aux impératifs de résolution des situations de crise).

En effet, un tel objectif touche à la distribution des pouvoirs. Préserver ou modifier cette distribution dépend de l'évolution du rapport des forces existant entre l'État et les collectivités territoriales. Pour l'heure, c'est l'État qui a la main et la stabilité de la répartition des compétences n'est pas à l'ordre du jour : les lois MAPTAM et NOTRE n'ayant pas encore achevé de produire tous leurs effets, le Premier ministre vient d'annoncer une nouvelle loi sur les compétences des collectivités territoriales d'ici la fin de l'année !

Table des matières

Structures éditoriales du groupe L'Harmattan

L'Harmattan Italie
Via degli Artisti, 15
10124 Torino
harmattan.italia@gmail.com

L'Harmattan Hongrie
Kossuth l. u. 14-16.
1053 Budapest
harmattan@harmattan.hu

L'Harmattan Sénégal
10 VDN SICAP AMITIE 3
BP 45034 Dakar-Fann
direction@senharmattan.com

L'Harmattan Cameroun
Tsinga/Derrière polyclinique FECAFOOT
BP 11486 Yaoundé
Jacques.koukam@harmattan.fr

L'Harmattan Burkina Faso
Villa 281, secteur 23 623, rue 14.32
Ouagadougou
zagbie@outlook.fr

L'Harmattan Guinée
Almamya, rue KA 028 OKB Agency
BP 3470 Conakry
harmattanguinee@yahoo.fr

L'Harmattan RDC
185, avenue Nyangwe
Commune de Lingwala – Kinshasa
matangilamusadila@yahoo.fr

L'Harmattan Congo
219, avenue Nelson Mandela
BP 2874 Brazzaville
deunovmikhael@gmail.com

L'Harmattan Mali
Immeuble Mgr Jean Marie Cissé
Aci Hamadallaye
BP 145 Bamako
syllaka@yahoo.fr

L'Harmattan Togo
Djidjole – Maison Amela
face EPP BATOME
02 BP 20680 Lomé
didieramela11@gmail.com

L'Harmattan Côte d'Ivoire
Résidence Karl – Cité des Arts
Abidjan-Cocody
03 BP 1588 Abidjan
harmattan.ivoire@gmail.com

L'Harmattan Bénin
Rue 604, (Immeuble à l'entrée
de la rue UCAO- Cite de Saint-Jean)
Cotonou
stepcorpus@gmail.com

Nos librairies en France

Librairie internationale
16, rue des Écoles
75005 Paris
librairie.internationale@harmattan.fr
01 40 46 79 11
www.librairieharmattan.com

Librairie des savoirs
21, rue des Écoles
75005 Paris
librairie.sh@harmattan.fr
01 46 34 13 71
www.librairieharmattansh.com

www.ingramcontent.com/pod-product-compliance
Lightning Source LLC
LaVergne TN
LVHW050810061126
851857LV00012B/744